언더그라운드

UNDERGROUND

언더그라운드

예술과 과학, 역사와 인류학을 넘나드는 매혹적인 땅속 안내서

윌 헌트 지음 | 이경남 옮김

생각의힘

《언더그라운드》에 쏟아진 찬사들

우리 발아래 세계의 삶과 역사를 바라보는 매혹적인 시선!《언더그라운드》는 지구의 어두운 구석에 도사린 위험에 몸을 떨면서도 그 보이지 않는 경이로움에 도취되어 인류가 지하세계와 끈끈이 이어온 낯선 관계에 천착한다. 터널과 지하묘지 등 폐쇄공포증을 유발하는 비밀의 장소를 관통하는 일련의 지하 탐험은 그곳에 들어갔다는 사실만으로도 보상을 받을 수 있겠지만, 이 책은 그에 머물지 않고 지하의 주제를 지표면 위로 끌어올려 대양을 헤치듯 힘차게 밀고 나간다. 사우스다코타의 동굴 속 생명체, 호주 원주민들의 송라인, 터키의 고대 거주지와 개미집의 유사성에 확대경을 들이대어 그 놀라운 연관성을 밝혀내는 저자는 결국 해도도 없는 미지의 영역까지 발을 들인다. 예사롭지 않은 흡입력을 지닌 이 마법 같은 책은 우리 주변과 발밑의 세상에 대해 많은 사실을 알려주는 동시에 억제하기 힘든 호기심을 유발한다.

_맷 파이프Matt Fyffe, 아마존 에디터

주변에 늘 있어온 낯익은 영역을 돌아보고 다시 생각하게 만드는 범상치 않은 충격을 준다. 책을 접한 독자들은 확고부동하다고 여겼던 기존의 선입견을 스스로 허물 것이다. 저자는 지표면 아래에서 벌어지는 일을 두 발로 직접 확인함으로써 그곳에 놓인 것들에 대한 우리의 흥미를 극대화한다. 책을 덮을 무렵이면 독자들은 지면에 뚫린 구멍 하나도 예전과 같은 시선으로 보지 않게 될 것이다.

_〈뉴욕타임스 북리뷰
New York Times Book Review〉

역동적이고 매혹적이다. 지하세계에 담긴 정보에 집착하는 헌트의 남다른 열정은 누구나 따라하고 싶을 만큼 파급력이 강하다. 《언더그라운드》는 많은 생각을 하게 만드는 정신적 탐구서다. 헌트는 쉽지 않은 헌신과 열린 마음으로 지하라는 주제에 접근하기 때문에 더더욱 거부하기가 어렵다. 저자의 이런 특성은 책 곳곳에 삽입된 신비한 사진과 함께 헌트의 첫 작품을 더욱 감탄스러운 걸작으로 만든다.

_미국 공영 라디오NPR

손에 땀을 쥐게 하는 유려한 필치의 실감나는 모험기. 설화적 힘으로 추진하는 지하세계와 우리의 관계에 대한 감칠맛 나는 역사.

_〈가디언The Guardian〉

그렇지 않아도 무한한 매력을 지닌 이 책을 더욱 돋보이게 해주는 것은 헌트라는 한 개인이 맺어온 지하와의 깊은 인연이다.

_〈토론토스타The Toronto Star〉

동굴과 지하묘지와 터널은 우리 밑에 놓인 놀라운 경이와 신비로 이끄는 저자의 예사롭지 않은 발길을 통해 아연 활기를 띤다. 호기심 많은 어린 시절부터 운명처럼 지하에 이끌렸던 헌트는 고대와 현대의 예술작품, 생명의 기원에 대한 단서, 초월의 의미 등 음미할 만한 소중한 보물을 그곳에서 하나씩 건져낸다.

_〈크리스천 사이언스 모니터 Christian Science Monitor〉

호기심을 자극하는 범상치 않은 여행서다. 헌트는 자신의 탐험이 갖는 과학적·역사적·문학적·심리학적·영적·비유적 속성을 드러내지만, 그를 따라가다 보면 그것은 특이하다기보다 인류의 보편적인 속성이라는 사실을 깨닫게 된다. 아직 풀리지 않은 미스터리와 문명을 관통해온 하나의 견인력임을 알 수 있다. 지하라면 지옥을 연상하는 사람도 있지만, 사실 오랫동안 우리에게 영적인 위안도 아울러 제공해온 장소다. 이 책은 어둠에 대한 생생한 일깨움이며 심오한 미스터리의 인상적인 환기다.

_커커스 리뷰Kirkus Reviews

문화와 시대를 초월하고 현대와 고대의 관습을 고리로 엮어 다채로운 모자이크로 붙여가는 매혹적인 여행. 땅 아래 세상을 섭렵하는 행보에 대한 헌트의 집착은 무섭도록 전염성이 강하다. 모험과 인류학과 과학이 팽팽히 균형을 이루는 역동적이고도 유익한 책이다.

_셸프 어웨어니스Shelf Awareness

헌트의 여정을 따라가다 보면 지하세계로 잠입하는 행위가 단순한 아드레날린의 분출이 아니라는 사실을 깨닫는다. 쓰레기 더미와 어둠과 악취와 축축한 냉기를 헤치며 헌트가 진정으로 좇는 것은 우리 모두가 공유하고 있는 휴머니티의 설화다.

_〈바이스Vice〉

인간과 땅속 세상의 관계에 대한 사려 깊고 때로는 낭만적인 고찰! 이 책은 우리 발밑에 놓인 세계의 이중적 성격에 대한 역사적이고 철학적인 탐구다. 문명의 탄생 이래로 지하세계는 그 위를 걸어 다니는 인간에게 매혹과 공포의 대상이었고, 탄생과 죽음, 풍요와 박탈의 상징이었다. 지하세계는 여전히 불가사의한 주제이지만 이 책은 한 발 더 가까이 다가가 그 어둠에 한 줄기 빛을 떨어뜨린다.

_〈리터러리 허브Literary Hub〉

빠져들 수밖에 없는 매혹적인 이야기. 저자의 빼어난 필력 탓에 중간에 책을 놓을 수 없었다.

_**마이클 핀클**Michael Finkel,
〈숲속의 은둔자〉의 저자

내 기억에 이처럼 수시로 감탄하고 무릎을 치며 읽은 책은 손가락으로 꼽을 정도일 것이다. 헌트의 재치 있는 손길을 통해 답사 여정은 놀라운 반전을 맞고 어둠은 밝음으로 바뀐다. 우아하지만 수수께끼 같은 헌트의 음성 속에는 제발트Sebald와 칼비노Calvino와 헤어조크Herzog의 목소리가 메아리치지만, 인간적인 따스함과 유머를 잃지 않는다는 점에서 그는 독보적이다. 이론이나 현실적으로 분명 대담하지만 결코 무모하지는 않은 시도다.

_**로버트 무어**Robert Moor,
〈뉴욕타임스〉 선정 베스트셀러 〈온 트레일스〉의 저자

차례

언제나 그 자리에서 나를 지켜주셨던 부모님께

자연은 곧잘 숨는다.

—헤라클레이토스Heracleitos, 〈단편Fragments〉

일러두기

1. 단행본은 겹꺾쇠표(《 》)로 표기하였고, 단편, 시, 신문, 잡지를 비롯해 미술, 음악, 영화 등 예술작품의 제목은 홑꺾쇠표(〈 〉)로 표기하였다.

2. 본문의 강조는 원서의 이탤릭체로 표기된 부분이다.

3. 인명 등 외래어는 외래어표기법을 따랐으나, 일부는 관례와 원어 발음을 존중해 그에 따랐다.

1장

그리로 내려가다

또 하나의 세계가 있다.
그러나 그곳 역시 이 세계 안에 있다.

—폴 엘뤼아르Paul Éluard

어디를 가든 그것의 존재를 짐작게 하는 표식을 찾아보라. 밖으로 나가 발을 딛고 서보라. 발아래 저 밑에서 거대한 직조기의 실처럼 서로 누비고 엇갈리는 지하철 통로와 전기 케이블과 이끼 낀 하수도관과 기송관氣送管을 몸으로 느껴보라. 적막한 거리가 소실점으로 사라지는 저 끄트머리에서 지하철 통풍구 밖으로 뿜어 나오는 증기를 찾아보라. 그 증기의 출발점은 보이지 않는 터널이나 단단한 콘크리트 벽으로 둘러싸인 비밀 벙커일지도 모른다. 터널 안에는 대충 얽어 만든 부랑자들의 거처가 깃들어 있을지 모르고, 비밀 벙커로는 지구 종말의 날에 선택받은 사람들이 숨어들지도 모를 일이다. 평온한 목초지를 어슬렁거릴 기회가 있다면 풀이 무성한 둔덕을 손으로 쓸어보라. 혹시 그 아래에 고대 원시부족의 여왕이 미라의 자태로 누워 있을지, 아니면 등뼈가 길게 휘어진 선사시대의 짐승이 화석이 되어 묻혀 있을지 그 누가 알겠는가. 어둑어둑한 숲속 오솔길을 걷게 되면 그 자리에 가만히 무릎 꿇고 앉아 손으로 귀를 감싼 다음 땅에 대어보라. 묻혀버린 고대 도시국가에 나선형 통로로 굴을 내는 개미 떼의 소리가 들릴지도 모를 일 아닌가. 산기슭 작은 언덕을 오르다 보면 가느다란 틈새로 흙내가 모락모락 피어오를 때가 있다. 저 아래 어딘가에 거대한 동굴이 있다는 징후다. 어쩌면 그 안쪽 암벽 한 부분에 고대의 목탄화가 장식처럼 그려져 있을지도 모를 일이다. 어디를 가든 촉각을 곤두세우기만 하면 한 걸음 한 걸음 디딜 때마다 발밑 깊고 깊은 저 아래에서 올라오는 진동을 느낄 수 있다. 그곳에 자리한 지층의 거대한 암반은 간혹 이리 움직이고 저리 이동하다 서로 부딪혀 우리를 소스라치게 한다.

지표면이 투명하다면 며칠이고 배를 깔고 엎드려 켜켜이 쌓인 이 경이로운 세상을 하염없이 바라볼 것만 같다. 그러나 지표면을 디딘 채 햇볕을 받으며 살아야 하는 우리에게 **땅 아래** underground는 늘 보이지 않는 세상이었다. 지하계를 일컫는 '지옥 Hell'은 원-인도유럽어Proto-Indo-European '켈kel'에서 나온 말로 '감추어졌다'는 뜻이다. 고대 그리스어로 죽은 자들의 나라를 뜻하는 '하데스Hades'는 '보이지 않는 곳'으로 옮길 수 있다. 요즘 우리는 땅 아래 세상을 볼 수 있게 해주는 최신 장비인 지표투과 레이더와 자력계 등을 개발했지만, 가장 선명하다는 영상조차도 희미하고 뿌연 상태를 크게 벗어나지 못한다. 우리의 처지는 심연을 바라보는 단테와 크게 다를 바 없다. "너무 어둡고 깊은 지옥은, 모호하고 심오하여 짐작도 가지 않았다. 눈으로 깊이를 헤아릴 수 없는 골짜기는 그 골에 무엇이 깃들었는지 짐작도 할 수 없었다." 땅 아래 저 어두운 세상은 우리의 행성에서 가장 추상적인 장소로, 예나 제나 공간이라기보다는 하나의 메타포였다. 지하경제든, 언더그라운드 뮤직이든, 잘 알려지지 않은 예술가든 "언더그라운드"라는 딱지가 붙으면 보통 금단의, 암암리의, 흔히 알려진 것 이상의 어떤 것을 지칭하는 말로서 장소가 아니라 하나의 **느낌**을 가리켰다.

다이앤 애커먼Diane Ackerman은 우리 눈을 가리켜 "인간 감각의 위대한 독점자"라고 지적했지만, 시각적 동물인 우리는 땅 아래 세상은 모르고 산다. 맹목적으로 지표면에 집착할 뿐이다. 탐험가들은 바깥세상과 높이에 도전한다. 우리는 달 표면을 경중경중 뛰어다니고, 화성의 화산에 탐사선을 보내고, 멀리 떨어진 우주 공간에서 일어나는 자기폭풍을 해도로 작성한다. 그러나 내부 공간은 그런 식으로 접근하지 않는다. 지질학자들의 말을 빌리면 지구에 존재하는 동굴 중 절반 이상은 아직 드러나지 않은 채 인간이 발을 들여놓을 수 없는 지각 깊숙한 곳에 자리하고 있다. 우리가 지금 앉아 있는 곳에서 지구의 중심부까지는 뉴욕에서 파리로 가는 정도의 길이밖에 되지 않지만, 그런데도 지구의 핵심부는 그저 '그런 곳이 있나 보다' 하고 여기는 블랙박스일 뿐이다. 인류가 가장 깊게 파고 들어간 곳은 러시아 북극해에 뚫은 12.23킬로미터짜리 콜라Kola 시추공인데, 그래봐야 지구 중심부까지 거리의 0.5퍼센트도 안 된다. 땅 아래 세상은 분명 우리 발밑에 펼쳐져 있지만, 눈으로는 확인할 수 없는 유령 같은 풍경이다.

하지만 나는 땅 아래 세상이 **언제나** 모습을 감추지는 않는다는 사실을 어렸을 때 이미 알아버렸다. 그곳은 어떤 사람들에게는 자신의 모습을 드러내 보였다. 부모님이 갖고 있던 《돌레르의 그리스 신화D'Aulaires' Book of Greek Myths》 구판을 통해 나는 오디세우스Odysseus와 헤라클레스Heracles, 오르페우스Orpheus 등의 이야기를 접했다. 그들은 험준한 암벽 관문을 통해 지하로 내려가 뱃사공 카론Charon의 배를 타고 스틱스강을 건너 머리 셋 달린 지옥의 수문장 케르베로스Kerberos를 속인 다음 하데스로 들어갔다. 특히 나를 사로잡았던 영웅은 날개 달린 투구와 날개 달린 신을 신은 전령의 신 헤르메스Hermes였다. 헤르메스는 영역의 신이자 경계의 신으로, 죽은 자의 영혼을 저승으로 안내한다. 그의 별명은 **프시코폼포스**Psychopomppos인데 "영혼의 안내자"라는 뜻이다. 다른 신이나 인간은 우주의 경계를 넘지 못하지만 그는 빛과 어둠, 위와 아래 세상을 자유자재로 오간다. 땅 아래 세상을 여행할 때 나의 수호성자가 되어준 헤르메스는 진정한 지하세계의 탐험가로, 명석한 지혜와 자애로운 마음으로 어둠을 가르고 세계를 살펴서 그곳에 갇힌 현인들을 구해내는 그만의 방법을 갖고 있었다.

손바닥 들여다보듯 세상이 빤하다고 여겨졌던 열여섯 살의 여름, 나는 로드아일랜드주의 프로비던스Providence에 있는 우

머큐리Mercury(헤르메스), 1954

리 동네 땅 밑에서 버려진 기차 터널을 우연히 발견했다. 하긴 수업 시간에 과학 선생님이 터널에 관해 말하는 것을 들은 적이 있기는 했다. 작은 키에 구레나룻이 인상적이었던 선생님의 이름은 오터Otter였는데, 뉴잉글랜드 지방 구석구석을 모르는 곳 없이 꿰고 있는 토박이였다. 그 터널로 작은 화물열차가 다녔다고 들은 것이 몇 해 전의 일이었으니, 내가 발견했을 때는 이미 폐허가 되어 먼지와 쓰레기로 뒤덮여 있었다. 공기도 매캐해서 더는 사람들이 발을 들여놓기를 꺼리는 금단의 구역이 되어 있었다. 그래서인지 터널의 존재를 아는 사람도 많지 않았다.

어느 날 오후, 나는 우연히 터널의 입구를 찾아냈다. 입구는 동네 치과 뒤쪽에 무성히 자란 수풀 더미 아래에 감추어져 있었다. 넝쿨에 휘감긴 입구 위 콘크리트에는 '1908'이라는 준공 연도가 새겨져 있었다. 시에서 철제문으로 입구를 봉해놓았지만, 누군가의 소행인지 사람이 들어갈 만한 틈이 빼꼼하게 벌어져 있었다. 나는 친구들 몇몇과 함께 그 안으로 기어 들어갔다. 저마다 들고 있던 손전등에서 나온 불빛이 어둠 속에서 어지럽게 엇갈렸다. 신발이 진흙 바닥에 절퍽거렸고 공기도 습했다. 천장에는 젖꼭지같이 생긴 진주 빛깔의 종유석이 다닥다닥 매달려 머리 위로 물을 떨어뜨렸다. 중간쯤 갔을 때 우리는 겁도 없이 손전등을 껐다. 어둠에 갇힌 친구들이 소리를 질러대 메아리를 만들었지만, 나는 터널의 완벽한 어둠을 몸으로 느끼며 숨을 죽인 채 꼼짝 않고 서 있었다. 움직인다면 땅에서 곧바로 둥둥 떠오를 것만 같았다. 그날 밤 나는 온 집 안을 뒤져 프로비던스가 나오는 낡은 지도를 하나 찾아냈다. 우리가 들어간 터널 입구에서부터 반대편 출구까지 손가락 끝으로 따라가 보았다. 놀랍게도 터널은 우리 집 근처 바로 아래를 지나고 있었다.

그해 여름, 나는 주변에 사람이 없을 때를 골라 수시로 장화를 신고 터널로 들어갔다. 무엇에 이끌렸는지는 정확히 설명할 수 없지만 특별히 목적이 있던 것은 아니었다. 그저 벽에 그려진 낙서를 보거나 낡은 맥주병을 발로 차는 정도가 고작이었다. 가끔은 손전등을 끄고 어둠 속에서 얼마나 침착함을 유지하며 버틸 수 있는지 실험하기도 했다. 스스로를 어느 정도 파악할 수 있는 나이여서, 나도 이런 짓이 평범하지 않다는 생각은 했던 것 같다. 나는 깡마르고 앞니가 벌어졌으며, 알이 큰 안경을 낀 불안정한 십 대였다. 친구들의 관심이 온통 여자애들에게 쏠려 있을 때도 내 방 유리 용기에 있는 애완용 청개구리 외에는 딱히 마음 둘 곳을 찾지 못했다. 가끔 책을 통해 다른 사람들의 모험담을 접하기는 했지만 직접 그런 일에 뛰어들 생각은 엄두도 내지 않았다. 그런데도 그 터널만큼은 자꾸 내 호기심을 자극했다. 밤에 침대에 누우면 거리 밑을 지나는 터널의 이런저런 모습이 떠올라 쉽게 잠들지 못했다.

여름이 끝나갈 무렵 거센 폭풍우가 한차례 지나간 뒤에 나는 늘 그렇듯 터널 안으로 기어 들어갔다. 그 순간 어둠의 저편 앞쪽에서 알 수 없는 소리가 우르릉 들렸다. 불안해진 나는 등을 돌릴까 잠깐 생각했지만, 곧 마음을 바꿔 계속 걷기로 했다. 소리는 점점 커졌다. 터널 깊이 들어가서야 소리의 진원지를 찾을 수 있었다. 갈라진 천장에서 나는 소리였다. 파이프가 터진 모양이었다. 아니면 새는 것인지도 몰랐다. 어쨌든 천장에서 물이 폭포처럼 쏟아져 내렸다. 떨어지는 물줄기 바로 아래에 있던 양동이가 눈앞에서 뒤집혔다. 그다음은 페인트 통이었다. 그러더니 갑자기 여기저기서 크고 작은 용기들이 떼로 뒤집혔다. 기름통, 맥주 캔, 플라스틱 용기, 가스통, 커피 통 등 내가 만나보지 못한 사람이 알 수 없는 이유로 가지런히 정렬해놓은 것들이 거센 물살에 나뒹굴었다. 용기들을 두드리는 물줄기 소리가 메아리가 되어 터널의 공기를 흔들었다. 나는 움직이지 않고 어둠 속에 가만히 서서 그 소리를 들었다.

그 후로 몇 해가 지났고, 땅 아래 세상으로 걸어 들어갔던 그 시절 일은 머릿속에서 까맣게 지워졌다. 프로비던스를 떠나 대학에 진학했고 그렇게 내 갈 길을 갔다. 그러나 터널과 맺은 오랜 인연이 아주 끊어진 것은 아니었던 모양이다. 땅속에 떨어진 씨앗이 조용히 뿌리를 내려 때를 기다리며 숙성하다 지표면을 뚫고 싹을 틔우듯, 터널의 기억은 마음속 저 아래에서 몇 해 동안 싹을 키우고 있었다. 뉴욕시의 땅 아래 세상과 뜻하지 않게 마주하고 얼마간 시간이 지나서야 오래된 그 터널과 사연을 알 수 없는 양동이 제단의 기억이 되살아났다. 그렇게 수면 위로 떠오른 기억은 상상력을 통째로 뒤집을 만큼 맹렬하게 내 마음을 사로잡았고, 스스로에 대한 사고방식과 세상의 구조물을 대하는 태도를 근본부터 바꿔놓았다.

내가 땅 아래 세상을 좋아하게 된 것은 그곳의 적막과 메아리 때문이었다. 터널이나 동굴에 잠깐 들어가는 것만으로도 평행 현실로 탈출하는 듯한 감각을 가질 수 있었다. 동화책 속 주인공들이 어떤 관문을 통과하여 숨겨진 세상으로 들어갈 때의 느낌이 마치 꼭 이러할 것만 같았다. 인류의 영원한 근원적 두려움과 맞서듯, 땅 아래 세상이 제공하는 톰 소여식 철부지 모험이 좋았다. 나는 시가지 아래에서 발견된 유물이나 동굴 깊숙한 곳에서 치러진 의식 등 땅 아래 세상에 관해 얘기하기를 즐겼고, 그럴 때 내 친구들의 경탄하는 듯한 눈초리에 흡족해했다. 무엇보다도 나는 땅 아래 세상에 자석처럼 이끌리는 괴짜나 몽상가, 환상을 좇는 무리에게 알 수 없는 매력을 느꼈다. 그들은 세이렌

Seiren의 노래에 홀려 탐험에 나서거나, 예술작품을 만들고, 땅 아래 세상에서 기도를 올렸다. 나는 이런저런 경로로 망상에 사로잡혔던 그들의 심정을 이해할 것 같았고 또 이해해보려 애썼다. 어둠 속으로 내려가면, 내 마음처럼 굴러가지 않는 지상 위의 삶에 어떤 종류의 돌파구를 찾을지 모른다는 생각도 해보았다.

여러 해에 걸쳐 이런저런 연구 재단을 설득했고 그다음에는 각종 잡지사나 출판사를 부추겨 땅 아래 세상을 조사할 기금을 모았다. 나는 그 돈으로 세계 곳곳에 흩어진 지하 공간을 탐험했다. 10년이 넘는 세월 동안 돌로 만든 지하 묘지나 버려진 지하철역, 성스러운 동굴 그리고 핵 벙커 등을 탐험했다. 처음에는 순전히 개인적인 호기심을 충족시키기 위해 시작한 여행이었지만, 지하로 내려가는 횟수가 늘어나고 지하 풍경의 반향에 내 마음의 주파수가 공진되면서 더 많은 보편적인 이야기가 나타났다. 나는 우리, 즉 인류라는 이름을 가진 모두가 지하세계에 알 수 없는 끌림을 느껴왔고, 발끝에 각각의 그림자가 달린 것과 같이 이런 영역과 이어져 있다는 사실을 체험으로 이해하기 시작했다. 우리 조상들이 그들 사는 곳의 풍경을 이야기로 처음 꾸며내기 시작했을 때부터 동굴과 발밑의 다른 공간들은 우리를 두렵게 했고 때로는 매혹시켰으며 악몽을 꾸고 환상을 갖게 만들었다. 지하세계는 은밀한 끈처럼 우리의 역사를 관통하고 있음을 나는 알았다. 뚜렷하지는 않지만 의미심장한 경로를 통해 그 세계는 우리 자신을 돌이켜보고 인간으로서의 면모를 정리해보도록 이끌었다.

그렇게 작은 균열을 만들며 천천히 틈을 넓히던 지하세계는 어느 날 별안간 내 발밑에서 뚜껑이 열리듯 갈라졌다. 뉴욕으로 이주하고 맞은 첫 번째 여름, 그 일은 시작되었다. 맨해튼의 한 잡지사에서 일하던 나는 브루클린에 있는 이모 댁에서 두 사촌 러셀Russell, 거스Gus와 함께 살았다. 십 대 시절을 보내고 터전을 옮기면서 상상했던 미래의 내 모습은 아파트 창문에서 새어 나오는 불빛을 받으며 길고 황홀한 맨해튼의 밤거리를 걸어다니는 뉴요커였다. 그러나 현실의 나는 이 도시가 함부로 마음을 허락하지 않는다는 사실만 확인할 뿐 좀처럼 적응하지 못한 채 겉돌기만 했다. 군중 속으로 움츠러들었고, 식료품점 주인 앞에서도 더듬거렸으며, 지하철역을 잘못 내렸고, 어디가 어딘지 몰라 브루클린을 헤매면서도 창피해서 길을 묻지 못했다.

어느 밤늦은 날도 나는 도시가 풍기는 위세에 잔뜩 주눅이 든 채 로어 맨해튼의 한 지하철역에서 멍하니 열차를 기다리고 있었다. 도시를 받치는 화강암 냄새가 유난히 두드러지는 여름밤, 움푹 꺼진 승강장에 우두커니 서 있는데 열차가 들어와야 할 철로 저쪽에서 낯선 형체가 보였다. 이어서 젊은이 둘이 어둠 속에서 천천히 모습을 드러냈는데, 헤드램프가 달린 헬멧을 쓴 그들의 얼굴과 손은 검댕이로 덮여 며칠 동안 깊은 동굴 속에서 살다 나온 것만 같았다. 그들은 선로를 따라 잰걸음을 옮기더니 바로 내 앞에서 승강장으로 기어 올라와 순식간에 계단 위로 사라졌다. 그날 밤 나는 집으로 향하는 열차에 올라 이마를 창틀에 대고 차창을 입김으로 뿌옇게 흐리면서 시가지 아래에 숨겨진 벌집처럼 짜인 비밀 통로들을 머릿속에 그려보았다.

헤드램프를 매단 그들은 도시 탐험가로, 땅 아래에 놓인 비밀스러운 구역을 재미로 들락거리는 엉성한 조직의 회원이었다. 그들 왕국에는 여러 종류의 부족이 공존했다. 도시가 잊은 장소의 당당했던 과거 위풍을 기록하는 역사학자도 있었고, 뉴욕이라는 기업화된 공간에 대한 상징적 소유권을 되찾기 위해 금지된 구역을 찾아 침입하는 행동가도 있었으며, 도시에서 잘 알려지지 않은 곳만 골라 시설과 무대를 설치하여 은밀히 퍼포먼스를 벌이는 예술가들도 있었다. 뉴욕에 온 처음 몇 주 동안 나

는 조금은 어리둥절한 상태에서 밤늦도록 잠을 못 이룬다는 핑계로, 숨겨진 장소를 찍은 탐험가들의 사진을 자꾸만 뒤적였다. 버려진 지 수십 년이 지난 지하철역, 급수 설비의 깊숙한 곳에 자리 잡은 밸브실, 먼지로 뒤덮여 방치된 방공호 등은 모두 다 깊은 바닷속을 미끄러지며 헤엄치는 길 잃은 바다 괴물만큼이나 낯설고 신비한 느낌을 주었다.

어느 날 어떤 탐험가의 기록을 조사하던 나는 한 장의 사진을 보고 소스라치게 놀랐다. 프로비던스에서 소년 시절을 보내며 드나들었던 터널이었다. 몇 해 동안 기억 속에 묻은 채 떠올린 적이 없던 바로 그 터널이었다. 어둠 속으로 빨려 들어가는 단선 철도와 입구 위에 새겨진 '1908'이라는 숫자는 사진에서도 선명했다. 이렇게 생각지도 않았던 곳에서 옛 터널과 만나고 나니 마음이 심란해졌다. 마치 누군가 내 머릿속으로 몰래 들어와 수문을 열고 묻혀 있던 기억의 뗏목을 수면 위로 띄운 것만 같았다. 사진을 찍은 사람을 확인해보니 스티브 덩컨Steve Duncan이라는 탐험가였다. 나중에 알게 되지만 그는 저돌적이면서도 명민한 사람으로, 어쩌면 조금 비현실적으로 보일 수도 있는 사고방식을 지녔다. 그리고 그는 땅 아래 세상으로 나를 이끈 첫 번째 안내자가 된다.

우리는 어느 오후 브롱크스Bronx로 향하던 답삿길에서 처음으로 만났다. 스티브는 낡은 하수도관을 둘러볼 계획이었다. 나보다 예닐곱 살이 많은 그는 연한 갈색 머리와 푸른 눈을 가졌고 암벽 등반가처럼 팔다리가 껑충했다. 스티브는 컬럼비아 대학교

1학년 때 캠퍼스 아래에 어지럽게 뚫린 증기 터널을 몰래 들락거리며 탐험 행각을 시작했다. 어느 날 밤 벽 안에 설치된 환기구를 낑낑거리며 통과하던 그가 우연히 도달한 곳은 과학 장비를 주조하느라 어수선해진 방이었다. 맨해튼 프로젝트Manhattan Project(제2차 세계대전 당시 원자폭탄을 제조하기 위해 진행됐던 비밀 프로젝트의 암호명-옮긴이)를 구체화하기 전 필요한 장비를 보관하던 창고였다. 방 한가운데 놓인 둥근 형태의 초록색 기계는 입자가속기의 원형으로, 우리로서는 알 도리가 없는 은밀한 역사의 단편을 보여주는 생경한 보물이었다.

정확히 그 정체를 알 수 없었지만 자석과도 같은 어떤 강렬한 힘에 이끌린 스티브는 즉시 공학에서 도시 역사로 전공을 바꿨다. 공부하다 답답함을 느낄 때면 열차 터널로 기어 들어간 것을 시작으로 그는 방수복 끈을 단단히 조인 채 본격적으로 하수구를 휘젓고 다녔으며, 급기야는 현수교의 까마득한 꼭대기까지 기어올라 그곳에서 도시의 전경을 사진에 담았다. 몇 해를 그렇게 보낸 스티브는 어느덧 이 도시의 인프라를 시시콜콜한 구석까지 손바닥 들여다보듯 꿰는 자칭 재야역사가 겸 사진작가가 되어 있었다(도시의 하수도를 감시하는 환경보호국Department of Environmental Protection은 스티브의 연구 행태가 불법인 줄 빤히 알면서도 그에게 수시로 업무를 의뢰했다).

굳이 분류하자면 스티브는 괴짜와 무법자의 중간 어디쯤에 속한 부류라고 해야 할 것이다. 그는 깡말랐고, 어린 시절 말을 심하게 더듬었던 흔적이 있으며, 부두에서 일하는 노동자처럼 말술을 마셨고, 영웅인 양 뽐내는 걸음걸이에 여성들이 좋아할 만한 독특한 미소를 짓곤 했다. 한때 희귀성 골암에 걸려 죽음의 문턱까지 갔던 적이 있는데, 이때의 경험은 오히려 그가 벌이는 모든 행동에 절박함과 활기를 불어넣는 계기가 되었다. 스티브는 도시의 맨홀 뚜껑에 새겨진 갖가지 두문자어의 의미를 표로 작성하며 밤을 새우거나 19세기 유럽의 폐수 처리 시스템의 유량 변화를 장황하게 설명한 다음, 언제 그랬느냐는 듯이 술집으로 가 싸움판에 끼어들 수 있는 능력의 소유자였다.

그날 오후 우리는 배수구 사이를 유령처럼 휘젓고 다녔다. 번쩍이는 손전등 불빛에 의지한 채 파이프가 뻗어 나간 땅 아래 세상의 경로를 따라갔다. 사이사이에 스티브는 마치 전도사라도 된 듯 사명감이 담긴 어조로 보이지 않는 도시 시스템을 조각 그림처럼 나누어 설명했다. 그에 따르면 뉴욕은 수시로 모습을 바꾸는 거대한 다촉수 생물체로, 지상에 사는 사람들은 그 많은 촉수 중 극히 일부밖에 보지 못한다고 했다. 이렇듯 세계의 감추어진 면면을 드러내 다시 사람들과 이어주는 것이 그의 사명이었다. 그는 아무 때나 땅 아래 세상을 들여다볼 수 있도록 도시의 맨홀 뚜껑을 전부 유리로 만들었으면 좋겠다는 말도 했다.

"우리가 활동하는 세상은 대부분 이차원이지." 스티브는 말했다. "사람들은 자기 발밑에 무엇이 있는지 알지 못해. 하지만 도시가 어떻게 기능하는지 알려면 땅 아래 세상을 봐야 해. 아니, 사실 그 이상이야. 저 아래를 볼 수 있으면 역사 속에서 우리가 처한 위치는 물론 세상에 적응하는 법을 알게 된다고."

나는 스티브에게서 헤르메스의 모습을 보았다. 그는 평행 지형학Parallel Topography을 볼 수 있었다. 월트 휘트먼Walt Whitman은 시집《풀잎Leaves of Grass》에서 "믿건대 보이지 않는 것이 여기 또한 있다"고 썼다. 스티브는 보이지 않는 것을 보았다. 나도 그것을 보고 싶었다.

첫 행차에는 큰 욕심을 내지 않았다. 우리는 탐험가나 그라피티 작가들이 프리덤 터널Freedom Tunnel이라 부르는 웨스트사이드 터널West Side Tunnel을 걷기로 했다. 맨해튼 어퍼웨스트사이드에 위치한 리버사이드 파크 아래를 지나는 약 4킬로미터짜리 터널이었다.

어느 여름날 아침, 나는 125번가 근처에 있는 굵은 철사를 얽어 만든 울타리에 난 틈새를 통해 터널 입구로 들어갔다. 입구는 아주 커서 높이가 6미터는 되어 보였고 폭은 그 두 배 정도였다. 칠흑 같다고는 할 수 없지만 그래도 터널 안은 사물을 제대로 분간하기 어려울 정도로 어두웠다. 천장에는 수십 미터 간격으로 네모난 통풍구가 나 있어 마치 성당의 스테인드글라스처럼 따스한 햇살로 빛기둥을 만들었다. 나는 사람의 기척이라고는 전혀 없는 맨해튼 한복판에서 고즈넉한 기분으로 걸음을 옮기기 시작했다. 마치 꿈속 같았다.

중간 지점에 다다랐을 때 거대한 벽화가 나타났다. 터널과 이름이 같은 프리덤Freedom이라는 화가가 그렸는데, 길이가 30미터가 넘었다. 반대편 벽에 서서 그림을 바라보고 있자니 감탄이 절

로 나왔다. 그림이 빛에 흔들리는 것 같았다. 달콤한 미풍이 지나갔고 멀리 웨스트사이드 하이웨이를 달리는 차들이 만들어내는 소음이 공원의 새소리와 뒤섞였다.

바로 그때 터널 저쪽에서 열차의 거대한 전조등이 나를 향해 달려들었다. 벽을 등진 채 웅크리는데 발밑에서 깊고 낮은 진동이 느껴졌다. 강렬한 빛줄기와 강한 돌풍이 몰아치더니 우르릉거리는 굉음의 진동이 갈비뼈를 타고 전해졌다. 나와 철로 사이에는 5미터 남짓한 공간이 있어 딱히 위험하지는 않았지만, 흥분과 두려움에 웅크리고 있던 몸과 마음이 후드득 떨렸다.

그날 오후 터널을 빠져나와 허드슨강 근처의 담장을 타고 넘는 순간, 나와 이 도시의 관계는 변하기 시작했다. 지상에서 나는 직장과 집만 오가며 한정된 감각적 경험의 궤도를 맴도는 쳇바퀴 속 존재였다. 그렇지만 터널로 들어간 순간부터 나는 주어진 영역의 한계를 벗어나 새롭고 본능적인 방법으로 도시와의 인연을 만들어가기 시작했다. 처음으로 고개를 들고 뉴욕과 눈이 마주친 사람처럼, 정신이 번쩍 들었다.

땅 아래 세상으로 내려가 도시의 몸통을 휘젓고 다니는 방식을 통해 나는 뉴욕에 살고 있다는 사실을 스스로에게 입증해 보였다. 그렇게 이 도시를 **이해했다**. 뉴욕에서 나서 자란 친구들에게 그들이 전혀 알지 못하는, 동네의 땅 밑에 오래전부터 누워 있는 저장실에 관한 이야기를 해주면서 나는 묘한 쾌감을 느꼈다. 움푹 들어간 뒷골목에서는 땅 위에 사는 사람들이 보지 못하는 이 도시만의 결을 찾아내며 즐거워했다. 아주 오래된 그라피티의 서명, 고층 건물의 토대에 드러난 틈새, 보이지 않는 균열에 구겨진 채 끼어 있는 수십 년 전의 신문들을 통해 뉴욕과 나는 비밀을 공유했다. 그렇게 도시의 숨겨진 서랍을 몰래 뒤져 은밀한 편지들을 읽고 또 읽었다.

어느 날 밤 스티브와 함께 브루클린 해군 공창으로 향했다. 맨홀을 하나 고른 스티브는 주변에 교통콘을 세워놓은 다음 갈고리를 이용해 뚜껑을 들어냈다. 아래쪽에서 증기가 모락모락 새어 나왔다. 우리는 사다리를 타고 미끈거리는 발판을 손으로 번갈아 짚어가며 하수 처리장으로 첨벙 내려섰다. 하수도는 3.5미터 정도 높이로, 가운데로는 푸르죽죽한 오수가 부글거리며 흘러내리고 있었다. 공기가 따뜻한 탓에 안경에 금방 김이 서렸다. 천장에 매달려 줄처럼 흔들거리는 박테리아 덩어리들을 본 순간 나는 멈칫했다. 길고 끈적거려 '콧물 고드름snotsicles'이라는 애칭으로 불리는 것들이었다. 그래도 하수도 내부는 짐작했던 것만큼 역겹지 않았다. 냄새도 배설물 찌꺼기라기보다 흙내에 가까웠다. 비료를 재어놓은 오래된 농가의 헛간 같았다. 우리는 무색소 버섯이 자라고 있는 양토(점토와 모래의 함량이 비슷한 토양-옮긴이) 오물 모래톱 위로 불빛을 비췄다. 뱀장어들은 이동하는 시기가 되면 이곳을 지나간다.

지금은 해군 공창이 자리 잡은 월러바웃만Wallabout Bay으로 스며드는 오래된 수로인 월러바웃 샛강은 이곳에서 푸르죽죽한 물과 섞인다. 1766년에 제작된 지도에는 이 샛강이 나타나 있지만, 도시가 확장된 지금은 지하로 숨어들어 사람들의 시야에서 사라졌다.

지표면을 딛고 사는 내게 뉴욕은 기운이 넘치지만 길들지 않은 동물이었다. 그르렁거리며 콧김을 뿜고 트림을 하며 여러 구

언더그라운드

멍에서 군중을 토해내는 야성의 도시였다. 그러나 막상 아래로 내려와 보니 딴판이었다. 발밑을 조용히 흐르는 고풍스러운 물줄기는 잔잔했고 심지어 연약하기까지 했다. 도시의 여린 일면은 거의 당혹스러울 정도여서 누군가 곤히 자는 모습을 훔쳐보는 느낌이었다.

다시 사다리를 타고 올라와 맨홀 뚜껑을 열고 상쾌한 찬 공기를 마신 것은 새벽 3시가 조금 지나서였다. 땅속에서 갑자기 솟아나듯 상체를 밖으로 내밀자 자전거를 타고 달려오던 젊은이가 급히 핸들을 꺾어 피했다. 그는 미끄러지듯 한 바퀴 핑 돌아선 다음 숨을 거칠게 몰아쉬며 물었다. "당신들 누굽니까?"

스티브는 마치 무대에 오른 배우처럼 허리를 펴고 가슴을 한껏 부풀린 다음 고개를 뒤로 젖힌 채 로버트 프로스트Robert Frost의 〈도심 속 개울A Brook in the City〉을 한 구절 읊었다.

> 그 시냇물은
> 아마도 겁에 질려 사라지기를 잊은 것 말고는
> 일찍이 잘못을 저지른 일이 전혀 없는데도-
> 돌 덮개 씌운 깊은 하수下水 감옥에 던져져
> 악취 나는 어둠 속을 여전히 살아 흐른다

땅 아래 세상을 여행할 때마다 이 도시는 조금씩 틈을 열어 보이고 또 다른 비밀을 드러내며 나를 더 깊은 곳으로 유인했다. 나는 공책을 들고 지하철을 탄 다음 창밖을 내다보며 버려진 승강장, 그라피티 작가들 말로는 "유령 정거장ghost stations"으로 이어질 듯 보이는 벽의 틈새 위치를 기록했다. 땅 아래 세상을 흐르는 물줄기의 경로도 추적했다. 인도로 난 지하철 통풍구의 쇠살대에 귀를 대면 지표면 아래에서 졸졸거리며 흘러가는 물소리가 들리기도 했다. 내 옷장에는 장화가 달린 방수 바지를 비롯해 진흙에 젖은 옷가지들이 걸렸고 언제 어디를 가든 뒷주머니에는 헤드램프가 틀어박혀 있었다. 나는 이 도시를 더욱 차근차근 뒤지기 시작했고 걷다가도 갑자기 멈춰 서서 지하철 환기구나 하수구 맨홀, 깊게 파놓은 건설 현장 등을 들여다보며 도시 내부의 모습을 상상하곤 했다. 내 머릿속에 그려진 지도는 보이지 않는 주름과 비밀 통로와 감추어진 광맥류가 얽힌 산호초를 닮아갔다.

맨홀과 어두운 계단통과 거리의 해치는 모두 또 다른 단층으로 들어가는 관문이었다. 나는 한동안 그렇게 얼이 빠진 채 일종의 착란 상태로 도시를 휘젓고 다녔다. 언젠가 브루클린 하이츠를 걷는데 적갈색 사암으로 만든 고급 주택 하나가 눈에 들어왔다. 어딘가 예사롭지 않은 느낌을 주는 건물이었다. 언뜻 보면 같은 블록에 있는 여느 집들과 똑같았지만, 자세히 살피니 다른 부분이 있었다. 철제문의 재질이 공업용이었고 창문이 특이하게도 모두 검게 칠해져 있었다. 알고 보니 그곳은 지하철로 통하는 환기 갱도의 입구로, 집은 이를 감추기 위한 일종의 위장 장치였다.

소호에 있는 저지 스트리트Jersey Street에서는 크로톤 송수로

Croton Aqueduct라 불리는 오래된 수로 터널로 내려가는 낡은 맨홀을 찾아냈다. 1842년 남성 네 명이 이 송수로에서 크로톤 메이드 Croton Maid라는 작은 뗏목을 타고 어둠 속을 헤쳐 캐츠킬Catskills에서 맨해튼까지 60킬로미터가 넘는 지하 오디세이를 감행한 현장이었다.

그런가 하면 브루클린의 애틀랜틱 애비뉴Atlantic Avenue 아래에서는 1862년에 폐쇄된 열차 터널을 찾기도 했다. 이 터널은 사람들 기억에서 완전히 사라졌다가 1980년에 이르러 밥 다이아몬드Bob Diamond라는 열아홉 살 동네 청년이 맨홀로 내려가 메아리가 울리는 거대한 공간을 발견하면서 다시 화젯거리가 되었다 (해당 지역은 잠시나마 예사롭지 않은 관심을 받았고, 잊힌 터널을 기어가는 밥의 모습을 담기 위해 사진작가들이 몰려드는 소동이 벌어지기도 했다).

애틀랜틱 애비뉴 아래의 터널

브롱크스의 한 섬에서 나는 찰스 린드버그Charles Lindbergh의 아기를 유괴한 남자가 묻었다는 몸값 뭉치를 찾기 위해 조직된 보물 사냥꾼 무리에 합류한 적도 있다. 그런가 하면 소문 하나만 믿고 지하철에 감추어진 어떤 묘실 벽화를 찾아가기도 했다. 실제로 그 벽에는 100년 된 그라피티가 장엄하게 버티고 있었다. 아무도 발을 들여놓지 않아 사람들의 기억에서 사라진 그 공간은 하도 낡고 퇴락하여 목소리를 높이면 천장에서 모래가 우르르 쏟아질 것만 같았다.

미드타운의 한 낡은 건물 지하 2층에서는 바닥에 난 구멍 아래로 강물이 흘렀는데, 낮에는 노인네들이 모여 송어 낚시를 한다는 소문이 있어 찾아간 적도 있다. 내가 친구들에게 이런 이야기를 너무나 자주 들려준 탓에, 그들은 언제부터인가 신물이 난다며 질색을 하곤 했다. 그래도 자제가 되지 않았다.

지하 탐험에는 늘 위험이 따라다녔지만 나는 꾸준히 내려갔다. 늦은 밤 사방을 살핀 후 지하철 승강장 끄트머리로 슬금슬금 다가서서는 '출입 금지'나 '횡단 금지' 같은 표지판을 넘어가 좁은 작업 통로에서 철길 위로 뛰어내렸다. 그곳은 일 년 내내 굴뚝 속처럼 캄캄했고 여름밤이면 용광로처럼 뜨거웠다. 처음에는 사촌 러셀을 데리고 다녔다. 어둠 속을 뛰는 듯 걸어도 어렴풋한 대기의 흔들림이나 음속보다 느린 열차의 진동을 발밑에서 느낄 수 있었다. "열차가 온다!" 우리는 낮은 소리로 외쳤다. 레일이 한쪽으로 붙는 소리가 들렸고 곧이어 휘어지는 부문에서 거대한 전조등이 터널 벽을 훑었다. 우리는 작업 통로로 잽싸

게 피해 비상 탈출 공간에 몸을 숨겼다. 열차가 요란한 소리를 내며 지나갈 때는 강한 돌풍에 몸을 가누기가 힘들었다.

　얼마 지나지 않아 나는 혼자 다니기 시작했는데, 대체로 즉흥적인 충동에 따른 결과였다. 파티가 끝난 늦은 밤이나 도서관에서 지루한 시간을 보내고 돌아가는 길, 지하철 승강장에서 집으로 향하는 열차를 기다리다가도 마지막 순간에 마음을 바꿔 터널로 훌쩍 뛰어내려 어둠 속으로 몸을 구겨 넣고는 했다. 열차가 아슬아슬하게 스쳐 지나간 순간도 있었고, 바퀴에서 튀어 오르는 파란 불꽃 세례를 받기도 했으며, 엄청난 굉음에 일시적으로 귀가 먹먹해지기도 했다. 밤이 깊을 대로 깊어진 다음에야 나는 얼이 빠진 몰골을 하고 터벅터벅 집으로 돌아갔다. 뺨은 첫가루로 얼룩졌고 도대체 제정신인지 아닌지 분간이 가지 않았다. 막 꿈에서 깨어난 듯한 기분이었다.

터널에서 열차 차장에게 들킨 적도 있었다. 승강장으로 빠져나오니 '뉴욕시경NYPD' 배지를 단 경찰관 두 명이 기다리고 있었다. 둘 다 도미니카 출신의 젊은 경찰이었는데 한 명은 땅딸막했고 또 한 명은 마르고 훤칠했다. 그들은 내 팔을 낚아채 뒤로 돌려서 벽에 밀어붙여 놓고는 배낭 속 내용물을 모두 바닥에 꺼냈다. 사실 체포할 이유야 얼마든지 있었겠지만 그들은 어째서인지 그냥 보내주었다. 나는 거리로 나와 벤치에 앉았다. 조금 씁쓸했다. 내가 백인이 아니었다면 그들은 틀림없이 양손에 수갑을 채웠을 것이다. 그날 집으로 돌아가는 길에도 나는 멈춰 서서 지하철 통풍구와 맨홀을 물끄러미 들여다보았다.

가장 캄캄한 지층에서는 터널에 기대어 사는 "두더지 인간Mole People"들과 마주치기도 했다. 도시 곳곳에 숨겨진 지하실과 피난처를 주거 공간으로 삼고 지내는 노숙자들이었다. 그러니까 스티브와 러셀과 그 밖의 몇몇 도시 탐험가들과 함께 지하를 떠돌던 날이었을 것이다. 그날 밤 우리와 마주친 여성의 이름은 브루클린Brooklyn이었다. 그녀는 30년째 땅 아래 세상에 살고 있다고 말했다. 얼굴에 얽은 자국이 있는 브루클린은 가늘게 딴 곱슬머리를 높이 올리고 있었다. 그녀가 '이글루'라고 부르는 집은 터널의 차양 안쪽에 감추어진 후미진 장소에 있었는데, 매트리스 하나와 비틀린 가구 몇 점이 살림의 전부였다. 마침 그날은 브루클린의 생일이었다. 우리는 위스키 한 병을 돌려 마셨고 그녀는 티나 터너Tina Turner와 마이클 잭슨Michael Jackson의 곡을 메들리로 불러 모두를 웃겼다. 그러나 그때 당황스러운 일이 벌어졌다. 브루클린의 노래가 알아들을 수 없는 방언으로 바뀌더니 마치 헛것을 본 사람처럼 이상한 행동을 하기 시작한 것이다. 때마침 그녀의 파트너가 돌아왔다. 그의 이름도 역시 브루클린이었다. 둘은 어둠 속에서 날카롭게 목소리를 높여가며 싸웠다.

얼마간 시간이 흐르고, 나는 친구나 가족들을 상대로 지하 탐험 이야기를 늘어놓는 일을 그만두었다. 그들이 던지는 질문에 답하기가 점점 더 어려워졌기 때문이다. "그런데 뭘 찾으려고 거길 내려가는데?"

"보여줄 게 있어." 어느 날 밤 스티브가 말했다. "하지만 아무에게도 말하지 않겠다고 약속해야 돼."

새벽 2시쯤이었고 우리는 브루클린 어딘가에서 열린 파티를 빠져나오던 중이었다. 스티브는 지하철역으로 나를 이끌더니 작업자 전용 통로로 데려갔다. 그의 뒤를 바짝 따라가고 있었는데 어느 순간 어둠 속에서 놓쳐버리고 말았다. 저쪽에서 그의 목소리만 들렸다. 벽에 있는, 그러나 보이지 않는 문을 통과해 어디론가 들어갔다는 것을 눈치로 알 수 있었다. 나도 허공을 더듬어 어둠에 싸인 곳으로 들어갔다. 그 성스러운 공간은 메아리 효과가 대단했고 겨우 얇은 막 몇 개로 평범한 생활과 분리되어 있었다. 그런데도 외부에서는 전혀 보이지 않는 비밀스러운 장소였다.

나를 방 한가운데로 데려간 스티브는 손전등으로 바닥을 비추었다. 120×180센티미터 정도의 직사각형 세라믹 타일로 된 격자가 먼지에 뒤덮여 있었다. 타일을 입김으로 불자 먼지구름이 얼굴을 덮었고, 그 아래에서 지도 하나가 모습을 드러냈다. 뉴욕 지하철 노선도였는데, 도시 어디를 가건 정거장 벽에서 볼 수 있는 지도였다. 브루클린과 맨해튼이 우둘투둘한 베이지색 실루엣으로 표현되었고, 열차 노선들이 옅은 청색의 이스트강을 가로질러 이리저리 뻗어갔다. 그러나 그 지도는 익숙한 랜드마크가 아닌, 볼 수 없는 지점들만 골라 보여주고 있었다. 뉴욕을 뒤지고 다니는 베테랑 도시 탐험가들은 거기에 사진을 덧붙였는데, 그런 식으로 하수구, 송수로, 유령 정거장이나 일반 사람들의 시야에서 배제된 또 다른 장소의 위치를 표시해놓고 있었다. 어둠 속에 웅크리고 앉아서 보이지 않는 장소에 감추어진 지도를 통해 이 도시의 보이지 않는 지점들을 유심히 보고 있자니, 말할 수 없는 희열이 밀려왔다. 뉴욕 아랫동네에서 여러 해 동안 헤매며 찾았던 것들이 사당의 위패처럼 이렇게 한자리에 모두 모셔져 있다니! 그러나 나는 동시에 그 희열에서 소외되는 느낌을 받았다. 마음 한구석에서 흥분과 설렘이 윙윙거리며 고개를 쳐들고 있었지만 그렇게 익숙하지만은 않은 기분이었다.

그 순간, 도시 아래 먼지로 뒤덮인 깊숙한 지점에 서서 나는 내가 지하세계와 맺은 인연에 관해 이해하지 못하고 있는 부분이 너무도 많다고 생각했다. 말이 나왔으니 말이지만 더 나아가 이런 광경과 인류의 관계를 생각해보고, 이 광경이 우리 아득한 역사의 희미한 부분까지 미치는 점을 감안한다면 내가 아는 것이 과연 얼마나 되겠는가?

오래전 레오나르도 다 빈치는 토스카나Toscana를 산책하던 중 커다란 너럭바위 위를 어슬렁거리다가 어떤 동굴의 입구에 다다른 적이 있다. 동굴 어귀의 그늘 아래 서서 얼굴에 서늘한 미풍을 느끼며 어둠 속을 응시하던 그는 잠시 망설였다. "두 가지 상반된 감정이 실랑이를 벌였다." 그는 나중에 이렇게 썼다. "두려움과 욕망, 즉 컴컴한 동굴이 주는 위협적인 두려움과 저 안에 어떤 경이로운 것들이 있을지 모르니 한번 알아봐야겠다는 욕망이

었다.”

인류가 존재한 시간의 길이만큼 우리는 동굴과 지하의 우묵한 공간 사이에 있는 어느 지점을 택해 살았고, 또 그만큼의 세월 동안 그러한 공간들은 원초적이고 복잡한 정서를 우리에게 환기시켰다. 진화심리학자들은 인간이 주변 풍경과 맺은 관계는 조상 대대로 아무리 오랜 시간에 걸쳐 물려받았다 해도 완전히 단절된 적이 없었다고 주장한다. 그런 관계는 인간의 신경 체계에 내재되어 무의식적인 본능으로 우리의 행동을 지배한다고 그들은 말한다. 생태학자 고든 오리언스Gordon Orians는 좀처럼 사라지지 않은 이런 퇴화된 충동을 “진화한 과거 환경의 유령evolutionary ghosts of environments past”이라고 정의했다. 뉴욕의 지하 여행에서 컴컴한 터널 입구를 응시하거나 하수구 맨홀 속으로 내려갈 때마다 나는 무의식적으로 조상으로부터 물려받은 ‘유령 충동’을 음미했다. 오래전 우리 조상들이 어두운 동굴 어귀에 웅크리고 앉아 들어갈지 말지 망설였던 바로 그 순간을 말이다.

땅 아래 세상에서 우리는 외지인이다. 자연선택Natural selection은 우리 몸이 요구하는 기초대사부터 우리 눈의 격자 구조에 이르기까지 상상할 수 있는 모든 방법에서 인간을 지하가 **아닌** 지표면에서 지내야 하는 존재로 설계했다. 확산광이 미치는 범위의 끝인 “경계지대twilight zone” 너머에 있는 동굴의 여러 장소에 대해 과학자들이 이름을 붙인 “다크존dark zone”은 자연 속의 버려진 흉가로, 우리 의식의 가장 깊은 곳에 뿌리를 내린 ‘두려움의 납골당’이다. 그곳은 동굴 천장에서 꿈틀거리고 내려오는 뱀의 서식처이며 치와와만 한 거미와 미늘이 돋친 꼬리를 가진 전갈이 몸을 도사리고 있는 공간이다. 진화론적 견해에서 볼 때, 이런 동물들은 우리 조상의 목숨을 수시로 노린 탓에 결국 우리의 인식 속에 두려움으로 남았다. 약 1만 5,000년 전까지만 해도 지구상의 모든 동굴은 동굴곰과 동굴사자와 검치호랑이의 서식처였다. 그래서 가뜩이나 짧았던 우리 종의 존재 역사에서 우리는 얼마 전까지만 해도 동굴 어귀에 이를 때마다 어둠 속에서 튀어나와 인간을 잡아먹는 괴물 때문에 마음을 단단히 다잡곤 했다. 심지어 오늘날에도 우리는 땅 아래 세상을 응시할 때면 어둠 속 포식자에 대한 가물거리는 기억으로 두려움에 몸을 떤다.

낮에는 사냥이나 채집을 하고, 밤이면 야행성 포식자들이 살금살금 다가오는 아프리카 초원에 적응하고 살도록 진화해온 인간에게 어둠은 늘 불안의 대상이었다. 단테가 "보이지 않는 세계sightless world"라고 부른 지하의 어둠은 우리의 신경 체계를 깡그리 파괴할 정도의 위력을 가졌다. 현대 유럽에서 동굴 탐험에 나섰던 선구자들은 지하의 어둠 속에 오래 머물면 영혼이 영원히 파괴될지도 모른다고 생각했다. 17세기의 어느 작가는 영국 서머싯에 있는 동굴을 탐험했던 기억을 이렇게 더듬었다. "우리는 그곳을 찾는 일을 두려워하기 시작했다. 들어갈 때는 흥겹고 즐거웠지만 나올 때는 이미 슬프고 시름에 잠겨 세상을 사는 동안 웃는 모습을 더는 보여줄 수 없을지도 모른다고 생각했기 때문이다." 완전한 어둠 속에 오래 머물 때 유발될 수 있는 심리적 착란의 종류를 신경과학자들이 밝혀내면서 그런 우려는 일부 사실로 드러났다. 1980년대, 보르네오섬의 구눙물루국립공원The Gunung Mulu National Park에 있는 사라왁 석실Sarawak Chamber을 탐험하는 과정에서 어떤 탐험가는 축구장 17개를 합친 정도의 크기인 동굴에 들어갔다가 길을 잃었다. 끝도 없는 어둠 속을 헤매던 그는 일종의 마비 증세를 일으켰고, 결국 파트너들의 도움을 받아서 빠져나와야 했다. 동굴 탐험가들은 이처럼 어둠으로 인한 공황발작을 "황홀증the Rapture"이라 불렀다.

　좁은 공간에 갇혔다는 생각이 들면 평정심을 유지하기가 어렵다. 지하 석실에 갇혀 팔다리를 마음대로 움직일 수 없고 빛이 들지 않는 상태에서 산소마저 희박해지면 갖가지 불길한 생각이 머리를 스친다. 고대 로마의 철학자 세네카Seneca는 은銀을 찾아 땅속 깊이 들어간 사람들이 "공포에 질리기 딱 좋은" 상황에서 "머리 위에 드리운 땅"의 질량에 엄청난 심리적 압박을 받았다고 전했다. 계관시인 에드거 앨런 포Edgar Allan Poe도 폐소공포증을 실감 나게 재현했다. 단편 〈때 이른 매장The Premature Burial〉에서 그는 지하에 갇히는 기분을 이렇게 묘사한다. "그 어떤 것도 … 이보다 더 몸과 마음을 파괴하는 지독한 고통은 없을 것이다. 폐를 압박하는 참기 힘든 고통과 축축한 땅이 내뱉는 숨 막히는 기운, 좁은 관 속에 누인 몸에 꽁꽁 감긴 수의의 감촉, 밤이 끝없이 이어질 것 같은 절대적 어둠, 짓누르는 바다 같은 침묵…" 저 아래 지하의 공동空洞에 들어서면 완전한 공포까지는 아니라 해도 반사적으로 무언가 잘못되었다는 불길함 속에서 천장과 벽에 포위되는 망상에 휩싸이게 된다.

결국 우리가 가장 무서워하는 것은 죽음이다. 컴컴한 다크존에 대한 혐오는 죽을 수밖에 없는 우리 자신의 운명에 대한 두려움으로 수렴된다. 이스라엘의 카프제 동굴Qafzeh Cave에서 발굴된 유골로 판단하건대, 우리 종은 적어도 10만 년 전부터 시신을 동굴 어두운 곳에 매장해왔다. 그리고 네안데르탈인은 그 이전부터 동굴에 매장하는 풍습을 갖고 있었다. 어느 지역 할 것 없이 전 세계 모든 종교적 전통에서 사자의 영역에 대한 설명에는 동굴의 다크존에 대한 이미지가 반영되어 있고, 그곳에서 육신을 떠난 망령은 모서리가 없는 어둠을 부유했다. 칼라하리 사막이나 시베리아 평원에 사는 사람들처럼 동굴 같은 물리적 지하 공간과 접촉해본 경험이 없는 문화조차도 수직적 우주에 관한 신화를 말하는데, 그곳의 지하 영역은 정령들로 가득하다. 동굴 입구에 발을 들여놓을 때마다, 우리는 반사적으로 언젠가 닥칠 죽음의 징후를 느낀다. 다시 말해 그 순간 우리 뇌리를 스치는 것은 자연선택이 우리로 하여금 피하도록 설계한 '단 한 가지'다.

그러나 지하세계 입구 언저리에 웅크리고 앉은 우리는 **종내** 내려가고야 만다. 토스카나를 걷던 그날 레오나르도 다 빈치도 **결국** 어둠 속으로 내려갔다(그는 다크존 깊은 곳 동굴 벽 틈새에서 고래 화석을 발견했다. 그 화석은 이후 그의 머릿속을 평생 맴돌며 끊임없이 영감을 주었다). 실제로 지구에서 인간이 접근할 수 있는 모든 동굴에는 어김없이 우리 조상들의 발자국이 남아 있다. 고고학자들은 프랑스의 동굴 속을 기어 들어가 진흙투성이의 통로를 뚫고,

벨리즈의 기나긴 지하천을 헤엄치고, 켄터키주의 석회동굴 내부를 수 킬로미터씩 트래킹했다. 어디를 가든 그들은 그 안에서 화석화된 고대인들의 흔적을 발견했다. 고대인들은 갈라진 바위 틈 사이로 기어 내려가 소나무로 만든 횃불이나 동물성 기름으로 만든 등으로 어둠을 밝히며 안으로 안으로 들어갔다. 그들은 그 안에서 아주 낯선 세계와 마주했다. 지표면에서 짐작했던 것과는 너무도 다른 단절된 세계였다. 그 어떤 밤보다 어두웠고 메아리가 파도처럼 출렁이며 석순이 괴물의 이빨처럼 삐죽 솟아난 공간이었다. 다크존으로의 여행은 인류 역사에서 가장 오래 이어진 문화적 관행이며, 우리 종이 존재하지 않았던 수십만 년 전까지 거슬러 올라가는 고고학적 증거다. 신화학자인 에번스 랜싱 스미스Evans Lansing Smith의 지적대로 "지하로 내려가는 것 이상으로 우리를 인간이라는 하나의 존재로 묶어주는" 전통은 어디에도 없다.

뉴욕의 땅 아래 세상에 흠뻑 빠져 조사를 시작하면서 내가 훨씬 더 크고, 더 오래되고, 더 보편적인 불가사의와 불가분의 관계에 연루되었다는 사실을 깨달은 것도 바로 그런 전통 때문이리라. 가장 기본적인 진화론적 논리에도 불구하고, 지하에서 마주치는 모든 즉각적인 위험에도 불구하고, 설계상 애당초 우리 내면에 단단히 틀어박힌 두려움의 코러스가 빛에 머물라고 설득함에도 불구하고, 폐부 깊은 곳에서 어둠이 우리 자신의 죽음을 환기하고 있음에도 불구하고, 우리는 우리 영혼의 핵심에 묻힌 충동에 이끌려 어둠 속으로 들어간다.

프로비던스의 이스트사이드 철도 터널

　지난 몇 해에 걸쳐 나는 뉴욕뿐 아니라 세계 각지에 흩어진 후미진 곳을 두루 섭렵하며 지하에 펼쳐진 풍경과 우리의 뒤엉킨 관계의 실타래를 차근차근 풀어나갔다. 현대 도시의 아래에 놓인 음습한 낭하에서 나는 더 오래되고 넓은 공간으로 들어섰고, 마침내 천연 동굴의 태곳적 어둠에 이르렀다. 나는 가는 곳마다 지하세계에 애착을 가진 또 다른 사람들의 도움을 받았다. 그들은 헤르메스의 현신인 양 땅 아래 세상을 속속들이 알았고 위와 아래를 거침없이 드나들었다.

"지하실로 내려간다는 것은 꿈을 꾸는 것이고, 불확실한 어원의 먼 복도를 헤매는 것이고, 언어 속에서 희귀한 보물을 찾는 것이다." 철학자 가스통 바슐라르Gaston Bachelard는 《공간의 시학The Poetics of Space》에서 그렇게 썼다. 신화와 역사, 예술과 인류학, 생물학과 신경과학을 통해 지하세계와 우리의 관계를 추적하던 나는 그 확장성에서 당황스러운 하나의 상징을 발견했다. 지하는 물이나 공기나 불처럼 인간의 경험을 구성하는 가장 기본적인 풍경이었다. 우리는 죽어서 지하세계로 들어가지만 또한 다시 태어나기 위해, 대지의 자궁에서 모습을 드러내기 위해 그곳을 향한다. 우리는 지하세계를 무서워하지만 그와 동시에 그곳은 위험에 처했을 때 가장 먼저 찾게 되는 피난처이기도 하다. 지하세계는 귀중한 보석을 감추는 곳이면서 독성 폐기물도 같이 숨기는 장소다. 지하세계는 억압된 기억의 영역이자 빛나는 계시의 영역이다. 고전학자 데이비드 L. 파이크David L. Pike는 그의 책 《스틱스강 위의 메트로폴리스Metropolis on the Styx》에서 "땅 아래 세상이라는 메타포는 스스로의 지평을 넓혀 지상의 모든 생명을 품는다"고 썼다.

우리가 발밑에 있는 공간을 의식한다는 것은 저 아래 펼쳐진 세상을 몸으로 느낀다는 뜻이다. 물리적인 지하세계에 있는 터널과 동굴 쪽으로 시선을 돌릴 때, 우리는 현실을 이루고 있는 모든 보이지 않는 힘에 우리의 파장을 맞추게 된다. 지하세계와 맺는 관계는 인간의 상상력으로는 측량할 수 없는 방으로 통하는 문을 밀어젖힌다. 우리는 보이지 않는 것, 볼 수 없는 것을 보

기 위해 내려간다. 오직 어둠 속에서만 찾을 수 있는 빛을 찾아 그
곳으로 간다.

2장

횡단

그리고 어둠을 뚫고 응시하니

높은 탑들이 무더기로 보이는 것 같기에 나는 소리쳤다.

"스승이여, 이 도시는 무엇입니까?"

—단테, 〈지옥편The Inferno〉제31곡

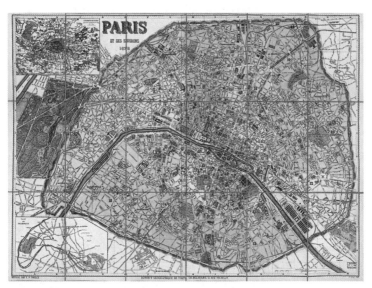

〈파리와 그 주변Paris et ses environs〉, 1878

파리의 지하를 처음 사진으로 남긴 사람은 나다르Nadar라
는 예명으로 알려진, 번들거리는 붉은 머리에 호탕하고 과장
된 몸짓을 예사로 하는 사나이였다. 샤를 보들레르Charles Baudelaire
가 "생명력의 가장 경이로운 사례"라고 일컬었던 나다르는 19세
기 중반 파리 사교계에서 자극적이고 눈에 띄는 언행을 일삼았
다. 그는 흥행사이자 멋쟁이이자 보헤미안 예술계의 주동자였지
만, 무엇보다도 파리에서 손꼽히는 사진작가로서 명성이 높았
다. 시내 중심부에 자리한 호화로운 스튜디오에 머물지 않고 이
리저리 쏘다니며 현장 작업을 중시했던 나다르는 미디어 분야
의 선구자이자 기술개발의 위대한 개혁가였다. 1861년에 나다
르는 배터리로 작동하는 조명을 발명하였는데 이는 사진 역사
상 최초의 인공조명으로 기록된다. 자신의 표현대로 "마법의 랜

턴"의 위력을 과시하기 위해, 그는 가장 어둡고 눈에 잘 띄지 않는 곳을 찾아 사진을 찍었다. 그렇게 해서 찾아낸 곳이 바로 도시 아래에 놓인 하수구와 지하 묘지였다. 여러 달에 걸쳐 그는 지하의 어둠 속을 헤치며 수백 장의 사진을 찍었다. 그런 곳에서는 사진 한 장을 찍는 데 18분의 노출 시간이 필요했다. 그렇게 해서 얻은 이미지들은 그 자체로 하나의 묵시록이 되었다. 거리 밑에 있는 터널과 토굴과 송수로에 은밀한 공간이 있다는 사실은 파리지앵들도 오래전부터 대충 알았지만, 그런 곳은 어디까지나 추상적인 존재였다. 간혹 그런 장소를 입에 올리는 경우는 있어도 실제로 봤다는 사람은 거의 없었다. 나다르는 땅 아래 세상을 처음으로 드러내 보이며 파리와 지하 풍경의 새로운 관계를 열었다. 그 관계는 어쩌면 시간이 갈수록 더욱 낯설어지고, 더욱 강박적으로 변하며, 더욱 본질적으로 바뀌는 것이었는지도 몰랐다. 세상 어느 도시보다도 말이다.

따져보니 내가 스티브 덩컨을 비롯한 몇몇 도시 탐험가들과 함께 파리에 도착한 때는 나다르 이후로 한 세기 반이 지나서였다. 우리의 목적은 이전까지 어느 누구도 시도하지 않았던 방식으로 파리의 땅 아래 세상과 이 도시의 관계를 살피는 것이었다. 우리는 파리의 한쪽 끝에서 다른 끝으로 걸어가는 횡단 탐사를 계획했다. 단 지하의 기반시설로만 걸어가기로 했는데, 바로 이것이 스티브가 뉴욕에서부터 생각하고 꿈꿔왔던 여행 방식이었다. 오래된 파리 지도들을 공부하며 계획을 짜고, 파리 출신 탐험가들의 조언을 구하고, 실행 가능한 루트를 찾는 데 몇 달을 보냈다. 이론적으로는 복잡할 것이 없는 탐험이었다. 우리는 파리 남부 포르트 도를레앙Porte d'Orléans 인근의 경계 지역 바로 바깥에 있는 카타콩브catacombs에서 출발하기로 했다. 계획대로라면 북쪽 경계 너머에 있는 클리시 광장 근처의 하수구에서 빠져나오게 될 것이다. 직선으로 9.5킬로미터 정도의 거리였기에 지상에서라면 아침 먹고 어슬렁어슬렁 걸어도 점심때쯤이면 도착할 수 있는 길이었다. 하지만 지하 루트는 벌레가 기어가듯 어지럽게 휘어지고 엇갈리고 복잡해서 이리저리 방향도 자주 틀어야 하고 왔던 길을 되돌아가는 일도 많을 것이다. 우리는 있을지도 모르는 야간 캠핑을 포함하여 2~3일 정도의 트래킹을 준비했다.

화창한 6월의 어느 날 저녁, 우리 여섯 명은 파리의 남쪽 경계 지역에 있는 버려진 열차 터널 안에 앉았다. 이미 오래전에 폐기된 파리 순환 노선인 프티트상튀르Petite Ceinture, 작은 벨트의 일부였다. 앞서 우리는 가져갈 것들을 마지막으로 챙기고 점검하며 그날 하루를 보냈다. 이미 9시가 지난 시간이었고 터널 양 끝에서 가물거리던 콩알만 한 불빛은 더욱 흐려졌다. 모두 말이 없었고 각자의 헤드램프에서 나온 불빛만 바닥에서 불안하게 춤을 추었다. 콘크리트 벽에는 착암기로 뚫은 구멍이 있었는데 둘레에는 낙서가 가득했다. 그 벽이 카타콩브로 들어가는 입구가 될 터였다. 우리는 차례로 그 구멍에 눈을 대고 저 아래 암흑을 내려다보았다.

"여권을 지퍼백 하나에 모아 넣어두는 것이 좋겠어." 방수복 멜빵을 만지작거리며 스티브가 말했다. "혹시 모르니까 말이야." 이 탐험은 당연히 그 자체로 불법이었다. 만일 붙잡힐 경우, 신분증만 있어도 구치소행을 면할지 누가 알겠는가?

모 게이츠Moe Gates가 쭈그리고 앉아 지도를 보았다. 사방팔방으로 뻗은 미로 같은 카타콩브의 터널을 헤쳐나가는 데 없어서는 안 될 지도였다. 키가 작고 덥수룩한 턱수염에 요란한 무늬의 붉은색 반소매 셔츠를 입은 모는 오래전부터 스티브의 탐험 단짝이었다. 그는 모스크바의 하수도를 탐색했고, 크라이슬러 빌딩 상층부에 놓인 가고일gargoyles, 이무기돌에 올라갔으며, 브루클린의 윌리엄스버그 브리지 꼭대기에서 성행위를 벌이기도 했다. 이제는 터널 탐험에서 은퇴하여 "멋진 유대계 아가씨와 결혼해 아이를 낳고" 정착하려 했지만 고질병이 된 습관을 버리지 못하고 있었다.

밤색 단발머리에 관찰력이 예리한 스티브의 여자 친구 리즈 러시Liz Rush는 밀폐 공간용 가스탐지기의 배터리를 확인했다. 환기가 되지 않는 터널에 유독성 가스가 발생할 경우 경보를 울려주는 장비였다. 리즈는 스티브와 뉴욕의 지하를 여러 차례 탐사했지만 파리는 처음이었다. 리즈 옆에서 장비를 점검하는 두 사람도 마찬가지였다. 재즈 메이어Jazz Meyer는 붉은 머리를 곱슬곱슬하게 땋은 호주 출신의 젊은 여성으로, 멜버른과 브리즈번 지하의 빗물 배수관을 탐사한 경력을 가지고 있었다. 크리스 모펫Chris Moffett은 뉴욕 출신의 철학과 대학원생으로 첫 지하 침투 작전에 한껏 들떠 있었다.

"강수 확률 50퍼센트." 휴대전화 전원을 끄기 전에 마지막으로 날씨를 확인하면서 스티브가 말했다. 이번 여행에서 가장 큰 위협은 비였다. 하수 처리장에 이르렀을 때 지표면에 잠깐이라도 폭우가 쏟아진다면 땅 아래 세상은 홍수에 휩싸일 수 있었다. 마침 파리는 습한 6월이어서, 우리는 도착한 이후로 내내 지나칠 만치 날씨에 촉각을 곤두세우고 있었다. 스티브는 파리에 있는 동료 탐험가인 이안Ian의 조력을 받아 최신 날씨 정보를 문자로 받았다. 우리는 단단히 약속해두었다. 비가 올 조짐이 보이면 즉시 탐험을 끝내기로.

입구에 모여 선 가운데, 기록을 담당하고 있던 모가 시계를 확인하고 패드에 메모했다. "오후 9시 46분, 지하." 먼저 입구에 몸을 밀어 넣은 스티브가 엉덩이를 움찔거리고 다리를 오므렸다 폈다 하며 앞장을 섰다. 이어서 나머지 일행이 줄줄이 따라 내려갔다. 나는 마지막이었다. 텅 빈 철로 터널을 위아래로 살피며 숨을 깊게 들이마신 다음 어둠 속을 비집고 들어갔다.

터널은 좁고 천장이 낮았으며 다듬지 않은 돌 그대로의 벽은 차갑고 습했다. 나는 배낭을 가슴 쪽으로 돌리고 엉금엉금 기었다. 울퉁불퉁한 돌 천장에 등이 긁혔고 차가운 물이 손과 무릎을 적셔 속살까지 흠뻑 젖었다. 암벽은 빗물에 젖은 분필처럼 흙내 나는 전원의 냄새를 풍겼다. 헤드램프의 불빛이 밝아졌다 어두워졌다 하며 멋대로 흔들렸다. 느닷없이 지상을 이탈했다는 기분이 들며 차라리 해저가 낫겠다는 생각이 들었다. 자동차 경적과 제네랄르클레르Général Leclerc가를 달리는 전차의 덜컹거리는 소리와 레스토랑 차양 아래서 담배를 피우는 파리지앵들의 중얼거리는 소리 등이 아득히 멀어졌다.

우리는 스티브를 선두에 세우고 북쪽으로 향했다. 지하 갱도가 조금 넓어진 덕에 모두들 몸을 일으켜 오리걸음으로 발밑에 흙이 있는 아치형 통로를 철벅거리며 지났다. 이윽고 넓은 공간이 나타났다. 그제야 몸을 제대로 일으킬 수 있게 된 우리는 당당히 도시 횡단의 첫 여정을 시작했다.

파리지앵들은 구멍이 숭숭 뚫린 이 도시를 커다란 스위스 치즈 덩어리에 비유한다. 세상 어디에도 파리의 카타콩브와 같이 구멍이 많은 곳은 없을 것이라고 그들은 말한다. 이곳 카타콩브는 돌로 된 거대한 미로로, 주로 센강의 좌안을 따라 300킬로미터의 터널로 이루어져 있다. 몇몇 터널은 침수되거나 반쯤 무너졌으며 곳곳에 싱크홀이 도사리고 있다. 그런가 하면 벽돌로 깔끔하게 장식하고 통로를 아치형으로 우아하게 만들어서 화려한 나선형 계단통을 설치한 터널도 있다. 우리가 흔히 알고 있는 '카타cata'는 사실 채석장이라는 뜻으로, 엄밀히 말해 카타콩브와 다른 개념이다. 카타콩브는 그리스어 '카타katá-, 아래'와 라틴어 '툼베tumbae, 묘지'의 합성어로, 고대 로마 시대에 채석장이었던 이곳을 18세기 말에 지하 묘지와 납골당으로 사용하면서 이런 이름이 붙었다. 노트르담Notre-Dame, 루브르Louvre, 팔레 루아얄Palais Royal 등 센강을 따라 당당히 서 있는 건물들은 이 도시의 지하에서 떼어낸 석회석 블록으로 세워졌다. 고대 로마 당시 루테티아Lutetia(파리의 옛 명칭-옮긴이)를 건설하기 위해 판 터널은 그렇게 파헤쳐져 생긴 것들 중에서 가장 오래되었는데, 지금도 파리 중심부의 카르티에라탱Le Quartier Latin에 가면 그때의 흔적을 찾을 수 있다. 수백 년이 흘러 파리가 몸집을 불리면서 석공들은 지하에서 더 많은 석회석을 캐내어 지상으로 가져왔고, 그와 동시에 지하의 미궁은 계속 확대되어 거대한 나무의 뿌리처럼 도시 아래에서 사방으로 뻗어갔다.

나다르가 카메라를 들고 파리의 땅 밑으로 처음 들어가기 몇 해 전까지만 해도 채석장은 사람들의 발길이 뜸한 고요한 장소였다. 이곳을 찾는 유일한 방문객은 몇 안 되는 도시 노동자들로, 그들은 카타콩브를 오가며 바닥에서 유골을 긁어모았다. 채석장 관리국Inspection générale des carrières 소속의 이들 노동자들은 손전등에 의지해 돌로 된 통로를 걸어 다니며 터널이 무게를 버티지 못해 무너지는 일이 없도록 곳곳에 지주를 설치했다. 그 외에 건조하고 어두운 환경을 이용해 버섯을 재배하는 농부도 더러 있었다. 그 밖의 사람들에게 채석장은 보이지 않는 곳이었다. 실생활과는 멀리 떨어진 상상 속의 땅이었다.

나다르 이후로 세월이 많이 흐른 탓인지 채석장에는 사람들의 왕래가 잦았음을 보여주는 증거가 곳곳에 널려 있었다. 밝은 색의 그라피티가 벽을 가득 채웠고 진흙 바닥에는 발자국이 어지러웠다. 얕은 웅덩이에서는 물이 소용돌이 모양으로 진흙 사이를 채우고 있었다. 최근에도 사람들이 다녀갔음을 보여주는 표시였다. 이는 밤낮을 가리지 않고 카타콩브를 배회하는 파리지앵 **지하족**cataphiles들의 흔적이었다. '도시 탐험'이라는 왕국

펠릭스 나다르의 자화상

의 여러 부족 중 하나인 지하족은 십 대와 이십 대 학생들이 주
류였지만, 오십 대와 육십 대도 더러 있었다. 수십 년 동안 지하
의 네트워크를 탐험해온 그들 중에는 자녀와 손주들까지 지하족
에 끌어들이는 사람도 있었다. 파리에는 **카타플릭**cataflics, 즉 "지
하경찰"로 알려진 카타콩브 경찰대가 터널을 순찰하며 무단 침
입자들에게 65유로짜리 범칙금 티켓을 부과했다. 그러나 이들
도 터널을 비밀스러운 클럽하우스 정도로 여기는 지하족들에게
는 별다른 제지를 하지 않았다.

　너무 비좁고 천장이 낮은 탓에 우리는 스티브를 따라 마
치 벌레가 기어가듯, 배를 깔고 팔꿈치로 진흙을 헤치며 나아가

야 했다. 그렇게 두 시간가량 지하에서 이동했다. 터널을 벗어났을 때 어둠 저편에서 헤드라이트 광선 세 개가 움직이는 것이 보였다. 젊은 파리 지하족으로, 그 가운데 베누아Benoit라는 이름의 리더는 키가 크고 팔다리가 껑충했으며 머리색이 짙었다.

"라플라주La Plage, 해변에 오신 것을 환영합니다." 그가 밝게 인사했다.

우리가 들어선 곳은 지하족이 자주 들락거리는 공간으로, 바닥을 모래로 채운 뒤 두터운 석회석 기둥으로 천장을 떠받친 휑뎅그렁한 방이었다. 벽이든 기둥이든 바위 천장이든 표면 구석구석까지 온통 그림 천지였다. 어둠 속에 묻혀 보일 듯 말 듯 어렴풋한 그림들이 손전등을 받자 화려한 본모습을 그대로 드러냈다. 중앙에 있는 작품은 가츠시카 호쿠사이葛飾北齋의 〈가나자와의 해일神奈川沖浪裏〉 복제판이었는데 푸른색과 백색의 대비가 두드러진 사나운 파도가 인상적이었다. 바닥에는 돌을 잘라 만든 테이블과 아무렇게나 베어낸 벤치, 의자가 널려 있었다. 방 한가운데에는 천장을 향해 팔을 들어 올린 한 사내의 거상이 마치 지하의 아틀라스처럼 이 도시를 떠받치고 있었다.

"여기는 말이야." 적당한 비유를 찾으려 잠시 멈추었던 베누아가 말했다. "카타콩브의 타임스스퀘어Times Square네."

주말 밤이면 라플라주를 비롯해서 조금 넓다는 카타콩브의 공간들은 흥청거리는 사람들로 가득 찬다고 그가 설명했다. 그들은 때로 지상의 전신주에서 전기를 끌어다 앰프에 연결한 후 밴드나 DJ를 초빙했다. 지하족들이 붐박스를 가슴에 묶고 이 터널 저 터널, 이 방 저 방을 누비면 나머지 일행은 한 줄로 늘어서 뱀처럼 출렁거리며 어둠 속에서 춤추고 위스키를 돌려가며 뒤를 따랐다. 조금 세련된 무리는 어두운 방에서 촛불 파티를 벌이며 전통 과자인 갈레트 데 루아galette des rois를 곁들여 샴페인을 마셨다.

지하족들은 오래전부터 땅 아래 세상에 모여 감추어진 동굴에 그림을 그리고 조각을 하고 장비를 설치해왔다. 라플라주에서 멀지 않은 곳에는 살롱 뒤 샤토Salon du Chateau가 있었다. 어떤 지하족이 벽의 돌을 쪼아 노르만 스타일의 성을 훌륭히 재현한 곳으로, 그는 이무기돌까지 조성해놓았다. 벽 한 면이 디스코볼의 반사판 조각 같은 모자이크로 뒤덮인 살롱 데 미르와르Salon des

Miroirs도 있었다. 작은 모퉁이를 손으로 파내 선반을 만든 라 리브 레리La Librairie에는 사람들이 빌려 갈 수 있도록 이런저런 책이 놓여 있었다(애석하게도 책들은 습한 공기 탓에 곰팡이가 자주 피었다).

카타콩브를 돌아다니는 것은 가벽假壁과 트랩도어와 비밀 통로로 가득한 미스터리 소설 속으로 들어가는 느낌이어서 또 다른 숨겨진 방의 문을 열었을 때 뜻하지 않은 놀라움을 경험하는 묘미가 있다. 통로를 따라가다 보면 지하족들이 수십 년에 걸쳐 장식을 덧붙인 히에로니무스 보스Hieronymus Bosch 풍의 벽화가 사방으로 뻗어가는 방을 발견할 수 있고, 석벽 안에 몸을 반쯤 감춘 채 저편에서 이쪽을 향해 발을 내디디려는 등신대 남성 조각을 만날 수도 있으며, 현실이라고는 믿기지 않는 뜻밖의 장소와 마주치는 행운을 누릴 수도 있다. 2004년에 채석장을 돌아다니다 가벽에 부딪힌 지하족들이 있었다. 가벽을 뚫고 들어간 그들은 앞에 펼쳐진 커다란 공간을 보고 눈을 의심할 수밖에 없었다. 영화관이었다. 일단의 지하족들이 돌을 쪼아 스무 명 정도가 앉을 수 있는 좌석을 만들었는데, 커다란 스크린과 프로젝터를 들여놓은 그곳에는 전화선까지 세 가닥 가설되어 있었다. 영사실 옆에는 술집, 라운지, 워크숍, 식당도 갖춰놓고 있었다. 사흘 뒤 소식을 들은 경찰이 들이닥쳤을 때 장비는 모두 치워져 있었고 텅 빈 공간에 메모지만 한 장 달랑 남아 있었다. "우리를 찾으려 애쓰지 말라."

지하족이 알든 모르든 그들은 우리의 횡단 탐사에서 없어서는 안 될 존재였다. 우리가 갖고 있는 지도만 해도 초기의 지하족들이 작성한 것으로, 여러 대에 걸친 소중한 지식의 축적물이었다. 지도에는 통로 어느 부분에서 기어야 하는지, 물이 범람하는 곳은 어디인지, 보이지 않는 웅덩이로 인해 발을 디딜 때 조심해야 할 곳은 어디인지 등이 아주 자세히 표시되어 있었다(이들은 **너무** 많은 사람들이 지하 네트워크를 휘젓고 다닐까 우려하여 입구는 한 곳도 표시해놓지 않았다). 그런가 하면 지하족들은 몇 해에 걸쳐 전동 드릴과 휴대용 착암기를 들고 내려가 벽을 뚫어 작은 통로들을 만들기도 했다. 그렇게 만들어진 "고양이 통로"라는 뜻의 샤티에르chatière는 우리의 여정에 중요한 출입구 노릇을 했다.

물병 하나와 여분의 전등 하나만을 넣은 작은 가방을 메고 있던 베누아가 부피 큰 우리 배낭에 눈길을 주며 물었다. "얼마나 머물 겁니까?"

"도시를 가로질러 북쪽 경계 지점에 이를 때까지요." 스티브가 대답했다.

스티브를 물끄러미 쳐다보던 베누아가 빙긋 웃었다. 스티브의 말을 농담으로 여긴 것이 분명했다. 그는 몸을 돌려 어둠 속으로 사라졌다.

우리는 지하올림픽 체조 종목을 연기하는 선수라도 된 기분으로 몸을 구부리고, 비틀고, 꿈틀거리며 기어갔다. 그리고 비좁고 긴 통로를 지나 지류가 복잡하게 엉킨 지점에서, 어미 뱃속을 벗어나려는 새끼 나귀라도 된 양 몸을 엉키며 빠져나왔다. 곧이어 무도장만 한 공간으로 기어 내려갔고, 우리의 목소리는 천

장에 부딪혀 되돌아왔다. 벽에는 응결된 물방울이 송골송골 맺혔고 김이 모락거렸다. 마치 복잡하게 패인 뇌 조직의 주름 속을 움직이는 기분이었다. 맨홀 수직 통로를 올려다보았지만 너무 어두워 꼭대기가 보이지 않았다. 20미터는 족히 될 듯싶었다. 작고 오돌토돌한 갈색 뿌리들이 샹들리에처럼 천장에서 기어 내려왔다. 메인 터널에는 바로 머리 위 거리에 해당하는 이름들이 파리의 시그너처블루인 세라믹 표지판에 적혀 있었다. 지하족들이 스프레이 캔으로 계속 덧칠해가며 그린 그라피티로 인해 17세기 채석장 석공들의 횃불에서 나온 연기의 줄무늬가 흐릿했고, 석회석에 박혀 있던 고대 해양 생물의 화석까지 잘 보이지 않았다. 우리가 통과하는 터널은 양 끝이 모두 여러 갈래로 분기되어 앞으로의 행로가 얼마나 더 복잡해질 것인지 짐작하게 해주었다.

파리 탐험이 초행인 크리스와 리즈와 재즈는 걸음걸이가 몽유병 환자를 닮아갔다. "이런 곳이 실제로 있다니 믿을 수 없어." 재즈가 속삭였다.

어느 지점에서 불빛을 위로 향하니 천장에 크게 갈라진 검은 틈이 보였다. 18세기에 함몰되었던 곳이다. 땅이 꺼지면서 공동이 건물과 마차와 거리를 걷던 사람들을 삼켰고 그 아래에 있던 채석기들은 잡석에 파묻혔다. 하지만 요즘 터널은 안전해서 파묻힐 걱정은 하지 않아도 된다. 오히려 카타콩브는 우리의 여정에서 위험이 가장 적은 부분이었다.

나다르는 파리 밑을 배회하기 오래전부터 남들이 시도하지 않은 시점에서 세상을 필름에 담으려 했다. 첫 번째는 하늘이었다. 그는 가까운 친구였던 쥘 베른Jules Verne과 함께 '공기보다 무거운 기구를 이용한 대기 여행 장려회La Société d'encouragement de la locomotion aérienne au moyen du plus lourd que l'air'를 설립하고 거대한 열기구를 띄워 유럽 전역을 날았다. 1858년에 그는 열기구를 타고 파리 상공에 올라 79미터 높이에서 잔잔하게 흐린 은회색 파리의 모습을 사진으로 남겼다. 세계 최초의 항공 사진이었다. "그동안 우리는 조감도법을 마음의 눈으로만 어설프게 보아왔다." 그는 자신이 수행한 항공 미션을 그렇게 설명했다. "이제 우리는 감광판에 투영된, 다름 아닌 자연 그 자체의 투사물을 갖게 될 것이다."

나다르가 이동한 다음 단계는 파리의 땅속이었다. 스튜디오에서 자신이 직접 조립한 아크램프가 있기에 가능한 일이었는데, 다루기는 어려웠지만 위력적인 발명품이었다. 분젠Bunsen 배터리 50개로 두 개의 탄소막대에 스파크를 일으켜 백색 섬광을 터뜨리는 장치였다. 이 램프는 자연광이 없어도 이미지를 만들어낼 수 있는, 사진 매체로서는 전혀 새로운 개념이었다. 저녁이면 그는 스튜디오 앞 인도에 램프를 설치하고 섬광을 터뜨려 사람들을 불러 모았다. 그는 자신의 발명품을 사용하여 다른 사진사들이 엄두도 내지 못하는 장면을 찍겠다고 큰소리쳤다. "땅 아래 세상은 지상의 활동 못지않게 흥미로운 이야기를 끝도 없이 제공했다." 나중에 그는 그렇게 썼다. "우리는 그 속으로 들어가 아주 깊고 은밀한 동굴의 신비를 드러내려 했다." 나다르가 첫 지하 사진을 찍은 곳은 유명한 로마 카타콤베를 본떠 '레 카타콩브Les Catacombes'라고 이름 붙인 지하 납골당이었다.

출발한 지 일곱 시간 정도 지났을 때 스티브는 길게 뻗은 통로로 우리를 안내하여 굵은 조약돌로 벽을 쌓은 방으로 데려갔다. 모두 어깨에서 배낭을 벗겨내고 바닥에서 휴식을 취했다. 발은 젖었고 진흙이 많이 쌓였지만 사기는 높았다. 얼마쯤 지나 발밑에 눈길을 주는데 구릿빛 마른 물체가 바닥 여기저기에 흩어져 있는 것이 보였다.

재즈가 그중 한 개를 집어 들어 살폈다. 땋아 올린 그녀의 머리채 방향이 바뀌었다. "갈비뼈야." 손에서 떨어뜨리며 그녀

〈두개골 무더기Amoncellement de cranes〉

가 말했다.

아니나 다를까, 발밑을 보니 모두들 뼈를 밟고 있었다. 정강이뼈, 대퇴골, 두개골 정수리 등등. 바짝 마른 뼈들은 하나같이 매끈했으며 양피지 색깔이었다. 우리는 구석으로 피해 거대한 탑 아래로 몰려갔다. 탑도 수천 개의 뼈로 뒤범벅되어 폭포처럼 지표면에서 아래쪽으로 떨어지는 모양새였다. 몽파르나스 묘

언더그라운드

카타콩브

지Cimetière du Montparnasse 아래의 납골당에 서 있다는 사실을 그제
서야 깨달았다.

　18세기 말, 파리에는 시체가 넘쳤다. 가장 규모가 큰 매장지
인 상시노송 묘지Cimetière des Saints-Innocents는 벽이 뒤틀렸고 시체
들은 인근 주택의 지하실로 밀려 떨어졌다. 질병의 확산을 막고
자 파리시는 죽은 자들을 지하 채석장으로 옮기기로 했다. 그렇
지 않아도 지하 채석장은 수십 년에 걸쳐 그들의 발밑에서 면
적을 넓혀가던 중이었다. 선택된 장소는 3에이커(약 3,600평) 정
도 넓이의 남쪽 빈 통로로, 톰비수아Tombe-Issoire라는 거리 아래 공
간이었다. 성직자 세 명이 땅 아래 세상으로 내려가 정식으로 터

널의 봉헌식을 거행한 뒤, 유골은 도시 전역의 지하로 옮겨지기 시작했다. 나무로 만든 손수레에 실린 채 검은색 휘장에 덮여 거리 밑 구덩이 속으로 버려졌다. 모두 600만 구의 유해가 채석장으로 갔다. 일꾼들은 뼈를 분류한 다음 정교하게 엇갈려 벽을 쌓는, 끝도 없이 지루한 작업을 묵묵히 해냈다.

1861년 12월, 나다르는 조수들과 함께 삐걱거리는 광산용 수레에 카메라 장비를 싣고 뼈로 벽을 쌓아 만든 통로로 내려갔다. 복도는 1810년 잠깐 방문객들에게 개방되었지만 여기저기 훼손되기 시작하자 금방 폐쇄되었다. 나다르 일행이 들어갔을 때 터널들은 수십 년째 출입이 금지된 상태였다. 나다르는 자신이 "두더지 둔덕"이라 부른 곳에서 비지땀을 흘려가며 뼈 무더기를 정비하고 있는 지하 노동자 무리를 만났다.

당시만 해도 사진 촬영은 스튜디오처럼 통제된 환경이라 해도 아주 까다로운 절차가 필요한 작업이었다. 하물며 칠흑같이 어두운 지하 갤러리라면 거의 무망했다. 노출 시간을 늘리는 일은 인내심을 시험하는 과정이었다. 어둠 속에서 필름에 바르는 콜로디온 포뮬러 용액은 툭하면 엎질러졌고, 부피가 큰 아크 램프는 비좁은 통로를 빠져나가지 못해 애먹었으며, 배터리에서 뿜어 나오는 독성 가스는 갇힌 공간에 있는 사람들을 괴롭혔다. 사진을 한 장 찍을 때마다 18분 동안 노출시켜야 했기 때문에 온종일 작업해도 몇 장밖에 작업할 수 없었다. "이 아래에서 다 늙어버리겠군" 하고 투덜대는 조수도 있었다. 그래도 나다르는 집요했다. 그는 나무 마네킹을 모델로 세웠다. 마네킹은 턱수염을 길렀고 모자를 썼으며 장화를 착용했고 작업복을 입은 채 뼈를 긁어모으는 갈퀴를 들었다.

나다르가 찍은 납골당 사진은 전부 73장이다. 유별나게 정적이고 비현실적인 작품집이었다. 갓 쌓은 뼈 무더기 사진이 있는가 하면, 뼈들을 얽어 만든 벽에 초점을 맞춘 것도 있고, 뼈를 가득 실은 수레를 밀며 복도를 통과하는 마네킹 노동자를 담은 사진도 있었다. 사진은 소시에테 프랑세즈 드 포토그라피Société française de photographie에 전시된 순간부터 선풍을 일으켰다. 비평가들은 나다르를 가리켜 파리라는 우주 공간을 횡단한 신비스러운 인물이라고 썼다. 〈주르날 데 데바Journal des débats〉에 실린 기사는 나다르를 지하계를 다스리는 악마인 "벨제붑Beelzebub"에 빗대었고, 또 다른 기사는 "지난 세대를 살았던 인간의 유해에 전기 충격을 가한" 강신술사라고 단정했다. 이 일로 파리 한구석의 은밀한 면면이 고스란히 폭로되었다. "그와 그의 조수들 덕에 사람들은 이제 무해한 땅의 내장 속에서 오직 극소수의 이들만 목격했던 장면과 익숙해질 것이다."

선풍은 언어 차원에 그치지 않았다. 사진들은 파리지앵이 갖고 있는 무언가를 일깨웠다. 도시의 아래쪽을 훔쳐본 그들은 직접 터널을 만져보고 냄새를 맡으려 했고 어둠 속에서 자신의 발자국 소리를 들으려 했다. 사진이 처음 전시될 즈음에 맞춰 카타콩브는 다시 개방되었고 빠른 속도로 파리의 명물이 되었다. 처음에는 한 달에 몇 번 정도 방문객들이 나타났지만, 갈수록 횟수가 잦아지며 실크 해트를 쓴 신사와 긴 드레스를 입은 숙녀들까지 모임을 급조하여 지하 납골당을 찾았다. 그들은 목을 쭉 빼고, 갈색으로 변한 두개골의 움푹 꺼진 눈구멍을 들여다보거나 정강이뼈를 쌓아 만든 벽이 촛불에 흔들리는 장면을 망막에 담았다. 머리 쭈뼛해지는 비현실적인 음향과 축축한 땅 아래에 있다는 생각에 몸을 떨기도 했다. 여정이 끝날 때쯤 벽에서 두개골을 몰래 빼내 지하세계의 기념품으로 챙기는 방문객도 늘어났다. 카타콩브의 인기는 계속해서 치솟았는데, 1862년 소설가 줄Jules과 에드몽 드 공쿠르Edmond de Goncourt와 함께 이곳을 찾은 귀스타브 플로베르Gustave Flaubert는 상황이 못마땅했는지 방문객들을 향해 한마디 쏘아붙였다. "저 지겨운 파리지앵들이라면 참고 견디는 수밖에 없다." 신랄하기로 유명한 공쿠르 형제도 한마디 보탰다. "저들은 지하로 내려가 무無의 입에 무례를 퍼부으며 부인할 수 없는 쾌락 파티를 벌이고 즐거워한다."

제재받지 않고 몰려드는 방문객들은 또 있었다. 원조 지하족이었다. 이들은 지정된 루트를 벗어난 영역까지 침입했다. 연인들은 땅 아래 세상에서 밀회를 즐겼고 십 대들은 호기심에서 비롯된 탐색을 마치 하나의 미션처럼 수행했다. 여러 해 뒤에 자신의 후손들이 그랬던 것처럼, 일단의 파리지앵들은 카타콩브에서 비밀 연주회도 열었다. 100여 명의 관객들은 의심받지 않도록 덩페르가에 마차를 세운 다음 입구를 통해 아래로 잠입했다. 도시 18미터 아래, 인간의 두개골 위에 세운 촛불을 태우면서 그들은 45명으로 구성된 오케스트라 앞에 앉았다. 그날 저녁의 연주 목록에는 쇼팽Chopin의 〈장송행진곡〉과 상상스Saint-Saëns의 〈당스 마카브르Danse Macabre, 죽음의 무도〉가 포함되었다.

—

우리는 북쪽으로 한 시간 진출한 지점에서 캠핑을 했다. 19
세기 어느 때인가 파내어 만든 직사각형 공간이었다. 다른 친구
들이 벽에 박힌 철제 고리에 해먹을 거는 사이, 리즈와 나는 참
치로 스파게티를 만들었다. 몸은 지쳤지만 우리는 행복감에 젖
어 아무 말 없이 식사를 즐겼다. 들리는 소리도 없고 살아 움직
이는 것도 없고 수 킬로미터 사방이 어둠뿐이어서, 달에서 캠핑
을 한다면 이런 기분일까 싶었다.

잠자리를 준비하면서 크리스가 시간을 물었다. 모는 우리
가 완벽하게 어둡고 애초부터 정확히 섭씨 14도를 유지하는 지
점에 있다는 점을 상기시켰다. 그곳은 어떤 자연의 리듬에도 간
섭을 받지 않는 곳이었다. "무시無時 무분無分 무초無秒야." 그가 말
했다.

깨어났을 때 입구 쪽에 어떤 여성이 서 있는 모습이 눈에 들
어왔다. 한 손에 든 오래된 철제 수제 랜턴에서는 쉭 소리가 나
며 당밀색 불꽃이 뿜어져 나왔다. 공간 한가운데로 들어서는 그
녀의 발끝이 보였다. 그녀는 바닥에 뭔가를 내려놓았는데 작
은 엽서처럼 보였다.

"봉주르bonjour." 내가 인사하자 그녀는 흠칫했다.

미스티Misty는 사십 대였고 열여섯 살 때부터 채석장들을 찾았다고 했다. 오늘 밤도 혼자서 이 터널 저 터널을 돌아다니는 중이라 했다. 보아하니 지도도 없었다.

"가끔 산책 삼아 내려오는데, 아주 좋아요." 말투가 경쾌했다. 어찌 된 일인지 신발에는 오물 하나 묻지 않았고 회색 블라우스도 갓 세탁한 것처럼 깨끗했다. 채석장 이곳저곳을 다니며 가는 곳마다 그림을 자그맣게 그려놓는다고 그녀는 말했다. 그런 식으로 다른 지하족에게 메시지를 남기는 모양이었다. 그녀가 우리 방에 그려놓은 이미지는 두 손으로 만든 삼각형이었다.

—

새벽 1시였다. 우리는 카타콩브에서 빠져나갈 곳을 찾아냈다. 샤티에르였다. 폭이 내 어깨보다 조금 넓었다. 사람들이 거의 드나들지 않는 채석장의 한구석이었다. 천장은 수백 년 된 나무 막대들이 떠받치고 있었는데 오래전 채석장을 점검하면서 설치해 놓은 지지대였다.

땅 아래 세상에 들어온 지 스물일곱 시간이 지났다. 귓불과 콧구멍 가장자리에는 진흙이 말라붙어 있었다.

"원시시대 혈거인이 된 기분이야." 터널 안에서 다리를 뻗어 스트레칭을 하며 리즈가 말했다.

"나는 머리카락 사이에서 뭔가를 계속 파내고 있어. 뭔지는 모르겠지만 말이야." 재즈가 땋아 올린 머리채를 더듬으며 말했다. "골수 아닌가 몰라."

모는 양말을 벗고 작은 요오드 병을 꺼내더니 연한 오렌지색 용액을 발톱 주변 살갗에 바르기 시작했다. 스티브는 못 본 체했다.

"내가 하수구 앞에서 거스러미를 소독할 줄은 몰랐지?"

하수구까지 가려면 먼저 센강 아래로 통하는 공동구utility tunnel를 지나야 한다. 카타콩브가 파리의 소뇌小腦라면 우리가 들어갈 콘크리트 터널은 정맥에 해당하는 부분으로, 좀 더 복잡한 기관과 연결된 간소한 도랑이었다. 걸어갈수록 지표면에 가까워지는 것이 분명했다. 거리에서 사람들이 두런거리는 말소리와 또각거리는 하이힐 소리, 개 짖는 소리 등이 어렴풋이 들렸다. 벽 속의 환기구에서 오렌지색 불빛이 새어들고 있었다. 지하주차장에서 나오는 불빛이었다. 나는 웅크리고 앉아 검은 머리칼을 흩날리며 한 여성이 차에 올라타 주차장을 빠져나가는 모습을 지켜보았다. 살아 있는 자들의 도시를 들여다보는 유령이 된 기분이었다.

센강 아래의 공동구와 직접 통하는 곳을 찾지 못해 우리는 잠깐이지만 일단 지상으로 올라갔다. 지표면으로 통하는 사다리가 달린 맨홀 수직 통로의 밑바닥에서 근심스레 속삭이며 빠져나갈 방법을 논의했다.

"죽는 것보다 붙잡힐까 더 걱정이야." 모가 소곤거렸다.

"괜찮아. 감옥에 갇히면 터널을 파지, 뭐." 스티브가 답했다.

크리스의 눈빛에도 걱정이 스쳤다.

우리는 상쉴피스 성당 근처에서 빠져나왔다. 고가의 아동복을 파는 매장 앞이었다. 경찰이 없는 것을 확인한 뒤 사람이 없는 뒷골목을 통해 지그재그로 재빠르게 움직여 센강 쪽으로 이동했다. 인적이 없는 거리 끝에 이르러 스티브는 웅크리고 앉아 해치를 열었다. 우리는 다시 땅 아래 세상으로 미끄러져 들어갔다. 내 차례가 되어 몸을 낮추려는 순간 소금통과 후추통을 들고 있는 웨이터와 눈이 마주쳤다. 야간 근무 중이던 그는 황당한 표정을 지었다.

센강 아래쪽 터널은 습기가 심했고 음침했으며 잠수함 내부 같은 음향을 냈다. 여기에도 침입자들의 흔적이 있었다. 그라피티가 희미하게 남았고, 누군가 다 마셔버린 1리터짜리 크로넨버그 맥주병 하나가 뒹굴고 있었다. 강바닥 아래를 횡단하면서 나는 한 층 또 한 층, 켜켜이 쌓인 단층을 이룬 도시의 단면을 떠올렸다. 우리 위에는 노트르담 성당의 드높은 실루엣과 다리가 놓이고 그 밑으로 강이 흐르고 있을 터였다. 저 아래쪽 지하철 통로는 이제 곧 일터로 향하는 사람들로 붐비겠지. 우리는 그 중간층 어딘가에 있었다. 불빛 여섯 가닥이 어둠을 뚫고 원뿔 모양으로 들어왔다.

—

나다르 이전까지만 해도 어둡고 굴곡진 하수도는 파리지앵들에게는 어찌해볼 수 없는 두려움의 원천이었다. 나다르의 사진이 등장하기 20년 전, 빅토르 위고Victor Hugo는 《레미제라블Les Miserables》에서 어수선한 도시의 악몽이 현실로 드러난 현장으로서 파리의 하수도를 그려낸다. "리바이어던의 내장"은 "분명한 이유도 없이 오르락내리락하며 균열과 깨진 조약돌과 바퀴 자국과 기묘한 굴곡으로 비틀려, 악취를 뿜고 모질고 제멋대로인 어둠 속에 매몰되어 포장용 돌에 흉터를 남기고 벽에 무서운 생채기를 낸다."

1850년대 나폴레옹 3세 치하에서 도시 계획가로 이름을 떨친 조르주외젠 오스만Georges-Eugène Haussmann은 파리의 하수도를 대대적으로 손본다. 그는 시가를 파헤쳐 약 650킬로미터의 파이프를 새로 매설했다. 엔지니어들은 1미터당 3센티미터의 물매를 잡아 파이프를 가설하여 걷기에 편하면서도 물이 계속 흐를 수 있게 했다. 그들은 일련의 실험을 통해 동물 시체 하나가 도시를 빠져나가는 데 18일이 걸리는 반면, 색종이 조각은 여섯 시간 만에 빠져나간다는 사실을 확인했다. 그러나 아무리 개혁을 해도 사람들의 혐오감을 누그러뜨릴 수는 없었다. 파이프에 붙은 오물을 긁어내는 하수도 노동자인 에구티에égoutiers를 제외하고는 어느 누구도 그곳에 들어가려 하지 않았다.

하수도 안에서 90초쯤 있었을까. 앞쪽에서 스티브가 소리쳤다. "쥐다!"

주머니쥐만 한 크기의 회색 쥐 한 마리가 우리 발밑에서 흐르는 하수 위를 스치듯 지나갔다. 우리는 모두 뛰어올라 가랑이를 벌려 파이프 양옆을 딛고 섰고, 녀석은 꼬리를 쓸며 우리 아래를 지나더니 V자 모양으로 물을 가르며 사라졌다.

북쪽으로 향하던 우리의 루트는 세바스토폴Sébastopol가 아래의 하수 수거시설 위에서 끝났다. 벽돌로 만든 커다랗고 둥근 모양의 수로 옆에는 두터운 송수관 두 개가 버티고 있었다. 하나는 식수가 지나가는 관이고 또 하나는 잡용수관이었다. 그 하수 수거시설 속으로 모든 소형 지류 파이프가 흘러 들어갔다. 중앙 아래로는 퀴네트cunette라는 우묵한 운하가 지나갔다. 폭이 120센티미터였는데 증기로 덮여 있었다. 지표면에서 쫓겨난 별별 형태의 잡동사니들이 이 운하를 통해 흘러갔다. '아이 스파이I Spy(여러 가지 물건을 알아맞히는 보드게임-옮긴이)'가 따로 없었다. 주사기, 죽은 새, 물에 젖은 지하철 통행권, 잘린 신용카드, 와인 상표, 콘돔, 커피 필터, 여러 뭉치의 화장지 그리고 똥 덩어리들이 떠내려갔다. "하수도 프레시!"라고 모가 말했다. '프레시fresh'는 도시 탐험가들의 은어로 인간의 배설물을 의미했다.

준비는 끝났다. 리즈가 모든 사람들의 손에 세정제를 짜줬고, 모는 가스탐지기를 작동시켰다. 스티브가 다시 한번 주의를 환기시켰다.

그는 우리의 날씨 파수꾼 이안이 보내준 문자를 전해주었다.

비 예보. 천둥을 수반할 가능성. 젖을 것에 대비.

스티브가 한 바퀴 빙 돌며 우리를 한 사람씩 살폈지만 주저함은 없었다. 우리는 서른한 시간을 아래에 있었다. 포기하기에는 너무 멀리 왔다.

"방심하면 안 돼." 스티브가 말했다. 그는 퀴네트의 수위에서 눈을 떼지 않은 채, 지류 파이프에서 물이 나오는 한 안전하다고 안심시켰다.

스티브는 지구상 그 누구보다도 하수도 계측에 능숙했다. 그 점은 위안이 되기도 하고 동시에 기겁할 일이기도 했다. 폭우가 쏟아질 경우 어떤 일이 일어날지 놀라울 정도로 정확하고 자세하게 설명해줄 수 있기 때문이었다. 그는 하수 수거시설의 미끈거리는 벽 위에 손가락으로 작은 도표를 하나 그렸다. 그의 손가락 끝이 그리는 곡선은 물이 기하급수적인 속도로 불어나는 모습을 보여주었다. "난 뉴욕시와 런던과 모스크바의 하수 수거시설들을 걸어봤어." 그가 말했다. "하지만 파리의 물살이 내가 본 것 중에는 가장 거칠어. 미처 깨닫기도 전에 정강이까지, 무릎까지, 허리까지 올라와. 물이 올라오기 시작한다고 생각되면 지체 없이 가장 가까운 사다리로 미친 듯이 달아나야 돼."

하수 수거시설로 향하는 내내 우리는 아무도 입을 열지 않았다. 나도 모르게 까치걸음을 하고 있었다. 작업자 전용 통로는 미끄러웠고 내 신발은 마찰력이 거의 없었다. 공기의 밀도는 밀림처럼 두터웠고, 물이 졸졸 흐르는 소리와 부글거리는 소리, 분출하는 소리가 온통 주변을 채우고 있었다. 파리는 열심히 신진대사 중이었다. 악취는 생각했던 것만큼 대단하지 않았다. 청소 한번 해야 할 냉장고 냄새 정도였다. 그래도 좀처럼 털어지지 않을 냄새인 것만은 분명했다. 어두운 교차점에는 미끈거리는 도관과 밸브로 된 피라네시 풍의 방취 장치가 있어 가스나 증기의 역류를 막고 있었다. 4~5미터 정도 위에 있는 기계설비 밑을 지나는데 너덜거리는 화장지가 작은 리본처럼 흔들렸다. 최근에 이 파이프로 홍수가 밀려 내려갔다는 증거였다.

어느 지점에선가 거센 물줄기가 지류에서 뿜어 나왔고, 하수 수거시설 저쪽에서 메아리가 쳤다. 우리는 모두 얼어붙은 채 눈이 휘둥그레져 가까운 사다리로 뛰어갈 채비를 했다.

"걱정할 것 없어." 스티브가 안심시켰다. 위에 있는 아파트 어디에선가 일찍 일어난 사람이 화장실 물을 내리는 소리였다. "여기서는 무엇이든 크게 들리지." 그가 상기시켰다. "스프레이를 뿌려도 나이아가라 같은 소리가 난다니까."

나다르는 카타콩브를 찾은 직후에 하수도 탐험을 시작했다. 몇 주에 걸쳐 그는 파리의 소화 체계를 탐방했고, 조수들은 작업자 전용 통로 위아래로 장비들을 끌고 다녔다. 하수도는 카타콩브에 비해 장비 이동이 훨씬 더 어려웠다. 강수와 배출되는 변기물 등 지표면의 모든 변화에 고스란히 노출되기 때문에 방해받지 않는 정적에 필요한 18분을 확보하기가 더욱 까다로웠다. 나다르가 셔터를 열 때마다, 그와 조수들은 아무 일도 생기지 않

마르세이유 터널 공사 장면, 1885년경

기를 기도하곤 했다. 이를 두고 나다르는 다음과 같이 썼다. "만반의 준비를 끝낸 그 순간에, 모든 방해물을 제거하고 처리했다고 생각한 바로 그 순간에, 노출 시간이 거의 끝나가는 그 순간에, 갑자기 하수에서 솟아난 안개가 플레이트에 김을 서려놓곤 했다. 우리 일을 망치기로 작정한 것 같았다. 머리 위의 그 잘난 신사 숙녀들을 향해 나도 모르게 저주가 튀어나올 정도로, 그들은 우리의 존재를 전혀 눈치채지 못한 채 하필 그 순간을 골라 목욕물을 갈곤 했다."

　나다르의 하수도 사진들은 어렴풋한 색조를 띠며 그늘진 파이프들을 낭만적으로 드러냈다. 어떤 사진에서는 턱수염을 기른 마네킹이 등장하여 작업복을 과시하면서 일하는 포즈를 취했다. 그런가 하면 기하학적인 선에 초점을 맞춰 두 경로로 갈라지는 파이프와 유령처럼 흐릿하게 지나가는 하수구의 흐름을 추상적으로 보여주는 사진도 있었다. 파이프 내부의 증기 때문에 사진에는 저마다 희미한 아지랑이가 끼어들어 마치 베일 뒤에서 찍은 것 같았다.

기자와 평론가들은 또다시 사진들을 놓고 아침을 늘어놓았다. 어떤 신문은 나다르를 파리의 악명 높은 황폐지에서 위

파리의 하수구

언더그라운드

험과 반역에 맞서 싸우는 선구자로 그리며, 그의 사진은 "질식할 것 같은 지하 납골당에서 전기 배터리가 뿜어내는 유독성 가스로 반쯤 기절할 지경"을 이기고 만들어낸 걸작이라고 추켜세웠다. 철학자 발터 벤야민Walter Benjamin은 이들 사진을 가리켜 "처음으로 렌즈에 발견의 임무가 주어졌다"고 표현했다.

사람들은 파리 곳곳에서 하수도 맨홀 뚜껑을 열기 시작했다. 밤늦은 시각에 그들은 지하로 내려가 촛불을 켜고 어슬렁거렸다. 오펜바흐J. Offenbach의 오페라 〈파리지앵의 생활La Vie Parisienne〉에 나오는 '야밤의 계략' 장면에 관한 1865년의 해설은 하수도를 새로운 산책로로 그리고 있다. "그곳에서 가지게 될 매혹적

파리의 하수구, 1870

인 조우가 있다. 나는 예쁜 T 아무개 백작 부인을 만났다. … 사실상 혼자서 말이다. 나는 또한 D 아무개 후작 부인도 만났다. 그리고 바리에테Variétés 극장의 마드무아젤 N 아무개와도 어울렸다." 파리의 푸르른 풍치지구의 매력이 하수도에 가려 무색해지는 날이 오리라고 이 작가는 장담했다. "말 등에 올라 하수도 투어를 하는 일이 가능해질 때 불로뉴 삼림공원에는 틀림없이 사람들의 발길이 뜸해질 것이다."

1867년에 열린 국제박람회Exposition Universelle 당시 파리시가 하수도를 공식 투어 장소로 개방하자 방문객들이 유럽 전역에서 몰려들었다. 고관대작, 왕족, 외교관과 대사들까지 콩코르드 광장Place de la Concorde 근처에 있는 철제 나선형 계단을 타고 지하로 내려가 하수도 노동자들이 파이프를 청소할 때 이용하는 무개차에 올랐다. "좌석에 쿠션을 댄 마차의 귀퉁이에는 기름 램프를 달아 조명을 밝혔었다." 어떤 방문객은 그렇게 기억을 끄집어냈다. 모자를 쓰고 하이힐을 신고 레이스 달린 우산을 든 숙녀들이 도시의 배출물 위를 미끄러져 갔다. 하수도 노동자들은 이번에는 곤돌라 사공으로 변신하여 운하를 따라 보트를 끌었다. "다 아는 사실이지만, 명망이 좀 있다는 외국인이라면 누구나 파리를 떠나기 전에 반드시 이런 투어를 경험해보려 했다." 당시 어떤 여행 가이드는 그렇게 기록했다.

한편 나다르는 파리의 헤르메스를 자처해 지상과 지하세계를 중재하는 영혼의 안내자 역할을 맡았다. 사진을 발표한 이후 몇 해 동안 그는 개인적으로 하수도와 채석장 투어를 주선하여 여흥으로 어둠 속을 유랑하는 무리들을 이끌었다. 직접 찍은 사진에 설명을 붙이면서 그는 자신과 함께 심연을 체험해보라고 유혹했다. "부인." 추종자 중 한 사람에게 보낸 편지에서는 이렇게 썼다. "제가 안내해드리겠습니다. 제 팔을 잡고 **이 세상을 따라가 보시지요.**"

—

마지막 코스를 앞두고 우리는 상마르탱 운하Canal Saint-Martin가 지하로 내려오는 구간의 한쪽 가장자리에서 야영을 했다. 녹색 물이 평온하게 흐르는 넓은 아치형 터널이었다. 희미한 아침 햇빛이 저 끝에서 스며들었다. 오전 8시였다. 지상에서는 식

당들이 곧 문을 열 테고 웨이터는 식탁에 가지런히 은제 식기를 준비하리라. 우리는 운하를 따라 지나가는 난간에 해먹을 걸었다. 절벽에서 비박하는 알피니스트alpinist 꼴이었다. 스티브가 불침번을 자원했다.

해먹에 누워 나다르의 사진들을 떠올리는데 파에톤Phaëthon의 신화가 생각났다. 파에톤은 아버지 헬리오스Helios에게 화염이 이글거리는 태양 마차를 타고 하늘을 날게 해달라고 조른다. 마차는 하늘을 향해 출발하지만 파에톤은 고삐를 제어하지 못한다. 마차가 궤도를 벗어나 땅을 향해 돌진하자 강들은 뜨거운 열기로 말라버리고 대지는 사막으로 변하며 산꼭대기들은 화염에 휩싸인다. 파에톤이 탄 마차가 너무 낮게 나는 바람에 지표면에 뚫린 구멍이 불길에 휩싸이고 땅 아래 세상으로 빛이 쏟아져 들어간다. 구멍 가장자리로 기어간 사람들은 난생처음 하데스를 맨눈으로 똑똑히 본다. 그들은 가장자리가 쉴 새 없이 불타고 있는 호수들, 음침한 아스포델 들판Asphodel Meadows부터 타르타로스Tartarus, 지옥의 끝없는 암흑에 이르는 저승의 구석구석을 목격한다. 심지어 지하의 왕 하데스와 왕비 페르세포네까지 본다. 왕과 왕비는 왕좌에 앉은 채 그들을 올려다본다. 사람들은 지옥의 광경에 충격을 받아 오랫동안 공포에서 벗어나지 못한다. 하지만 구멍 가장자리에서 물러설 생각은 없다. 그들은 계속해서 어둠 속을 응시할 뿐, 눈을 돌리지 못한다.

두 시간 반 정도 잤을까. 스티브가 운하 저편에서 소리 없이 미끄러져 들어오는 투어 보트를 발견했다. 선장의 눈에 띄면,

그는 경찰을 부를 것이 분명했다. 스티브는 모두를 흔들어 깨웠고 우리는 어둠 속으로 급히 몸을 숨겼다.

마지막 구간은 장조레스Jean Jaurès가 아래에 있는 하수 수거 시설이었다. 기다란 사각형 통로로, 넓고 평탄했으며 가운데에서 하수가 차선 한 개 폭으로 요란한 소리를 내며 흘렀다. 스티브 말로는 우리가 메인 통로를 걷는 중이라고 했다. 파리에 있는 거의 모든 구정물이 우리 발밑을 흐르고 있었다.

이제 서른여덟 시간이 경과했다. 목적지가 가까워졌음을 알 수 있었다. 승리감에 도취되거나 안도감 혹은 성취감을 느낄 수도 있었겠지만, 몸은 천근만근이었고 눈은 충혈되었으며 모두들 수척한 몰골에 멍한 기색이었다. 오랜 시간 짧지 않은 거리를 걸으면서 우리가 들이마신―정확히 무엇인지는 모르겠으나―지하의 독소 때문이 아닌가 하는 생각이 들기도 했다.

"다 같이 프랑스 북부까지 밀어붙이자고." 스티브가 일행을 독려했다.

미끄러운 작업자 전용 통로를 걸어가는데 눈꺼풀이 자꾸 처졌다. 나는 가능한 한 벽에 가까이 붙어 한 발 앞에 다른 한 발을 놓는 데에만 집중했다. 수백 미터 간격으로 지상의 거리 도로명이 표시된 작은 지류 파이프가 지나갔다. 지도를 손에 든 채 앞에서 걷던 모는 새로운 거리가 나타날 때마다 이름을 외치며 목적지까지 남은 거리를 알려주었다.

"500미터!"

목적지가 가까워질수록 운하의 유속은 빨라졌고 하수는 작업자 전용 통로의 가장자리 위로 튀어 올라 신발 윗부분을 적셨다. 땅 아래 세상이 우리더러 나가라고 떠밀고 있었다.

지표면으로 올라왔을 때는 이미 해가 중천에 걸려 있었다. 도시의 경계를 막 넘어선 곳이었다. 우리 여섯 명은 사다리를 타고 올라 어떤 터키 식당 아래에 있는 맨홀을 통해 밖으로 나왔다. 얼굴은 얼룩투성이였고 머리카락에는 오물과 끈적끈적한 것들이 엉겨 붙었으며 옷은 축축했고 퀴퀴한 냄새가 났다. 우리가 나타나자 인도를 걷던 사람들이 기겁하여 뒤로 물러섰다. 식당의 웨이터는 들고 있던 포크와 나이프를 떨어뜨렸다. 분홍빛 스웨터를 입은 한 할머니가 보조 보행기에 기댄 채 우리를 내려다보았다. 눈이 휘둥그레졌고 입 모양이 완벽한 동그라미를 그렸다. 거리에 있는 사람들이 죄다 몸을 기울여 열린 맨홀 속을 내려다보았지만, 그것도 아주 잠깐이었다. 스티브가 잽싸게 맨홀 뚜껑을 원위치로 이동시켰기 때문이다. 휘청거리는 걸음으로 근처 공원에 들어간 우리는 샴페인 뚜껑을 땄다.

3장

땅속의 존재들

돌은 보이지 않는 것으로 충만하다.

—셰이머스 히니Seamus Heaney, 〈환영을 보며Seeing Things〉

1818년 4월, 존 클리브스 심즈John Cleves Symmes라는 오하이오 출신의 한 사나이가 지구 내부를 탐사하겠다고 발표했다. 그는 세인트루이스의 접경 마을에서 물물교환소를 운영하던 서른여덟 살의 퇴역 육군 대위로, 이 공식적인 임무의 상세한 내용을 담은 사업계획서를 500명이 넘는 명사들에게 발송했다. 그중에는 하원의원, 과학자, 신문사 편집위원, 교수, 박물관장, 그 밖에 유럽의 현직 군주 등이 포함되어 있었다. **"전 세계에 선포하는 바입니다."** 그는 그렇게 시작했다. "지구는 속이 비어 있고 내부에 생물체가 거주할지도 모릅니다. 무수히 많은 단단한 동심구가 하나 안에 또 하나씩 겹겹이 쌓여 있는 구조이지요." 지구의 내부에는 알려지지 않은 정체불명의 생명체들이 살고 있으며 어쩌면 미지의 인류가 존재할지도 모른다고 주장한 그는 북극과 남극에 동그랗게 뚫린 거대한 구멍을 통해 그곳에 이를 수 있다고 말했다. "맹세컨대 나는 이 진실을 입증하는 데 내 평생을 바칠 것입니다. 나는 그 공간을 탐험할 각오가 되어 있습니다. 전 세계에 있는 여러분들이 이 사업을 지원하고 도와준다면 말입니다." 그는 자원자를 모집한다는 말로 결론을 맺었다.

"뜻이 맞고 장비를 갖춘 용감한 동료들이 100명 필요합니다. 가을에 시베리아를 출발하여 순록과 썰매를 이용해 얼음이 뒤덮인 바다로 갈 계획입니다. 약속하건대 사람은 아니더라도 동물과 식물이 아주 잘 살고, 또 잘 자라는 따뜻한 풍요의 땅을 찾아낼 겁니다."

대위의 선언은 거창했지만 반응은 전혀 없었다. 돈이 많은 유럽의 군주들은 아무런 관심을 보이지 않았고, 앞으로 나서는 "용감한 동료"도 한 사람 없었다. 그래도 심즈는 기죽지 않았다. 그는 "새로운 지구 이론"에 대한 지지를 이끌어내기 위해 강연 투어를 시작했다. 낡은 마차를 타고 변경의 마을을 누볐는데, 술집이나 사람들이 모이는 장소에 다다르면 자신의 이론을 입증하는 데 필요한 소품을 늘어놓았다. 금속 부스러기와 자석, 소용돌이 모양의 모래 그릇, 위아래로 구멍이 난 목제 지구본 등이 그것이었다. 그는 발밑에 존재하는 미지의 대륙에 관한 이야기로 몇 시간이고 청중들의 귀를 즐겁게 했다.

심즈는 삽시간에 유명인사가 되었다. 체구는 작지만 혈기 넘치는 이 사나이는 열정을 주체하지 못하는 엔터테이너였다. 청중은 대위가 그려 보이는 지구 내부의 모습을 상상하며 흥미로워했다. 그곳은 탐험가를 기다리는 미지의 세계였고, 계속해서 면적을 넓혀가는 아메리카 합중국에 편입시켜야 할 새로운 개척지였다. "서부의 뉴턴The Newton of the West." 사람들은 그를 그렇게 불렀다. 소문에 날개가 달리면서 미지의 땅에 관한 심즈의 이야기는 신문에 실리고 잡지의 표지를 장식했다. 그제야 사람들은 그가 말하는 이론의 배경을 과학적 관점에서 따져보기 시작했고, 그 주장이 얼마나 터무니없고 우스꽝스러운 것인지 깨달았다.

심즈는 토성이 동심원 고리들을 가지고 있다는 사실을 근거 삼아 동심성은 자연에서 보편적인 성질이라고 결론 내렸다. 따라서 "모든 행성과 구들은" 구가 여러 겹 포개진 모양으로, "그 속이 비어 있다"고 주장했다. 심즈는 허풍쟁이로 취급을 받으며 사람들의 관심에서 멀어졌다. 어떤 역사가는 이렇게 썼다. "그의 이론은 망상이나 편집광의 산물로, 비웃음 속에 묻혔다. 그뿐 아니라 두고두고 사람들의 조롱거리가 되었다."

대위는 세상으로부터 손가락질을 받았지만 굽히지 않고 강연을 이어갔고, 의회에 탄원서를 제출하여 탐험에 필요한 재정적 지원을 요구했다. 1823년에 그는 로마노프Romanov 왕가의 백작이었던 당시 러시아 재무상을 설득하여 지구 내부의 탐사 기금을 마련하려 했지만, 마지막 순간에 백작이 생각을 바꿔 발을 빼는 바람에 이 계획은 무산되었다. 1829년 캐나다와 뉴잉글랜드 지방을 잇는 강연 투어 중, 마흔여덟 살의 대위는 병이 들어 마차 뒷좌석에서 숨을 거두었다. 그의 시신은 서부로 되돌아왔다. 그는 얼간이 취급을 받았고 결국 땅 아래 세상과 땅속의 존재를 두고 상상 속의 이야기를 좇느라 삶을 허비한 이로서 사람들의 기억에 남았다.

그러나 심즈가 죽고 몇 해가 지났을 때, 서방세계는 또다시 이색적인 지하 생명체의 이야기에 강한 흥미를 보이기 시작했다. 대위의 이론은 다양한 소설가와 예술가들의 손을 거쳐 재포장되었다. 에드거 앨런 포는 심즈의 이론을 두둔하여 단편 〈병 속의 원고MS. Found in a Bottle〉의 모티프로 사용했고, 지구 내부로 여행하는 한 선원의 이야기를 담은 소설 《아서 고든 핌의 이야기 The Narrative of Arthur Gordon Pym of Nantucket》를 썼다. 쥘 베른도 《지구 속 여행Journey to the Center of the Earth》에서 속이 빈 지구 이론을 각색하여, 아이슬란드의 한 화산을 통해 고대 도마뱀들이 사는 보이지 않는 세계로 들어간 주인공 리덴브로크 교수의 활약상을 그렸다. 소설가 허버트 조지 웰스H. G. Wells, 《타잔Tarzan》을 만들어낸 에드거 라이스 버로스Edgar Rice Burroughs, 《오즈의 마법사The Wonderful Wizard of Oz》의 저자 프랭크 바움L. Frank Baum 등 수많은 사람들이 지구의 내부 세계를 소재로 이야기를 썼다. 19세기 마지막 10년 동안 땅 아래 세상의 생명체에 관해 다룬 소설은 미국 내에서 출판된 것만 100편이 넘었다.

심즈 대위는 나의 첫 번째 "언더그라운드 히어로"였다. 어렸을 적 내 책상 위에는 한동안 그의 얼굴을 오려낸 사진이 핀으로 고정되어 있었다. 내 눈에 비친 대위는 실패한 과학자가 아니

라 시인이었으며 겉으로는 엉뚱해 보일지 모르지만 한구석에 신
랄한 풍자의 신비를 간직한 초현실주의자였다. 나는 땅속 생활
에 관한 심즈의 비전이 서서히 집단적 상상력을 불러일으킨 과
정에 호기심을 가졌다. 그가 저 아래 지하로 내려가 고대의 진
실을 건드려 깊은 곳에 억눌려 있던 인류 공통의 기억을 되살려
낸 점을, 나름 높이 평가했다.

성인이 되어 심즈 대위를 다시 떠올린 것은 어느 여름날 우
연히 일단의 생물학자들에 관한 이야기를 들었을 때다. 그들
은 사막에 있는 어떤 석유 시추공의 지표면 아래 1.5킬로미터
쯤 되는 곳에서 이상한 것을 발견했다고 발표했다. 살아 있는 생
물체였다. 기괴한 모습으로 꿈틀거리며 움직인 그 생물체는 단
세포 박테리아였다. 그 박테리아들은 생명체가 존재하기 어려
울 것이라고 여겨지는 저 깊은 땅 아래 세상에서 살고 있었다.

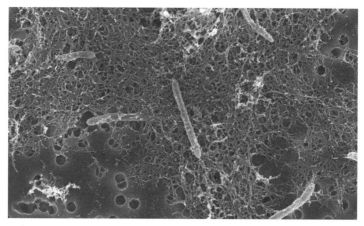

데술포루디스 아우닥스비아토르 Desulforudis audaxviator

이후로도 생물학자들은 전 세계에 흩어진 여러 동굴이나 폐쇄된 광산, 깊은 공동에서 갖가지 미생물체를 발견했다. 이들 미생물은 다른 생물들이 맥을 못 추는 완전한 암흑과 뜨거운 온도, 엄청난 기압은 물론이거니와 산소도 희박하고 먹을 것도 많지 않아 도저히 생명체가 존재하지 않을 것만 같은 조건에서 살았다. 우리에게 알려진 생명체의 기준에서 너무 벗어났기 때문에 차라리 어디 먼 행성에서 왔다고 하는 편이 더 그럴싸해 보일 지경이었다. 실제로 미항공우주국NASA은 화성에 존재할지도 모르는 생명체의 '유사 생명체'라는 측면에서 연구하기 시작했다. 그러나 나중에 알고 보니 그런 것들은 지구 어디에나 있는 생명체로, 지각 **내부**에도 있고 다공질 암석의 미세한 통로를 흐르는 지하수에도 있었다. 그리고 꽤 기나긴 역사를 갖고 존재해왔다. 땅위 세계와 단절된 채 수백만 년 동안 살아온 것도 있었다. 친애하는 심즈 대위가 살아 있어서 지구 내부에서 번창하는 이 신비스러운 고대 유기체들의 풍부한 상족super-tribe들을 보았더라면!

무엇보다도 놀라운—그리고 대위도 크게 기뻐했을—사실은 일련의 미생물학자들이 심연에 거주하는 생물체들을 지구 최초의 생물체와 관련짓고 있다는 점이었다. 그들이 생각하는 최초의 생명은 땅 아래 세상에서 시작되었다. 과학자들은 오랫동안 생명체의 요람은 지표의 따뜻한 물웅덩이였을 것이라고 추측해왔다. 하지만 미생물학자들은 달랐다. 그들은 지구 생명체의 뿌리가 땅 아래 세상에 있다고 주장했다. 하이에나와 고슴도치, 투구게와 하마 그리고 인간은 미생물에서 비롯된 것으로 지각 깊은 곳에서 진화하여 오래전에 지표면에 모습을 드러낸 존재라고 그들은 생각했다.

나는 우리 사는 세상 아래에 묻힌 부분 속에 생명체의 지하 기원설에 관한 환상에 가까운 흔적이 담겨 있을지도 모른다는 발상에 매료되었다. 그래서 미항공우주국 우주생물학 연구소NASA Astrobiology Institute에서 실시한 "라이프 언더그라운드Life Underground"라는 실험에 투입된 미생물학자 팀을 만나보기로 했다. 그들은 사우스다코타의 홈스테이크Homestake라는 폐금광 깊은 지하에서 땅속을 탐구하고 있었다. 그들이 있는 곳은 지표 아래 1마일(약 1.6킬로미터) 지점으로, 내가 들어갔던 지구 속 어느 곳보다 훨씬 더 깊은 심연이었다.

푸른 하늘이 널찍한 반구형 덮개처럼 보이던 어느 봄날 오후, 나는 경사면을 따라 나선형으로 난 길을 통해 블랙힐스Black Hills로 들어갔다. 폰데로사 소나무가 가장자리를 따라 심어진 황금빛 호수를 한쪽으로 바라보며 옥석이 많은 초지로 들어가서는, 버팔로가 무리 지어 있는 대평원을 가로질렀다.

블랙힐스는 약 1만 2,000제곱킬로미터에 걸쳐 엎드려 있는 엄지손가락 지문 모양의 산악 지방으로, 대부분 사우스다코타 서부에 위치해 있는데 북서쪽 가장자리는 와이오밍까지 밀고 들어간다. 이곳은 북아메리카 지역에서 가장 오래된 암석인 화강암과 사암이 약 7,000만 년 전에 주변의 소택지를 뚫고 솟아나 형성된 산지다. 검은소나무와 가문비나무와 전나무로 덮인 이 산지는 대평원에 자라는 연한 세이지브러시sagebrush를 배경으로 한 어두운 실루엣이 장관이다. 솟아오른 모습이 거대한 맹수 같기도 하고, 또 정상에 떨어지는 벼락의 위용도 워낙 장엄해서 사람들은 오래전부터 블랙힐스를 바라볼 때마다 영적 경외감에 가슴이 서늘해지곤 했다. 19세기에 이곳을 찾았던 한 방문객은 "폭풍과 비바람을 일으키는 천둥의 정령이나 요정이 사는 곳"이라고 묘사하기도 했다.

1만 3,000년 전부터 지금까지 이 지역을 떠나지 않고 있는 대평원의 아메리카 원주민 부족들에게 블랙힐스는 언제나 성스러운 영지였다. 버팔로와 영양을 사냥하고 약초를 뜯고 소나무를 수확하는 삶의 터전이었다. 원주민들은 겁 없이 미지의 계곡으로 들어가 암벽에 조각을 새겨 놓고 영계와 교류하는 의식을 수행했다. 이곳 산지와 가장 깊숙이 인연을 맺은 부족은 라코타족Lakota, 즉 수족Sioux이었다. 라코타족은 이 지역에 발을 처음으로 들여놓은 사람들을 자신의 조상이라고 주장하면서, 와마카 오그나카 이칸테Wamaka Og'naka Icante, 즉 "만물의 심장"이라고 불렀다.

뉴욕의 아파트를 떠나면서 나는 라코타족의 신앙과 풍습에 관한 오랜 문서를 가방에 찔러 넣었다. 19세기 말 파인리지 보호구역Pine Ridge Reservation에서 근무했던 의사 제임스 워커James Walker의 메모를 기반으로 쓴 이 책은 사실 가져가려고 작정해서 챙긴 것은 아니고 그저 비행기에서 심심풀이로 읽으려 했던, 지하 미생물학에 관한 논문 더미와는 전혀 관련이 없는 책

피간족 캠프, 1900년경

이었다. 그러나 비행기가 이륙할 때 그 책을 집어 든 나는 목
적지에 도착할 때까지 한순간도 손에서 내려놓지 못했다. 라
코타족이 기이할 정도로 지하에 집착하는 문화를 가졌다는 사
실을 이 책을 통해 처음 알았다. 나는 에이머스 배드 하트 불
Amos Bad Heart Bull이라는 이름의 라코타족 화가가 그린 지도를 갖
고 있었는데, 그 오래된 지도에는 블랙힐스에 자리한 성지들
이 마치 땅 아래 우주의 별자리처럼 표시되어 있었다. 예를 들
어 산지 남서부 지역에 사는 부족들은 성스러운 온천 지역에 이
끌려 조상들이 버팔로를 몰아넣었던 한 싱크홀 주위를 둘러싸
고 의식을 거행했다. 특히 그들은 여러 동굴의 입구에 모여 의
식을 치렀는데, 그중에도 와슈 니아Washu Niya, 즉 "숨 쉬는 동굴"
은 백인들이 '바람 동굴'이라 부르는 곳으로 세계에서 가장 크고 현기증이 날 정도로 복잡한 동굴이다. 이 구멍들은 각기 다른 세계로 통하는 도관으로, 세속과 영적 영역을 잇는 관문으로 여겨졌다. 라이프 언더그라운드 팀과 만나기 위해 산지의 북동쪽으로 길을 잡았을 때, 이미 그곳에 사는 사람들에게는 이 또한 내 의사와 상관없이 라코타 신앙의 계시로 여겨졌을지도 모르겠다.

라이프 언더그라운드 팀은 2013년부터 알려지지 않은 생명권을 탐사하기 시작했다. 서던캘리포니아 대학교의 생물학 교수 잰 어멘드Jan Amend의 주도로 그들은 캘리포니아 공과대학교, 제트추진연구소Jet Propulsion Laboratory, 렌셀러폴리테크닉 대학교, 노스웨스턴 대학교, 사막연구소Desert Research Institute 등 다섯 개 기관에서 파견된 과학자 60명을 선발하여 탐사를 시작했다. 그들은 전 세계에 널려 있는 시추공과 광산의 수직갱뿐 아니라 천연 온천, 심지어 바다 밑 대양저까지 내려갔다. 각 장소에서 표본을 채취했고, 검사를 위해 실험실로 가져왔다. 궁극적인 목적은 화성에서 미생물체를 찾는 것이었는데, 그들은 화성에 미생물이 있다면 지표 아래에 거주할 가능성이 가장 높다고 판단했다. 그래야 지상의 혹독한 조건으로부터 보호를 받을 수 있기 때문이었다. 그러나 화성에서 지하 생명체를 찾기에 앞서 그들은 우선 이곳 지구에 있는 지하 거주 생명체와 좀 더 친숙해질 필요가 있었다. 믿기지 않는 희한한 생물체들이 어떻게 땅 아래 세상에서 살길을 모색했는지 이해하기 위해서였다.

나는 데드우드Deadwood라는 마을에 있는 '모텔 6'의 주차장에서 그들을 기다렸다. 세월의 흔적이 느껴지는 카지노들이 늘어선 길을 막 벗어난 곳에 자리 잡은 모텔이었다. 잠시 후 나는 라이프 언더그라운드 팀원 두 명과 만나 함께 지프에 올랐다. 운전석에는 라스베이거스에 있는 사막연구소에서 나온 지구화학자 브리트니 크루거Brittany Kruger가 앉아 있었다. 삼십 대 초반인 그녀는 푸른 눈에 긴 금발을 포니테일로 묶었고 암벽 등반가에게나 어울릴 듯한 팔을 가지고 있었다. 이론보다 실재를 중요시하는 생물학자로서 "평생 현장을 쫓아다니느라 몰골이 말이 아니"라고 변명하듯 내게 말했다. 그녀 옆에 있는 사람은 노스웨스턴 대학교의 지구생물학자 케이틀린 캐서Caitlin Casar였는데, 키가 크고 마른 체격이었지만 성격이 느긋해 보였으며 짧은 갈색 머리에 양쪽 귀에는 귓볼을 늘리는 확장기를 달고 있었다. 네 번째 멤버는 광산 깊은 곳으로 우리를 안내할 톰 레이건 Tom Regan이었다.

우리는 '시드Seed, 씨앗'와 운율이 같은 리드Lead로 차를 몰았다. 리드는 다른 곳과 마찬가지로 작은 집들과 키 낮은 공공건물이 늘어선 서부의 전형적인 소도시지만, 한복판에 거대한 구덩이가 입을 벌리고 있는 희한한 지형을 가졌다. 사실 소도시라기보다는 그냥 구덩이라는 표현이 어울렸다. 지표면에서 보이는 것은 홈스테이크 금광의 절개지뿐이었는데, 폭이 약 800미터인 이 구덩이는 깊이가 380미터이기 때문에 절개지 주변 어디에서도 바닥은 보이지 않았다(구덩이 가장자리에 세워진 홈스테이크 금광 관광센터Homestake Gold Mine Welcome Center에서 5달러를 내면 구덩이 안으로 골프공을 쳐서 넣을 수 있다).

홈스테이크는 미국 정부의 탐욕과 후안무치가 낳은 강탈의 현장이다. 1868년 미 정부는 라코타족에게 블랙힐스의 소유권을 인정하여 그들의 허락 없이는 어떤 백인도 이 지역에 들어가지 못하도록 명시한 조약에 서명했다. 그러나 6년 뒤 경사면에서 금이 흘러내린다는 소문이 돌자 계약은 하루아침에 휴지 조각이 되었고, 여기저기에서 몰려든 사람들이 산을 닥치는 대로 파헤치기 시작했다. 1877년 거부 조지 허스트George Hearst에 의해 문을 연 홈스테이크는 그들이 발굴한 가장 큰 금광이었다. 다음 세기 중반에 이를 때까지 홈스테이크는 성장을 거듭하여 서반구에서 가장 생산성이 높은 금광으로 우뚝 섰다. 깊이 2.5킬로미터, 길이 600킬로미터 규모의 터널을 가진 이곳은 산업계의 그랜드캐니언이었다. 그러나 2001년에 이르자 금광은 더는 이윤을 내지 못했고, 깊은 지하에 설치되었던 펌프가 가동을 멈추면서 갱은 서서히 물로 채워지기 시작했다.

2012년까지 휴면 상태였던 홈스테이크는 광산 소유주들이 과학 실험실로 내놓으면서 다시 문을 열었는데, 바로 샌퍼드 지하연구시설Sanford Underground Research Facility, SURF이었다. 실험 장소로 지하 깊은 곳을 찾는 물리학자들에게 SURF는 더할 나위 없이 이상적인 장소였다. 이곳에서 거대한 암괴는 우주 방사능을 걸러주는 천연 필터 역할을 했다. 내가 방문했던 날도 SURF에서는 14가지 실험이 활발히 진행되고 있었다. 대부분은 광산을 개조한 구역에서 이루어졌는데, 형광등과 밝은색 타일 바닥으로 환한 느낌이 드는 실험실에는 랩톱을 두드리는 대학원생들이 있었다. 하지만 암흑에 잠긴 채 방치된 구간도 있었다. 지하 1,500미터 지점은 여전히 사람의 손길이 닿지 않은 태곳적 그대로의 모습을 간직한 곳으로, 암벽에서는 뜨거운 증기가 벽에서 새어 나온다고 했다. 바로 우리가 향할 곳이었다.

　라이프 언더그라운드 멤버들과 나는 콘크리트로 마감한 복도 끝에서 엘리베이터를 기다렸다. '케이지Cage'라고 부르는 엘리베이터가 우리를 심연으로 데려갈 것이다. 처음에는 지하 240미터까지, 그런 다음에는 맨 아래 바닥으로 내려간다고 했다. 다부진 체격의 직원들이 지나갔다. 한때 광부였던 이들은 터널의 유지 보수를 맡고 있었다. 그리고 물리학자들도 지나갔다. 마른 몸집에 안경을 쓴 그들은 온종일 실험실에 틀어박혀 지냈다. 우리 일행은 장비를 착용했다. 두꺼운 파란색 작업복, 헬멧, 헤드램프, 안전 고글, 앞에 쇠를 댄 고무장화, 자급식 호흡기 등이었다. 호흡기는 수류탄 크기의 통으로 압축시킨 일종의 보조 폐로, 화재나 가스 누출 시에만 작동하게 되어 있었다.
　"내려가면 아무래도 좀 생경하다는 느낌을 받을 겁니다." 톰 레이건이 말했다. "하지만 침착하기만 하면 아무런 문제가 없으니까요." SURF의 안전전문가인 톰은 육십 대 후반에 키가 작고 안경을 쓴 남자였는데, 베트남 참전용사였고 스피어피시Spearfish의 도로 한쪽에 있는 자그마한 교회에서 집사를 맡고 있었다. 그를 처음 봤을 때는 별다른 느낌을 받지 못했다. 톰은 주로 안전과 관련된 주의사항을 약어를 써가며 설명했고, 일어날 수 있는 여러 문제에 대한 규약을 나열했다. 불쾌감을 주는 유형은 아니었지만 따분하고 잘난 체를 하며 조금은 사람들과 거리를 둔다는 인상이었다. 나는 어서 저 아래로 내려가고 싶은 생각뿐이었기 때문에, 그에게 별다른 신경을 쓰지 않았다.

그때까지만 해도 몇백 미터 정도를 내려가 본 것이 내 지하 경험의 전부였다. 그리고 이제는 훨씬 더 깊이 내려갈 예정이었다. 사람들의 손길이 닿지 않은 곳을 찾아 지하 1,500미터 언저리까지 내려가면 견디기 힘들 정도의 공포감을 느낀다는 말을 들은 적이 있다. 칠흑 같은 어둠에 갇혔다거나, 엄청난 무게의 화강암이 머리 위에 있다는 생각이 들어 심리적으로 불안해지면 서둘러 지상으로 올라가야 한다. 그러고 보니 동굴 탐사 초기에 있었던 어떤 영국 탐험대의 이야기가 생각났다. 그들은 대원 한 명을 밧줄로 내려 어두운 수직 동굴 아래로 보냈다. 빛이 완전히 사라지는 지점까지 내렸다고 생각했을 때 저 밑에서 다급한 비명이 들렸다. 그들은 대원을 급히 끌어 올렸다. 전하는 말에 따르면 그는 눈이 움푹 들어갔고 머리카락이 허옇게 새어 있었다고 했다. 비상 호흡기의 걸쇠를 만지작거리면서 나는 우리가 생리적으로 얼마나 암흑세계에 부적합한 존재인지, 땅 아래 세상에서 얼마나 이질적인 존재인지 생각해보았다.

케이지가 덜컹거리며 시야에 들어왔고 문이 열렸다. 우리는 사방이 철제 격자로 된 커다란 금속 상자 안에 발을 들여놓았다. 케이지를 조작하는 '케이저Cager'는 코뿔소만 한 몸집을 지닌 사내였는데 작업복과 뺨이 숯 검댕으로 얼룩져 있었다. 그는 톰과 악수를 나눈 후 브리트니와 케이틀린과 나를 향해 씩 웃어 보였다. "오늘은 저 아래에서 무엇을 찾을 겁니까?" 요란한 엔진 소리 탓에 그가 목청을 높였다. "아니면 그냥 산책이나 하는 건가요?"

"미생물이요!" 브리트니가 큰 소리로 답했다.

케이저는 웃음을 터뜨리며 고개를 절레절레 흔들었다.

그가 손잡이를 당기자 문이 쳇소리를 내며 닫혔다. 그는 소리쳤다. "내려갑니다!" 케이지는 심하게 흔들리고 덜커덕거리며 컴컴한 어둠 속으로 움직이기 시작했다. 바닥을 내려다보았다. 숭숭 뚫린 격자 저 아래로 헤드램프를 비춰보았지만, 발밑에는 까마득하게 떨어질 빈 공간이 있다는 사실만 알게 되었을 뿐 아무것도 보이지 않았다. 옆을 보니 수직 통로의 바위벽이 미끄러지듯 올라가고 있었다. 처음에는 천천히 그러나 점점 더 빠르게 우리는 땅속으로 빠져들었다.

오래전부터 우리는 비록 눈에 보이지는 않지만 지하에도 지상과 유사한 삶을 사는 생물체가 있을지도 모른다고 생각해왔다. 고대 그리스 역사가 헤로도토스Herodotos는 기원전 5세기에 쓴 《역사Historiai》에서 에티오피아 동굴의 암흑 속에 사는 인간에 대해 언급한다. '혈거인'이라는 뜻의 그리스어 트로글로다이트Troglodyte는 '구멍troglo-'과 '들어가다-dyte'의 합성어로, 야행성 백피증 피그미(왜소 인간)라고 기록되었다. 이들은 도마뱀을 먹으며 생활하고 햇빛에 노출되면 기겁해서 "비명을 지른다." 헤로도토스는 《역사》에서 근거가 의심스러운 이야기를 자주 언급하는데, 인도에는 금을 찾기 위해 땅을 파는 개만 한 개미가 있다는 이야기도 그중 하나다. 어쨌든 트로글로다이트는 이후에도 꾸준히 언급된다. 그 어느 것도 직접 보았다는 진술은 없지만, 지하에 거주하는 인간은 고대 그리스 시대의 지리학자이자 역사가인 스트라본Strabon이나 로마의 대 플리니우스Plinius Secundus Major를 거쳐 18세기의 스웨덴 식물학자 칼 린네우스Carl Linnaeus에 이르기까지 반복해서 등장한다. 라틴어 이름보다 린네Linne라는 이름으로 더 잘 알려진 린네우스는 표준 라틴어에 의한 자연계의 생물분류법을 수립한 장본인으로 유명하다. 린네우스는 인간이 '지표면에 사는 인간'과 '지하에 사는 인간' 두 종류로 나뉜다고 단언했다. 호모 디우르누스Homo diurnus, 즉 "낮의 인간"은 지상의 햇빛과 산소에 의지해서 생명 활동을 하고 동굴 깊은 곳에 있는 호모 녹투르누스Homo nocturnus, 즉 "밤의 인간"은 어둠 속에서 사냥을 하며 살아간다. 어둠을 좋아하는 지하 인간은 그 현실성이 점차 약해졌지만, 이 보이지 않는 우리의 카운터파트는 존재 가능성만으로도 우리의 신경을 확실하게 자극했다. 그들은 마치 우리의 역전된 모습, 즉 그림자 자아를 찾으려는 본성을 무의식적으로 드러내는 것 같았다.

지하 생명체의 존재를 처음으로 확인시켜준 것은 1689년 트리에스테 출신의 귀족 요한 바이크하르트 폰 발바소르Johann

Weikhard von Valvasor가 슬로베니아의 역사서를 편찬하면서부터다. 발바소르는 카르스트Karst라는 동굴이 많은 지형을 설명하면서 30센티미터 길이의 뱀처럼 생긴 동물을 언급했다. 폭우가 쏟아지면서 동굴 밖으로 밀려 나온 녀석이었다. 사실 이 생물체는 그 지역 사람들에게는 낯익은 존재였는데, 지하에 사는 용의 새끼가 제대로 자라지 못한 것으로 여겨졌다. 발바소르는 그것을 올름olm이라고 불렀다. 올름은 지하에서만 사는 일종의 수중 도마뱀이었다. 찰스 다윈Charles Darwin도 《종의 기원The Origin of Species》에서 적응진화론theory of adaptive evolution의 사례로 이 올름을 인용했다. 즉 올름은 한때 지표에 거주하는 무리였지만 포식자들을 피해 지하로 들어가 시간을 보내는 일이 많아졌고, 수백만 년의 세월에 걸쳐 지하 생활에 유리하도록 서서히 바뀌어 간 신체 특성이 대를 통해 이어졌다. 그래서 올름은 두드러지

올름(프로테우스 앙귀누스)

게 효율적인 대사 기능을 발달시켜 먹지 않고도 1년 정도는 너끈히 지낼 수 있게 되었다. 한편 계속해서 어둠 속에만 머문 탓에 자외선으로부터 보호할 필요성이 없어져 결국 색소를 잃었고, 피부가 창백한 상아색으로 바뀌었다. 심지어 눈조차 퇴화되어 피부 아래로 완전히 숨어버렸다.

생물학자들은 동굴에 사는 다양한 부류의 생물들을 계속 찾아냈다. '그늘 동물Shade animals'은 동굴 입구에 서식했고, '경계지대 동물twilight animals'은 확산광이 미치는 범위 안에서 살았으며, 마지막으로 올름 같은 '다크존 동물dark zone animals', 즉 트로글로다이트는 지하 생활에 무리 없이 적응한 탓에 오히려 지표면에서는 살 수 없게 되었다. 동굴 탐험은 탈색된 메기, 진주 광택의 거미, 앞을 못 보는 투구벌레, 속이 들여다보이는 게, 눈이 없는 곤충 등 트로글로다이트에 대한 거짓말 같은 우화집을 양산해냈다. 트로글로다이트들은 지하의 유일한 거주자였다. 그 밖의 생물은 다크존에서 살아남을 수 없는 것이 분명했다.

지하 왕국의 문이 활짝 열린 것은 1994년 페넬로프 보스턴Penelope Boston이라는 뉴멕시코 출신의 한 젊은 생물학자가 레추길라 동굴Lechuguilla Cave 맨 아래까지 내려갔을 때다. 지하 600미터, 그녀의 말대로 그곳은 "지구를 떠나지 않고도 또 다른 행성을 여행하는 듯한" 느낌을 주었다. 너무 아득하여 아무리 강인한 트로글로다이트라 해도 살아갈 수 없는, 어떤 다른 생명체도 지탱할 수 없는 심연이었다. 그러나 어느 지점에 이른 보스턴은 동굴 통로의 천장에서 털이 있는 갈색의 지질학적 생장물을 발견했다. 자세히 들여다보려 얼굴을 갖다 대려는 순간 물 한 방울이 뚝 떨어졌다. 물은 그녀의 한쪽 눈 속으로 곧장 들어갔다. 그녀의 눈은 그 자리에서 퉁퉁 부어올라 완전히 감기고 말았다. 결론은 하나였다. 박테리아에 감염된 것이다. 상상할 수 없을 정도로 아주 깊은 지하 동굴 속에 아주 작은 미생물이 살고 있었다.

이제 전문가들은 지하세계의 **나머지**에 궁금증을 갖기 시작했다. 인간의 기준으로는 단단해서 뚫기 어렵다고 생각했던 암반 지각의 아래, 그러니까 동굴 저편 보이지 않는 영역에는 실제로 작은 구멍과 균열이 있었고 지하수가 그 속을 적시며 흐르고 있었다. 과학자들은 지각이 너무 어둡고, 너무 뜨겁고, 너무 압력이 높고, 너무 먹을 것이 없다고 말하며 그곳에 생명체가 있다는 주장을 일축했지만, 그때도 일부 미생물학자들은 지하 생명체의 존재 가능성에 대한 탐구를 게을리하지 않았다. 그들은 시추공이나 유정 등 인간에 의해 생긴 갖가지 심연의 공동으로 내려가 직접 웅덩이를 파고 표본수를 채취했다. 아니나 다를까, 그들은 곳곳에서 활발하게 활동하는 박테리아를 찾아낼 수 있었다. 100미터, 그다음에는 500미터 그리고 이어서 1,000미터, 2,000미터를 마다 않고 그들은 내려갔다. 위험하고 독취가 풍기는 그곳은 지표보다 압력이 400배 높았고 기온은 섭씨 100도에 육박했다.

새로운 발견이 꾸준히 이어지자 생물학자들은 지하 생명체의 규모와 다양성을 엄청난 것으로 평가하면서 전혀 새로운 관점이 필요한 시점이라고 결론을 내렸다. 코페르니쿠스Copernicus

가 우주의 중심에서 지구를 들어내고, 다윈이 역사의 수레바퀴 축에서 인간을 떼어낸 것처럼, 이들의 발견은 지표에 거주하는 생명체를 지구의 비주류로 몰아낼지도 모를 일이었다. 지구 내부 생물자원의 합집합은 지표 생활의 생물자원과 거의 같거나 어쩌면 더 큰 규모일지도 몰랐다. 천칭 한쪽에 지표 아래쪽 미생물체를 모두 올려놓고, 다른 한쪽에 지표에 거주하는 동식물을 죄다 올려놓는다면 천칭은 양쪽이 팽팽히 힘자랑을 하느라 몹시 흔들릴 것이다. "땅 위의 대규모 생활권보다 더욱 거대한 규모를 가진 땅 아래 생물권, 그러니까 또 다른 살아 있는 세계의 가능성이 쉽게 믿기지 않아 우리는 고개를 저었다." 2001년 토양생태학자 데이비드 울프David Wolfe는 그렇게 말했다.

"땅속의 존재들"은 한때 생물학자들이 생명체의 특징이라고 여겼던 것과 정면으로 배치되는 특색을 보였다. 그들은 산소를 들이마시지 않고, 햇빛이나 광합성에 의존하여 에너지를 얻지 않으며, 탄소 기반의 식량을 소비하지도 않았다. 그들은 생물학자들이 말하는 '암흑의 먹이사슬dark food chain'에 의지해 암석을 먹고, 지각에서 나오는 방사능과 화학에너지를 합성하거나 분해하며 생존했다. 그들은 우리의 진화적 분신 즉, 또 다른 자아alter-ego로 속 빈 지구를 그린 소설에 나오는 신비한 부족의 현실 버전이었다. 실제로 한 연구팀은 남아프리카공화국에 있는 광산의 3킬로미터 지하에서 발견한 어떤 박테리아에게 '데술포루디스 아우닥스비아토르'라는 그럴듯한 이름을 붙여주었다. "대담한 여행자"라는 뜻으로 쥘 베른의 소설《지구 속 여행》에 빗댄 표현이다. 주인공 리덴브로크 교수는 지구 속 탐험을 시작하기 전, 지구 내부로 통하는 보이지 않는 관문을 언급하는 고대 유럽의 메시지를 해독한다. "내려가라, 대담한 여행자여, 그리하면 지구의 중심에 다다를지니Descende, audax viator, et terrestre centrum attinges."

지하 250미터 지점에서 우리는 케이저와 작별하고, 온통 바위뿐인 비좁은 터널 속으로 발을 들여놓았다. 천장에서 흘러내리는 물이 우리의 헬멧을 두드렸다. 등 뒤에 있던 케이지가 덜컹거리며 사라지자 사방이 조용해졌다. 나는 낮고 울퉁불퉁한 천장 아래로 몸을 수그려 흙탕물이 장화의 정강이 부분까지 적시는 길로 발을 내디뎠다.

앞장선 브리트니를 케이틀린과 내가 뒤따랐고, 톰이 맨 뒤를 맡았다. 유황 냄새가 코를 찔렀다. 어둠 속을 가르는 헤드램프 빛줄기에 안개가 잡혔다. 주변을 채운 회색빛 편암에는 노란색과 오렌지색 맥이 어지럽게 흘렀다. 한때 돌덩어리를 가득 채운 광산 수레가 덜컹거리며 오갔던 시절을 말해주는 듯, '위험' 또는 '2차 탈출 경로'라고 적힌 표지판이 드문드문 보였다. 머리 위에 250미터의 단단한 바위를 이고 있다고 생각하니 심장이 약간 쿵쾅거렸다. 여기서 1,200미터를 더 내려가 광산 바닥까지 이른다면 내 몸이 어떤 반응을 보일까 궁금해졌다.

"여기 오니 정말 좋아요." 톰이 감탄하며 말했다. "이 아래에 오면 꼭 집에 온 것 같은 느낌이 든다니까요." 나는 어이가 없어 어깨를 으쓱였다. 밖에서는 그렇게 조용하고 수줍은 표정으로 전문 용어와 안전 규칙만 지루하게 늘어놓던 사람이 갑자기 환한 얼굴로 싱글벙글거리고 있었다. 걸어가는 동안 그의 표정은 더욱 느긋해졌고 말투도 한결 다정해졌지만, 어조는 대범했고 심지어 기운이 솟는 듯했다. 내내 참고 있던 숨을 이제 막 터뜨린 사람 같았다.

그는 산속에서 자란 어린 시절이며 베트남에서 치렀던 전쟁, 다시 돌아와 광산에서 일한 이야기 등을 털어놓았다. 케이저부터 시추기술자까지 할 수 있는 일은 다 해봤지만 이곳 땅속에 들어와서야 비로소 위안을 찾았다고 했다.

"동네 거리보다 여기 땅속 세상을 더 잘 알아요." 그는 발을 멈추고 바위벽에 튀어나온 작은 융기를 어루만지며 말했다. "쉬는 날이면 땅속으로 내려가지 못해 안절부절못하죠. 그럴 땐 아내와 차를 몰고 블랙힐스 여기저기를 쏘다니며 동굴을 찾아가요. 윈드 동굴Wind Cave은 가봤어요? 상상도 못 할 만큼 멋진 곳이에요."

광산 속 먼 곳 어디에선가 우르릉하는 소리가 낮게 들렸다. 들짐승 떼가 우르르 몰려가는 소리와 비슷했다. "저 소리 들리시죠?" 톰이 차분하게 말했다. "광산이 몸을 비틀었다 다시 자리 잡는 것을 느끼실 겁니다. 여기 있으면 광산이 살아 있는 것 같아요. 터널도 숨을 쉬거든요."

우리는 첫 번째 표본 채취 구역에 도달했다. 암벽에 박힌 약 5센티미터 정도의 쇠파이프에서 물이 꾸준히 쏟아지고 있었다.

이름하여 '시프seep'라고 했다. 지하수가 새어 나오는 시프는 원래 1900년도 초에 금을 찾기 위해 판 것으로, 공업용 다이아몬드가 박힌 드릴을 사용해 뚫은 자리였다. 이 광산에는 시프가 수십 개 있는데, 한 세기가 넘도록 지하수가 아무런 방해도 받지 않고 거침없이 흐르는 중이라고 톰이 설명해주었다.

브리트니와 케이틀린은 흙탕물 웅덩이 가장자리에 배낭을 내려놓고 헤드램프와 고글의 위치를 고쳤다. 고글은 이미 진흙투성이였다. 두 사람은 자주색 라텍스 장갑을 낀 다음 작은 병과 눈금이 새겨진 실린더, 물의 화학 성분을 측정하는 센서, 온도계 그리고 pH 측정기를 꺼냈다. 파이프 한쪽 끝으로 그들은 다중 주사통을 장착했다. 터널 내에서 공기에 오염되지 않은 표본수를 채취할 수 있게끔 해주는 도구였다.

"시프는 지표 아래를 들여다볼 수 있는 작은 창이에요. 그 창으로 이곳에 어떤 생물이 사는지 알 수 있죠." 브리트니가 고개를 돌려 어깨너머로 말했다. "물이 지각을 이동하는 주기는 굉장히 길어요. 한 장소에서 다음 장소로 가는 데 수천 년 걸릴 때도 있죠. 시프에서 나오는 물은 지각 아래에 격리된 수역에서 올라오는 듯해요. 다시 말해 우리가 보는 유기체는 죄다 아주 깊은 저 아래쪽에서 올라온다는 뜻이죠."

이 물속에 무엇이 살고 있는지 정확한 실험 결과가 나오려면 몇 주는 걸릴 것이다. 그러나 지금까지 이 광산에서 채집한 다양한 표본을 토대로 볼 때 아마도 데술포루디스과에 속하는 종일 것이다. 그러니까 기본적으로 남아프리카공화국에서 나온 그 "대담한 여행자"의 사촌 격인 셈이다.

케이틀린과 브리트니는 표본 채집을 끝낸 후 시프 위에 표지판을 걸었다. "건드리지 마시오. 미항공우주국 우주생물학 연구소." 장비를 다시 배낭에 담았을 때, 암벽을 끼고 소용돌이치는 물소리가 들렸다. 나는 몸을 웅크려 한 손을 시프 아래에 갖다 대고 손가락에 부딪히는 물의 감촉을 느껴보았다. 이렇게 깊은 곳에서 어떻게 물이 콸콸 쏟아지는지 신기했다. 어느샌가 톰이 나를 굽어보고 있었다.

"스피어피시에 라코타 친구들이 몇 명 있어요. 교회에서 알게 된 사이죠." 톰이 말했다. "그들은 블랙힐스의 물을 신성하게 여겨요. 땅속 세상은 그들의 조상과 이어지니까요."

톰은 라코타의 창조 설화, 그러니까 그들 부족의 기원을 들어보라고 내게 말했다. "나도 어느 정도는 알지만 누구에게 말해 줄 정도는 못 돼요." 그는 그렇게 말했다. "라코타 사람들에게 직접 들어야 해요. 윈드 동굴에 가면 들을 수 있어요."

서구 과학자들의 추론에 따르면 '생명의 기원'은 약 40억 년 전으로 거슬러 올라간다. 단순한 생화학적 요소들로 된 "원시 수프 primordial soup"가 에너지에 의해 활성화되고, 그 에너지가 여러 요소를 혼합하여 단순한 유기적 복합체를 만들었다. 이것이 아미노산으로 바뀌고, 한데 모여 DNA와 단백질이 되었으며, 다시 진화하여 단세포 박테리아가 되었다. 바로 이 박테리아가 모든 생명체의 조상이었다. 다윈 당시만 해도 과학자들은 이 태곳적 사

건의 무대가 조수潮水에 의해 만들어진 웅덩이나 연못 또는 해수의 잔잔한 지표면처럼 얕은 수역이라고 여겼다.

  그러다 1992년 새로운 이론이 나왔다. 코넬 대학교에서 연구교수로 은퇴한 토머스 골드Thomas Gold가 그 주인공이었다. 그는 천체물리학자였지만 여타 과학 분야도 깊이 있게 탐구하여 대담하고 파격적인 이론을 심심찮게 제시하곤 했다. 그리고 그의 이론은 매우 빈번하게 사실로 밝혀지고는 했다. 그는 몇 해에 걸쳐 땅속 존재와의 만남을 추적한 다음 그 결과물을 《깊고 뜨거운 생물권The Deep Hot Biosphere》이라는 책으로 내놓았다. 책에서 그는 땅속 세상의 풍요성을 강조하는 흥미로운 주장을 펼쳤다. 골드는 거기서 그치지 않고 한 걸음 더 나아가 아예 생명이 땅속 세상에서 **시작되었다**는 이론을 제시했다.

골드는 40억 년 전, 지구 지표면이 전쟁터였음을 상기시켰다. 지표면은 화산 폭발로 인한 용암으로 뒤덮였고 강렬한 자외선에 노출되었으며 수많은 소행성이 무차별적으로 충돌해왔다. 그런 아수라장 속에서 최초의 민감한 생명 반응—그의 표현에 따르면 최초의 '친절한 접촉gentle contacts'—이 일어날 가능성은 극도로 희박했다. 그에 비해 지표 아래는 안정적이었다. 비바람도 혹독한 태양 볕도 없으며 격렬한 지진 활동도 없었다. 우리의 "에덴동산"은 깊은 땅속 세상일 가능성이 훨씬 높았다. 그 심연에서 최초의 단세포 미생물이 화학적 에너지의 힘을 빌려 살아가다 어느 순간 지상으로 올라왔다.

골드의 모델에 따르면 산소를 싫어하고 뜨거운 것을 좋아하며 암석을 먹는 '암흑의 애호가'인 땅속 생명체들은 우리 지표면 거주자들의 기이한 방계 자손이 아니었다. 그들은 우리보다 앞선 존재였고, 오히려 우리가 그들의 후손이었다. 그러면서 골드는 우리의 생명 기원설에 전혀 새로운 장면을 제시했다. 따뜻한 지구 내부가 수백만 년 동안 배태하고 있던 태곳적 미생물군이 땅속 세상에 거주하는 다른 생물체와 결별하고 서서히 위쪽으로 이동하여 햇볕에 모습을 드러냈고, 그렇게 지상에서 조금씩 개체 수를 늘리기 시작했다. "선봉에 선 미생물들은 아래쪽에서 지표면을 침입했다." 골드는 그렇게 썼다.

그 뒤로 시간이 흐르는 동안 골드의 이론을 뒷받침하는 증거들이 차곡차곡 쌓여갔다. 미생물학자들은 지구 내부로 깊이 내려가 점점 더 오래된, 어쩌면 수십억 년 전에 고였을지 모를 태고의 물웅덩이에서 처음 보는 생명체와 마주했다. 한편 그들은 땅속 생명체의 DNA에서 공통되는 특징을 찾고 있다. 심지어 홈스테이크의 심연에 사는 데술포루디스의 경우처럼 지구의 반대편 양쪽에 나뉘어 서식하는 종에서도 그들은 공통점을 찾아낸다. 이런 증거들은 어쩌면 공통의 조상을 가질 가능성에 대한 암시일지도 모른다. "지표 아래의 생명에 대해 확신을 가지고 단정하기는 아직 어려워요." 케이틀린이 내게 말했다. "우리가 본 것은 저 아래 사는 존재의 극히 일부일 뿐이니까요." 그러나 생명이 지상으로 올라왔을 가능성을 받아들이는 미생물학자들은 해마다 늘어나는 형편이다.

그리고 누구나 인정하는 이야기가 있다. 우리 모두가 알고 있고 언제나 알고 있던, 즉 인류의 가장 오래된 이야기다. 땅속 세상이 죽음의 영역이었을 때도 그곳은 변함없이 자궁이었다. 생명이 태동하는 비옥한 창조의 터전이었다. 여기에 땅속의 궁극적인 매력이 존재하는데, 씨앗은 토양에 자리를 잡고 지표 위로 싹을 틔우면서 땅속으로 뿌리를 내린다. 인간이 어머니의 자궁이라는 동굴에서 일정 시간 자란 후 긴 터널을 지나 세상 빛을 보는 것과 같은 이치다. 고대에는 전 세계 어느 문화권이든 지하창조설을 말했다. 인류학자들은 이를 "출현신화emergence myth"라고 부른다. 출현신화에서 태고의 조상들은 땅속 저 아래쪽에서 배태되어 열린 공간 속으로 올라왔다. 호주 원주민 거주지부터 인도의 안다만 제도, 동유럽의 민속 전통에 이르기까지 어디를 가나 이들 설화를 발견할 수 있지만, 출현신화는 특히 고대 아메리카에서 가장 많이 접할 수 있다. 일례로 남서부가 기반인 호피족Hopi과 주니족Zuñi에 따르면 최초의 인간은 지하세계의 가장 깊은 자궁에서 일종의 유충 상태로 생겨나, 다음 단계의 자궁으로 한 단계씩 이동하며 더욱더 인간의 모습을 갖추어가다 모태의 산도産道를 통해 지표면으로 올라왔다. 그런가 하면 멕시코 중부에 사는 부족들은 사향 냄새 나는 깊숙한 '치코모스톡Chicomoztoc', 즉 "일곱 개의 동굴"에서 최초의 인간이 출현했다고 믿었다. 메소아메리카Mesoamerica 지역에서 발견된 빛바랜 고대 문서를 들추면 이런 동굴 자궁cave-womb을 볼 수 있는데, 일곱 개의 방으로 구분되는 이 자궁에는 작은 인간들이 태아의 자세로 들어앉아 있고 주변에는 동굴 밖으로 향하는 발자국이 선명하게 찍혀 있다. 이것이 바로 바슐라르가 "모든 신앙의 기원"으로 삼은 설화다. 프랑스의 동굴 속으로 들어간 고고학자들은 여성의 성기를 묘사한 3만 년 된 그림을 발견했는데, 그림은 우중충한 심연을 우리의 발상지로 표시하고 있다.

우리는 광산에서 가장 깊은 바닥으로 돌진했다. 지하 1.6킬로미터 지점이었다. 케이지에 탄 나는 톰 옆에 서서 희미하게 스치는 암벽을 바라보았다. 1분에 150미터씩 내려가면서 나는 내 몸이 환경에 반응하는 것을 느낌으로 알았다. 마치 멍에가 짓누르는 듯 어깨 위의 대기가 더욱 두터워졌고 땀방울이 목을 가시처럼 찔렀다. 머리 위에 1.6킬로미터의 바위가 걸려 있는 이런 깊이라면, 신경이 산산조각이 나도 이상하지 않을 것 같았다.

〈톨테카-치치메카족의 역사Historia Tolteca-Chichimeca〉에 실린 그림

    그러나 그런 일은 일어나지 않았다. 광산 밑바닥에서 우리
는 몸을 수그려 천장이 낮고 좁은 공간으로 들어갔다. 암벽이 녹
슨 금속 막대로 지탱되고 있었다. 우리는 시프에 다다랐다. 나
는 케이틀린과 브리트니와 나란히 몸을 웅크린 다음, 물이 암석
에서 흘러나와 우리 발밑에 놓인 커다란 웅덩이에 고이는 모습

을 지켜보았다. 그리고 그 물을 따라 땅속 세상 생명체들이 이동하고 있다고 상상해보았다. 나는 지금 오래된 생명체가 솟아나는 현장을 지켜보는 중이었다. 터널은 열기가 대단했고 벽에서 김이 솟아났지만 답답할 정도는 아니었다. 오히려 생명을 기르는 온실의 열기로는 적합하다는 생각까지 들었다. 환경이 아무리 모질어도, 생리학적으로 아무리 적대적이고 일상적 경험의 영역을 벗어난 곳이라 해도, 이 터널은 분명 창조의 발상지였다. 톰도 우리와 나란히 몸을 웅크린 채 시프를 지켜보았다. 이 공간을 오르락내리락하며 50년의 세월을 보낸 그는 지상보다 지하에서 포근함을 느끼고, 땅속에 내려와야 집에 온 것처럼 편안하다고 여기는 사람이었다. 그는 암벽에 안긴 포근한 감각을 즐기듯 땅속 대기의 고요함을 흔들며 나지막이 휘파람을 불었다.

표본을 모두 채집하고 장비를 챙긴 우리는 터널을 되돌아 나와 케이지에 올랐다. 암벽으로 둘러싸인 수직 통로를 덜컹대며 올라오는 동안 아무도 입을 열지 않았다. 각자 생각에 잠긴 듯했다. 지표에 도착하여 저녁 불빛이 비치는 곳으로 들어선 순간, 탈진했는지 몸이 흐느적거렸다. 우리는 진흙투성이의 작업복을 벗고 고글과 헬멧을 SURF의 라커룸에 넣었다. 배낭과 장비를 지프 트렁크에 싣자 톰이 우리를 전송하러 왔다.

지표로 돌아와서인지 그새 그의 얼굴에 생기가 사라진 것 같았다. 피부도 우중충하고 창백해 보였다. 악수를 나눈 후, 나는 안내를 맡아줘서 고맙다고 말했다. "길을 가르쳐드릴까요?" 그가 물었다.

무슨 말이냐고 내가 되물었다.

"윈드 동굴로 가는 길 말이에요." 그가 말했다. "멀지 않거든 요. 여기서 나가 대로로 들어선 다음 산맥을 통과해서 남쪽으로 가요. 그다음부터는 표지판을 따라가면 돼요."

다음 날 아침 나는 돌투성이의 노두路頭 사이를 지나 전설적인 라코타 샤먼 블랙엘크Black Elk가 성인식을 치렀던 정상을 거쳐 크레이지 호스Crazy Horse의 기념상을 지났다. 산 한쪽 면에 어떤 조각가가 추장의 얼굴을 파서 만든 기념상이었다. 이 상이 완성되었다면 러시모어산을 깎은 대통령들 조각상의 열 배 크기는 족히 되었을 것이다. 나는 풀을 뜯고 있는 버팔로와 프레리 도그prairie dog를 지나쳤고 높이 자란 풀 사이를 살금살금 기어가는 코요테도 한 마리 보았다. 그렇게 해서 마침내 골든메도golden meadow의 한복판에 다다랐다. 곧이어 나는 시나 베어 이글Sina Bear Eagle이라는 이름의 여성을 만났다.

시나는 오글라 라코타족Oglala Lakota으로, 이들 부족의 유명한 지도자인 치프노플레시Chief No Flesh의 증-증-증-증-증손녀였다. 언젠가 치프노플레시의 사진을 어떤 박물관 기록보관서에서 찾아본 적이 있었다. 시나는 블랙힐스 기슭에 자리 잡은 파인리지 보호구역에서 자랐다. 그녀는 팔뚝에 밥 딜런Bob Dylan의 문신을 했고 어깨까지 내려온 머리카락 아랫부분을 청록색으로 물

치프노플레시 추장

들이고 있었다. 시나는 나를 반갑게 맞았고 굽이굽이 돌아가는 길 아래로 안내하여 와슈 니아Washu Niya, 즉 "윈드 동굴"의 입구로 데려갔다.

그곳까지 가는 동안 시나는 이 동굴이 1881년에 백인인 빙엄Bingham 형제에 의해 발견되었다는 이야기를 들려주었다. "하지만 **발견**이란 말은 잘못된 표현이죠." 그녀는 그렇게 말했다. 목소리는 상냥했지만 위엄이 있는 어조였다. "라코타 사람들은 이 동굴을 오래, 아주 오래전부터 알고 있었어요."

시나는 서른 살쯤 되어 보였는데 라코타 사람들 사이에서는 이름이 꾸준히 알려지고 있는 중이었다. 그녀는 UCLA 대학원에서 언어인류학을 전공하며 라코타 언어를 연구한다고 했다. 졸업하면 보호구역으로 돌아와 조상들의 말을 아이들에게 가르칠 계획이라고도 했다. 여름에는 이곳에서 윈드 동굴의 가이드로 일하며 방문객들에게 라코타의 문화와 라코타족이 이 동굴과 어떤 관계에 있는지를 설명해주었다.

관광객에게 개방된 동굴 입구에는 어둠 속으로 편하게 내려갈 수 있도록 콘크리트 계단이 설치되어 있었다. 하지만 시나와 나는 계단을 비켜나 원래의 동굴 입구 바로 옆에 앉았다. 원래의 입구는 속이 아주 캄캄한 직경 약 60센티미터 정도의 작은 구멍이었다. 지표의 기압이 동굴 안쪽보다 낮을 때는 땅속에서 불어 올라오는 공기를 느낄 수 있다고 시나가 설명해주었다. 그녀가 입구 위에 리본을 대자 정말로 리본 꼬리가 바깥쪽으로 요란하게 춤을 추었다.

"이 동굴에는 위대한 '와칸wacan'이 있어요." 라코타 말로 '신성한 존재'라고 시나가 덧붙였다. 그녀는 동굴 입구 옆에 있는 덤불을 가리켰다. 나뭇가지에 작은 담배 주머니들이 매달려 있었다. 라코타 사람들이 와칸에게 바친 봉헌물이었다. 이 동굴에 처음 왔을 때 그녀도 봉헌물을 하나 남겼다고 했다. 열두 살이었던가, 학교에서 소풍을 왔을 때라고 했다. "땅속 세상으로 내려간 바로 그 순간부터 이 동굴을 사랑하게 되었어요." 시나는 그렇게 말했다. "그래서 머리카락 한 올을 뽑아 통로 한쪽에 남겨

두었죠. 다시 돌아오리라는 약속이었어요."

나는 시나에게 그녀를 만나러 온 이유를 말했다. 블랙힐스 지하 깊은 곳에서 일하는 미생물학자와 그들이 찾아낸 박테리아도 설명했다. 어디에나 있는 이들 박테리아의 위력과 중요성을 우리는 이제야 겨우 이해하기 시작했다고도 말했다. 나는 심즈 대령과 지하의 암흑 속에 살고 있는 우리의 그림자 자아를 찾는 여정도 이야기해주었다. 그리고 땅속 깊은 곳에 사는 생물들이 아마도 생명의 최초 형태일지도 모르며, 모든 생명이 지하에서 비롯되었다는 이론도 소개해주었다.

"흠." 그녀는 고개를 끄덕였지만 별로 놀란 기색은 아니었다.

오랫동안 아무 말 않던 시나가 라코타의 창조 설화를 얘기하기 시작했다.

"최초의 인간은 지하에 살았어요. 영혼들의 세상이었죠." 그녀는 그렇게 말을 꺼냈다. "조물주는 지표면 위의 세상이 준비가 될 때까지 기다리라고 그들에게 일러주었어요. 지표 아래 깊은 곳에서 살도록 적응한 눈을 가진 이들은 스스로 붉은 빛을 뿜었기 때문에 어둠 속에서도 볼 수 있었죠."

지상에서는 익토미Iktomi라는 거미가 외롭게 살고 있었다고 그녀는 말했다. 익토미는 지하의 인간들이 탐을 낼 만한 것들을 모아 가방에 담았다. 옷가지나 딸기 같은 작은 열매와 먹음직스러운 고기 등이었다. 그런 다음 그는 땅에 구멍을 내고 늑대를 시켜 그 선물을 지하의 영계로 보냈다. 사람들은 사슴 가죽을 걸쳐보고 딸기를 맛보고 고기를 먹었다. 특히 고기 맛은 황홀했다. 늑대는 기회를 놓치지 않고 지상으로 올라오면 고기를 더 많이 먹을 수 있다고 꼬드겼다. 하지만 무리의 지도자인 토카헤Tokahe—'첫째가는 사람'—는 제안을 거절하고 그들이 살아갈 수 있을 정도로 지상의 여건이 갖춰질 때까지 지하를 벗어나지 말라는 조물주의 지시를 모두에게 상기시켰다. 그러나 사람들 대부분은 토카헤의 경고를 무시하고 늑대를 따라 지상으로 올라갔다. 땅 위로 올라섰을 때는 마침 여름이었다. 먹을 것이 풍족한 덕에 그들은 부족함을 모르고 지냈다. 그러나 겨울이 닥치고 날이 추워지자 굶주리기 시작했다. 사람들은 조물주에게 도움을 청했지만, 그는 자신의 말에 순종하지 않았다며 진노했다. 그 벌로 조물주는 그들을 버팔로로 만들어버렸다.

"그리고 그제야 대지는 인간이 올라와서 살 준비가 되었죠." 시나가 말했다. "조물주는 토카헤에게 사람들을 이끌고 지상으로 올라가라고 지시했어요. 그들은 느린 속도로 여정을 떠났고요. 가는 길에 네 차례 멈추어 기도를 했는데, 마지막 기도를 올렸을 때 지상으로 통하는 입구에 이르렀죠. 지상으로 올라온 그들은 들소 뒤를 따라가며 세상에서 살아남는 법을 배웠어요."

시나가 이야기를 끝냈다. 그녀와 나는 동굴 입구에 한동안 그렇게 조용히 앉아 있었다. 익토미가 땅에 낸 구멍이었다. 갑자기 시원한 바람이 저 밑에서 올라왔다. 깊은 땅속 세상, 돌로 된 지구의 자궁에서 발원한 바람이었다.

4장

오커를 캐는 사람들

머리를 들어 별을 바라보던 사람들이
무엇이 부족해서 몸을 웅크리고 광산에 파묻혀
땅속 그 깊은 내장 속으로 뛰어드는가?

—세네카, 《자연 연구서Naturales Quaestiones》

포토시Potosí 사람들은 매일 밤 지하의 제왕을 꿈에서 본다. 포토시는 광부들의 도시로, 안데스 산맥의 얼음 덮인 봉우리 중 볼리비아 영토 높은 지역에 자리 잡고 있다. 세로리코Cerro Rico, 즉 '부富의 산'이라 불리는 산기슭에서 뻗어나간 이곳은 세계에서 은광석 매장량이 가장 많은 지역이다. 광맥이 처음 발견된 16세기에는 수많은 사람들이 은광에서 일하고자 몰려들었다. 모두 토착 부족들로 수천 년 동안 안데스 고지에 터를 잡고 살던 사람들이었다. 그들은 줄사다리를 타고 비좁은 수직갱을 며칠 밤낮으로 내려갔다. 산의 복부 부분, 그러니까 푹푹 찌고 고약한 냄새가 나는 지하 바닥에서 그들은 암벽을 깨고 은을 파내 나무 수레에 실어 위로 올려보냈다.

광부들이 포토시에서 일하기 시작한 뒤 얼마 지나지 않아 광산에 사는 정령에 관한 소문이 갱도 곳곳에 퍼지기 시작했다. '아저씨'란 뜻의 엘 티오El Tío였다. 엘 티오는 어마어마한 힘을 갖고 있지만 변덕이 죽 끓듯 하여 아주 관대한 모습을 보이다가도 한순간에 무섭게 변했다. 은을 만들어 광석이 풍부한 지하로 광부들을 끌어들인 것도 다름 아닌 엘 티오였다. 그러나 갑자기 심술이 나면 엘 티오는 벽에 난 틈으로 유독성 연기를 흘려 광부들을 사다리에서 떨어뜨리거나 진폐증에 걸리게 하는 등 가혹한 벌을 내렸다. 15만 명의 인구가 사는 포토시에서 엘 티오에게 가족을 잃지 않은 사람은 한 명도 없었다. 세로리코는 '사람을 잡아먹는 산'으로 불리게 되었다.

포토시 광부들은 본래 독실한 가톨릭 신도였다. 하지만 지하로 내려간 그들은 유황 냄새가 진동하는 광산의 암흑 속에서 엘 티오에게 요란하고 상서롭지 못한 이교 의식을 치렀다. 광부들은 수직갱 아래에 등신대 크기의 신상神像을 만들었다. 엘 티오는 인간과 같은 모습으로 형상화되어 권좌에 앉았다. 머리에는 굽은 뿔이 두 개 달렸고 콧구멍에서는 불길이 새어 나왔으며 뾰족한 턱수염이 수북했고 커다란 음경이 발기된 모습은 방탕한 그의 욕구를 드러냈다. 그 신은 바로 그 광산에서 태어났다. 신상의 몸은 지하에서 캐낸 점토로 만들어졌고 눈은 탄광용 헬멧의 망가진 전구를 붙여 표시했으며 치아는 수정 조각으로 만들었다.

엘 티오의 성질이 하도 불같았기 때문에 조금이라도 불안한 조짐이 보이면 광부들은 그의 비위를 맞추기 위해 진땀을 빼야 했다. 엘 티오가 언제 어둠 속에서 달려들지 모른다고 생각한 광부들은 신상과 일정한 거리를 두었고 주변을 지날 때도 까치발을 하는 등 될수록 그를 자극하지 않으려 애썼다. 엘 티오 앞에서 하나님이란 말을 입에 올리거나, 엘 티오의 전지전능을 의심하는 말을 하는 것은 그의 질투심을 유발할 수도 있기에 금기시되는 일이었다. 기독교의 십자가를 닮은 곡괭이도 마찬가지였다. 그의 심기를 건드릴지 모르기에 신상 앞을 지나갈 때면 엘 티오가 보지 못하도록 품 안에 숨겼다. 광부들은 주기적으로 라마를 나무 수레에 태워 지하로 데려갔다. 그리고 엘 티오 앞에서 데려간 라마의 숨통을 끊어 그 피를 권좌에 뿌리고 심장을 꺼내 신상의 입에 넣는 시늉을 했다. 지상으로 돌아온 광부들은 엘 티오가 제물을 배불리 먹고 자신들의 육신은 더는 탐하지 않게 해달

엘 티오에게 공물을 바치는 광부

라고 기도했다.

그러나 엘 티오는 두려움의 대상만은 아니었다. 수직갱이 끝나는 깊은 땅속에서 광부들은 할머니 무릎 앞에 모이는 아이들처럼 엘 티오의 옥좌로 살금살금 다가섰다. 어둠 속에서 그들은 엘 티오 둘레에 모여 앉아 농담이나 가십을 주고받으며 키득거렸다. 어떨 때는 둥글게 둘러서서 무스카트 포도로 빚은 싱가니 병을 돌렸고 가끔씩 엘 티오의 입에 와인을 흘려 넣기도 했다. 광부들은 앞으로 뻗은 엘 티오의 점토 손에 맥주 캔을 쥐어주거나, 말린 코카 잎을 입에 넣었다. 다 같이 담배를 나눠 피우다 엘 티오의 입술에도 한 개비를 물린 다음 공손히 몸을 기울여 불을 붙이는 때도 있었다.

제물을 바치고 춤을 추며 신을 모시는 이들의 비밀의식을 처음 글로 접했을 때, 사실 나는 적잖이 당황스러웠다. 그러나 두려움과 소망을 담아서 춤을 추는 의식의 기원이 이내 궁금해졌다. 광부들은 엘 티오가 그들의 가족을 잡아먹지 않을까 두려워하면서도 어둠 속에서는 그가 곁에 있어야 마음을 놓았다. 나는 안데스 토착 문화를 다룬 인류학 서적을 샅샅이 뒤졌고 고대의 종교 전통도 따로 조사해봤지만, 엘 티오의 뿌리는 좀처럼 손에 잡히지 않았다. 어쩌면 인간이 이 지역에 발을 들여놓기 오래전부터 땅속에 살았던 어떤 본질적인 존재로, 우리가 추적할 수 있는 범위를 넘어선 곳에 있는 것만 같았다.

그렇게 몇 해가 지난 어느 날, 나는 웨스턴오스트레일리아에서도 오지에 속하는 웰드레인지Weld Range라는 산지의 어느 광산을 찍은 사진 한 장을 우연히 보게 되었다. 그리고 그 사진 덕분에 엘 티오를 둘러싼 제례 의식이 생각났다. 월지 미아Wilgie Mia로 불리는 그곳은 세계에서 가장 오래된 광산으로, 3만 년 전 원주민들이 찾았던 흔적도 있었다. 광산에는 오커ochre라는 황토가 많았는데, 좁은 터널을 따라 들어가면 철분이 함유된 부드러운 자주색 점토가 한가득 쌓여 있었다. 사진에 찍힌 세 명의 사나이들은 와자리Wajarri 부족으로, 광산으로 들어가 오커를 캔 다음 지상으로 다시 막 올라왔을 때의 모습이다. 사진작가는 그 순간 그들이 행하는 특별한 의식을 포착했다. 광산에서 나오기 무

오커를 캐는 월지 미아의 호주 원주민, 1910년경

섭게 그들은 급히 몸을 돌려 뒷걸음질 치면서 불안한 어조로 무언가 속삭이는 동시에 나뭇잎이 많이 달린 가지로 땅을 쓸어 자신들의 발자국을 지웠다. 사진에 붙은 설명에 따르면 광부들은 몬동Mondongs이라는 변덕스러운 정령들에게 들키지 않도록 흔적을 지우는 중이라 했다. 사진작가가 '악마'라고 부른 몬동은 광산의 암흑 속에 살면서 구슬픈 노래를 불렀다. 한편 사진에 적힌 연도는 1910년이었다. 백인들이 웨스턴오스트레일리아의 오지에 막 발을 들여놓았을 때인데 당시만 해도 옛 원주민의 전통이 그대로 남아 있었다.

이들 원주민은 6만 년 전 호주 대륙의 해안에 처음으로 자신들의 발자국을 찍기 시작했을 때부터 땅에서 오커를 파냈다. 원주민들은 이 광물을 아주 신성한 것으로 여겼다. 수천 년 동안 그들은 오커를 캐내기 위해 땅속 깊은 곳 핏빛 구덩이로 기어 내려갔다. 길고도 매우 의식화된 순례의 길이었다. 나는 이들 전통을 좀 더 자세히 알고 싶었다. 사진 속 사나이들이 행하는 의식이 땅속 세계에 관한 고대의 사고방식을 파악하는 열쇠가 되지 않을까 생각했다. 그들은 저 아래 사는 괴물의 심기를 건드리지 않기 위해 발자국을 아주 조심스레 쓸어내고 있었다.

내가 호주의 인류학자 몇 명에게 이 사진을 보여주자, 그들은 호주 원주민 문화가 이 사진이 찍힌 세기부터 급격히 변형되기 시작했다고 일러주었다. 20세기 중반에 이르러 호주 대륙에 거주하던 250개 부족은 대부분 알코올 중독과 빈곤, 질병 그리고 백인들의 무자비한 침입에 의해 처참하게 목숨을 잃었다. 오커를 채취하던 의식도 수천 년 동안 행해온 다른 전통 풍습과 함께 시들해져갔다. 한때 원주민의 생활 터전의 중심지였던 신성한 광산은 여러 해 동안 사람들의 발길이 끊긴 채 폐허로 변해갔다. 어떤 광산은 붕괴되어 복구가 되지 않았고, 어떤 광산은 사람들의 기억에서 잊혀갔으며, 또 어떤 광산은 현대식 경영 방식에 의해 무지막지하게 파헤쳐졌다.

하지만 예외도 있었다. 어쩌다 알게 된 와자리족의 햄릿Hamletts 일가가 그들이었다. 그들은 조상 대대로 살았던 윌지 미아 기슭에서 천막을 치고 생활했다. 가장인 콜린 햄릿Colin Hamlett 은 웰드레인지에서 나고 자랐다. 유럽인들이 들어오기 전부터 웨스턴오스트레일리아를 터전으로 삼았던 와자리족의 후손인 그는 그 사진에 찍힌 광부들과 잠깐이라도 살았던 시대가 겹치는 노인이었다. 콜린은 와자리의 지도자이자 웰드레인지의 '전통적 소유주'였다. 원주민들의 표현대로 그는 여전히 '이 지역에 대한 발언권'을 가진 대변자였다. 다시 말해 그는 자꾸 인구가 줄어드는 원주민 연장자 중 한 명으로, 조상 대대로 이어져 내려오는 대지와의 인연을 유지하면서 옛 전통을 주도하고 가르치는 위치에 있었다.

콜린과 연락이 닿았을 때(그는 나와 직접 통화하지 않고 믿을 만한 인류학자나 지원자들을 통해 연락해왔다), 나는 그를 둘러싼 이런 전통적인 관계가 최근 들어 훨씬 더 다급하게 변했다는 사실을 알았다. 광산 재벌 시노스틸미드웨스트사Sinosteel Midwest가 최근에 웰드레인지의 채굴권을 따내고 광산을 파 내려갈 준비를 끝냈기 때문이었다. 촉감이 부드러운 황토가 수천 년 동안 원주민 광부들을 산속으로 유인했다면, 현대의 산업형 광산 기업을 끌어들인 것은 풍부한 철광석이었다. 와자리의 대변자로서 콜린은 몇 해째 채굴권 허가를 막기 위해 치열한 싸움을 벌였지만, 결국은 한발 양보한 상태였다. 그들과 맺는 금융 협정이 다음 세대 부족민들에게 도움이 될 수 있다고 판단한 것이다. 그는 협상 과정에서 시노스틸사에게 윌지 미아 근처에는 드릴 한 개도 박을 수 없다는 점을 분명히 했다. 그의 요구가 받아들여진 이후로 여러 해가 지난 지금까지 채광은 이루어지지 않았지만, 웰드레인지에서 드릴 뚫는 소리가 들리는 것은 사실 시간문제였다. 콜린이 그의 일가가 대대로 살던 땅으로 나를 초대하고, 게다가 웬만해서는 백인들에게 출입을 허용하지 않는 신성한 광산까지 방문할 수 있게 해준 것은 순전히 후손들을 생각하는 마음 때문이라고 나는 생각했다. 윌지 미아는 백인들을 제한하는 전통이 시퍼렇게 살아 있는 곳이었다. 수만 년 동안 그들의 조상이 그랬던 것처럼 콜린은 지금도 가끔 광산 안으로 내려가 오커를 캐오곤 했다.

서부 해안에 자리 잡은 퍼스에서 차로 출발한 지 열한 시간이 지난 뒤에야 겨우 대륙의 중심부로 들어설 수 있었다. 이곳은 호주인들에게 네버네버랜드Never-Never Land, 천국 같은 땅로 통하는 광활한 황무지였다. 막상 가보니 그레이트노던 하이웨이 Great Northern Highway는 비좁은 2차선 도로여서 대형 트레일러들이 줄지어 옆을 지나칠 때마다 등에서 식은땀이 흘렀다. 도로 양

콜린 햄릿

쪽으로 펼쳐진 대지는 막힌 곳 하나 없이 거대해서 마치 화성에 온 기분이었다. 지루함을 달래기 위해 나는 몇 시간마다 한 번씩 차를 한쪽에 세우고 바다처럼 펼쳐진 녹회색 잡목 지대를 돌아다녔다. 시기를 짐작할 수 없는 야영 흔적과 발자국이 군데군데 보였다. 변경의 식민지 마을 큐Cue에 도착한 나는 허름하고 오래된 퀸오브더머치슨Queen of the Murchison이라는 여관에서 하룻밤을 보냈다. 여관 주인은 뒷마당에 빈티지 오토바이 여러 대와 고풍스러운 이층버스를 세워놓았다. 마코앵무새가 든 새장도 몇 개 있었는데 푸르고 노란 열대 조류의 깃털 때문인지, 붉은 산을 배경으로 허공에 걸린 조롱이 마치 외계인의 페넌트 같았다.

다음 날 아침 동이 트자마자 나는 웰드레인지로 들어갔다. 저 멀리 호주아카시아 덤불 사이로 콜린의 캠프가 보였다. 캠핑카 위네바고Winnebago가 예닐곱 대 모여 있었는데 모두 자줏빛 먼지를 뒤집어쓰고 있었다. 산지 지표면 곳곳에 있는 크레바스에서 새어 나온 먼지였다. 콜린은 캠프 중앙에 쳐놓은 작은 방수포 아래에 놓인 식탁에 앉아 튀어나온 배 위로 긴 은빛 수염을 늘어뜨리고 있었다. 이가 하나도 없어 바람 새는 소리가 났고 눈도 녹내장을 앓고 있어 나이를 속일 수 없었지만, 자세만큼은 근엄함을 잃지 않아 허리를 곧추세운 앉은키가 위압적이었다. 가슴에 팔짱을 낀 두 팔은 근골이 늠름했다. 외모 자체가 거역할 수 없는 카리스마와 힘찬 기운을 광채처럼 내뿜고 있었다(다른 와자리족들은 자기를 '페더풋featherfoot'이라 수군댄다고 콜린이 내게 귀띔해주었다. 이는 '마법사'나 '샤먼'이란 뜻인데 그런 건 한심한 미신일 뿐이라고 그는 내게 강조했다). 그의 가족은 그를 '올드보이'라고 부르며 "올드보이는 트럭 앞자리에 도끼와 장총을 갖고 다닌다"고 했다. 그의 무릎에는 베이비Baby라는 이름의 하얀 개 한 마리가 앉아 있었는데, 그는 어디를 가든 그 개를 데리고 다녔다.

콜린은 악수를 할 때 내 눈을 똑바로 들여다보았다. 손도 평소 관례보다 0.5초는 더 길게 잡은 것 같았다. 아마도 이들 가족의 땅에 내가 발을 딛고 서 있는 것이 평범한 일은 아니라는 사실을 상기시키려는 의도 같았다. 하긴 출발지였던 퍼스에서 만난 한 원주민에게 행선지를 말했을 때도 그는 눈을 크게 뜨면서 그 광산은 여간 기운 센 곳이 아니라며 의외의 표정을 지었다. "정신 바짝 차려야 할 거요. 만만한 동네가 아니니까." 내가 만났던 인류학자들도 그곳에서는 행동거지를 조심하고 상대에게 존경심을 보여야 한다고 조언했다. 첫 대면의 순간은 지나갔다. 콜린은 표정을 누그러뜨렸고 과장된 몸짓으로 웃었다. "이 도시 친구 좀 보게." 그의 목소리가 쩌렁쩌렁했다. "핏빛 덤불로 가겠다는군!"

그의 가족들은 해변에서 차를 몰고 와 이제 막 식탁에 둘러앉은 터였다. 그들은 제럴턴Geraldton이라는 해변의 작은 도시와 물레와Mullewa라는 인근 마을에 흩어져 살았다. 이 "외딴곳"에 모두 모인 것도 오랜만이었다. 채굴권이라는 유령이 배회하고 땅을 파헤칠 순간이 임박했지만, 분위기는 밝아 모두 흥겨운 얼굴로 맥주와 담배를 돌렸다. 콜린 곁에는 그의 아내 돈Dawn이 있었는데 동그란 얼굴에 눈매가 명민했다. 두 사람 옆에는 아들 둘이 앉아 있었다. 가족들이 '진흙탕Muddy'이라고 부르는 칼Carl은 바다사자같이 뾰족한 구레나룻을 길렀는데 몸집이 큰 탓인지 으스대는 본새였다. '혈거인'이라는 별명으로 통하는 브렌던Brendan은 마른 체구에 말수가 적었고 곱슬머리에 크고 검은 눈을 가졌다. 그 너머로는 조카와 손주들이 떠들썩하니 수선을 피우고 있었는데 대부분 이십 대였다(콜린은 "멍청이들"이라고 했지만 그들을 바라보는 눈초리는 따스했다). 나는 그들의 대화를 이해해보려 귀를 곤두세웠지만 말이 빠르고 와자리 토속어가 섞여 있어 도무지 알아들을 수 없었다. 온 가족이 빙 둘러앉은 가운데 콜린의 손주 케니Kenny와 고든Gordon이 불붙은 담배를 주거니 받거니 하는 모습을 지켜봤다. 그들은 담배를 두 손가락으로 꼬집듯 잡아 한 모금 들이킨 다음 되돌려주었다.

어느새 내 상념은 월지 미아와 몬동으로 향하고 있었다. 내가 이곳에 온 이유는 콜린도 알고 있었지만, 막상 입 밖으로 말을 꺼내려니 망설여졌다. 자칫 엉뚱한 말을 늘어놓았다가는 광산에 데려가기로 한 일정 자체를 취소할 것 같은 기분이 들었다. 나는 자세를 고쳐 앉고 목을 길게 빼서 이 사람들과 그 광산의 관계를 헤아려보았다.

"저 나무들 바로 반대편에서 말이요." 콜린이 말을 꺼냈다. 나를 보고 있던 것이 분명했다. 그는 들고 있던 담배로 내 뒤의 숲을 가리켰다.

"곧 보게 될 거요." 말을 잇는 그의 얼굴에 미소가 떠올랐다. 하지만 자신이 하는 말과 전혀 다른 가능성을 암시하는 미소였다. 사실 광산 방문을 허락받기 전에 미리 알아두어야 할 것이 많았다.

"아주 오래전 일이지요." 주변의 땅을 가리키며 콜린이 말했다. "옛 월지에 우리 원주민들이 들어온 것은 아주 오래전 일이에요."

우리 종은 지상에 존재한 순간부터 땅을 파서 광물을 손에 넣었다. 20만 년 전에서 30만 년 전 그사이 언제쯤인가, 호모 사피엔스가 아프리카에 출현했을 때부터 우리는 이미 땅속에서 광물을 캐내 도구를 만들고 있었다. 그들은 부싯돌로 돌칼을, 현무암으로 돌도끼나 망치를, 쑥돌로 맷돌을 만들었다. 지구 곳곳으로 흩어진 인류의 조상들은 공작석이나 석영부터 비취, 루비에 이르기까지 파낼 수 있는 광물은 모두 파냈다. 이런 돌과 금속은 언제 어디서나 신성한 것으로 여겨졌다. 그래서 부적으로 늘 몸에 지녔고 그를 통해 신탁 능력을 받는 등 종교의식에 사용하기도 했다. 실용적인 목적으로 사용할 때도 이런 광물은 초월적 능력을 가진 물건이나 신들의 영역과 이어주는 매개체로 취급되었다.

땅속에서 캐낸 모든 광물 중에서도 붉은 오커만큼 오래 그리고 보편적으로 숭배의 대상이 된 것은 없었다. 안데스 지역의 잉카 문명권 사람들은 무덤 위에 오커를 발랐고 인도 중부 지방의 수렵 채집인들은 동굴 깊은 거처에 오커 벽화를 그리는 등 모든 곳에서 신성하게 다루어졌다. 광물은 인류 문화 최초의 상징물로, 우리 조상들이 물리적 현실 너머의 형이상학적 세계를 향해 손짓할 때 동원되었던 최초의 매개체였다. 이라크와 이스라엘에서 발견된 10만 년 전의 매장지에 덧칠해진 오커를 통해 학자들은 초기 호모 사피엔스가 처음으로 내세 신앙을 갖게 되었음을 확인할 수 있었다. 이스라엘 하이파 대학교의 고고학자 에른스트 레슈너Ernst Wreschner는 오커를 가리켜 전 인류를 하나로 묶는 '붉은 끈'이라고 했다.

호주 대륙에 처음 정착한 유럽인들은 오커를 찾아다니는 원주민들의 극성에 혀를 찼다. 어떤 선교사는 사우스오스트레일리아에 사는 부족의 언어를 모은 사전을 편찬했는데, 작업을 할 당시 그가 배운 첫 마디도 "붉은 오커를 갖고 싶다"였다. 호주에 정착한 유럽인들은 궁벽한 지역을 수백 킬로미터씩 걸어가는 원주민들을 보았다는 얘기를 자주 했다. 이들은 한 번 길을 떠나면 몇 달이고 황무지를 떠돌며 오커 광산을 찾았다. 때로는 적의 영토를 지나는 위험도 감수해야 했다. 오커가 있는 광산에 도착하면, 그들은 무릎 꿇고 엎드려 대지에 입을 맞춘 후 생사의 고비를 넘긴 사람처럼 흐느꼈다.

붉은 오커를 빻아 가루로 만들어 물이나 난초즙, 소변, 피 등을 섞어 만든 물감은 모든 원주민의 종교의식에서 가장 중요한 부분을 차지하는 성물이었다. 그들은 그렇게 얻은 물감으로 동굴 벽에 신성한 그림을 그렸다. 그중 일부는 3만 5,000년이라는 세월을 뚫고 당시의 생생한 모습을 그대로 전하는 까닭에 보는 사람으로 하여금 마치 타임머신을 탄 것 같은 착각을 일으키게 한다. 그들은 전쟁을 앞둔 전사의 방패에도 오커를 칠했고, 사냥 나가기 전에도 창이나 부메랑에 오커를 발랐다. 막 성인이 된 젊은이도 오커를 몸에 발랐고, 죽은 자의 시신에도 오커를 칠했다. 멍고호Lake Mungo에서 발굴한 6만 년 된 남성의 시신은 호주에서 가장 오래된 사체인데, 그 유골도 붉은 오커로 덮여 있었다.

오커는 호주 원주민들의 신비한 창조 설화와도 맞닿는다. 이는 드림타임Dreamtime이라는 아득하고 희미한 시대의 이야기로, 우리가 지금 호주라고 부르는 대륙이 아직 제 형태를 갖추기 전 광활한 태곳적 모습이었을 때의 전설이다. 드림타임 당시 대륙에는 원종原種들이 살고 있었다. 이들은 거대하고 힘이 센 동물로, 먼 길을 이동하면서 곳곳에 산과 강과 바위와 나무를 만들었다. 붉은 오커는 원종들의 피였다. 오커가 쌓인 곳이 나오면 원종 하나가 죽었다는 표시였다. 사람들이 땅에서 오커를 파내거나 어떤 물건에 문지르거나 암벽에 칠하거나 피부에 바르는 것은 모두 원종의 정기를 얻으려는 행위였다.

콜린의 캠프에서 보낸 첫날밤, 그들 가족은 내게 윌지 미아를 창조한 드림타임 시대의 설화를 들려주었다. 원종 중 하나인 붉은 캥거루(와자리어로 '말루marlu'라고 한다)가 해변에서 내륙으로 뛰어 올라오다 사냥꾼의 창에 맞았다. 말루는 피를 흘리면서도 계속 뛰어 땅에 붉은 얼룩을 남겼다. 말루가 발을 딛는 곳마다 언덕이 솟아났고 상처에서 흘러내리는 피가 땅을 적셨다.

손가락을 허공에 휘저으면서 "늙은 말루는 계속 뛰었다"고 콜린은 말했다. "그리고 말루는 마지막 도약을 했지요." 그 마지막 도약에서 말루는 산을 만들었다. 그의 내장은 땅으로 쏟아지고 그의 피는 윌지 미아의 붉은 오커가 되었다.

이곳에 오기 전에 나는 윌지 미아로 들어가 오커를 얻으려는 사람들은 먼저 말루에게 예를 표하는 순례의 길을 되밟아야 한다고 들었다. 햄릿가 사람들은 나를 광산으로 곧장 데려가지는 않을 것이다. 우선 그들은 내게 오커의 길을 가르칠 것이다. 나는 그 오래된 의식의 절차를 밟아야 한다. 그들은 '**송라인** songline'이라는 신비한 말로 표현했다. 나는 말루의 송라인을 따

라 걸어야 했다.

다음날 아침 일찍 웰드레인지 기슭에서 나는 '비비안의 화강암Vivienne's Granites'이라는 붉은 절벽들이 둘러친 넓은 분지를 가로지르기 위해 나섰다. 콜린의 손자 케니와 고든, 콜린의 아들 칼 그리고 칼의 개 오스카Oscar와 함께 걸었다. 태양이 중천에 가까워지자 모두 땀을 흘리기 시작했다.

"걸을 땐 막대기가 있어야 해요." 칼이 말했다. 그는 말이 빨랐고 목소리가 갈라졌는데 한쪽 눈이 늘 감긴 채여서 쾌활한 해적 분위기를 풍겼다.

"왜 그래야 하는데요?" 내가 물었다.

"딩고Dingo, 호주의 들개 때문이죠. 뱀도 있고요. 벙가라Bungarra도 있어요." 그는 말했다. 와자리어로 벙가라는 '모래도마뱀'으로 통하는 왕도마뱀이었다.

웨스턴오스트레일리아의 오지가 대부분 그렇듯 이 화강암 분지도 음산하고 황량한 금단의 구역이었다. 우리는 햇볕에 하얗게 빛이 바랜 캥거루 뼈 무더기와 뾰족한 성처럼 땅에서 솟아난 불개미 언덕을 지났다. 돌풍이 불 때마다 붉은 먼지 악마가 분지 바닥을 가로지르며 춤을 추었다. 너무도 사람을 푸대접하는 곳이었기에 칼이 고대 방문객들의 흔적을 보여주었을 때 나는 의외라고 생각했다. 옥석에 새겨진 작은 암석화 몇 개로 시작된 고대인들의 흔적은 지면에 흐트러진 돌 부스러기로 이어졌다. 고개를 들어 눈의 초점을 조금 떨어진 곳에 맞추자 맷돌과 부러진 돌도끼와 에뮤emu, 호주의 타조 알껍데기가 섞인 모닥불 잿더미가 들판 곳곳에 널려 있었다. 어떤 물웅덩이는 수천 년 동안 이곳을 찾은 사람들이 무릎을 꿇고 마신 탓에 가장자리가 반질반질 닳아 있었다. 과거 사람들의 생활 터전이었음을 알려주는 흔적들이었다. 설화에 따르면 그들의 조상 말루는 이 분지에 가로 놓인 길을 뛰어 윌지 미아로 갔다.

"야마지yamaji도 여기를 거쳐 들어왔어요." 야마지는 와자리어로 '사람들'이라는 말이다. "우리는 지금 송라인을 걷고 있는 거예요."

송라인은 1940년대에 인류학자들이 만들어낸 용어지만, 1980년대에 이르러 영국의 여행 작가 브루스 채트윈Bruce Chatwin이 쓰기 시작하면서 널리 알려졌다. 이 송라인은 호주 원주민 문화에서 수천수만 년에 걸쳐 전승되어온 수수께끼 같은 영적 체계다. 송라인은 에뮤와 왈라비Wallaby와 딩고와 말루 등 드림타임 시절 조상들의 자취가 남아 있는 길로, 그들은 태곳적 대륙 이곳저곳을 다니며 풍광을 만들었다. 송라인은 수천 년 동안 거대한 그물처럼 호주를 종횡으로 누비며 텅 빈 사막의 궁벽한 오지를 지나거나 바위투성이의 해안을 따라가거나 어둑한 숲속을 달리면서 대륙의 이쪽에서 저쪽까지 자신의 자취를 뚜렷이 남겼다. 송라인은 지도에 표시된 길처럼 원주민들이 곳곳에 포진한 성스러운 지역을 찾아갈 수 있도록 돕는 하나의 물리적 통로인 동시에, 그 조상들의 신성한 여정에 관한 모험담을 열거한 하나의 설화다. 그래서 현대 서구인들이 갖고 있는 시간과 공간에 대한 개념으로는 쉽게 이해하기 어려운 당황스러운 용어다. 굳이 빗대어 설명하자면 성서나 《일리아드Iliad》나 인도 바라타 왕조의 대서사시 〈마하바라타Mahabharata〉 등을 물리적 책이 아니라 땅을 가로지르는 경로의 집합으로 바라볼 경우, 책장을 넘기며 읽는 것 대신 직접 그 길을 걷고 이야기를 노래로 불러보며 리듬을 걸음의 보폭과 땅의 윤곽에 맞춰야 하는 것과 같은 이치다. 그래서인지 이곳 원주민들은 외지인과 대화할 때 송라인을 좀처럼 입에 올리지 않는다. 햄릿가 사람들도 내게 말루의 송라인을 보여주는 것에는 합의를 보았겠지만, 그 내용에 대해서는 실제로 말해준 것이 거의 없었다. 오랜 세월을 거치며 사라진 탓에 몰라서 그랬을 수도 있지만 너무 신성해서 함부로 알려줄 수 없는 이유도 있었을 것이다.

월지 미아로 가는 송라인의 순례 행차는 군무群舞가 사방으로 확대되듯, 장장 몇 주 동안 펼쳐졌을 것이다. 당시 여성은 오커 광산으로 들어가는 것이 금지되어 있었기 때문에 탐사 일행은 남성으로만 구성되었다. 때로는 수백 킬로미터 떨어진 아주 먼 거리에서 출발하기도 했다. 말루의 송라인에 보폭을 맞춰 조상의 설화를 노래하면서 그들은 그때그때 일어나는 모든 시련과 모험을 말로 표현했다. 광산이 가까워져 과거의 탐험대가 남긴 붉은 안료가 칠해진 오커의 흔적이 보이기 시작하면, 순례 여정의 열기는 한층 고조되고 의식은 더욱 엄격해지며 보다 정교해졌다.

1904년 호주 남부에 있는 여키나Yerkinna 광산으로 향한 오커 탐험대에 관한 설명에는 윌지 미아로 접근하는 과정이 생생하게 묘사되어 있다. 쿠야니족Kuyani으로 알려진 이들 남성 집단은 5주 동안 송라인을 걸었다.

그들은 목적지가 가까워지면 음식을 멀리하고 물도 마시지 않았으며 몸에 난 모든 털을 밀고 이구아나 기름을 발랐다. 마지막 날 밤 그들은 밤새 춤을 추었다. 잠도 자면 안 되었다. 동이 트기 무섭게 그들은 달려가서 동굴의 입구로 뛰어들었다. 이런 의식을 제대로 치르지 않으면 비참한 결말을 맞았다. 1870년대에 여키나 광산을 찾은 한 오커 순례단은 정확한 규정을 따르지 않고 안으로 들어갔다가 천장이 무너지는 바람에 한 사람을 제외한 전원이 모두 붉은 오커에 묻혀 목숨을 잃는 변을 당했다. 광산의 수호 정령인 몬동이 모욕감을 느껴 벌을 내린 것이라 그들은 생각했다.

우리는 분지의 바깥쪽 능선으로 향했다. 절벽 모서리를 따라 걷는데 파리 떼가 따라왔다. 오스카는 덤불 속에 있는 도마뱀들을 쫓아갔다. 절벽 갈라진 틈에서 튀어나온 하얀 부엉이 한 마리가 요란한 날갯짓을 하며 저 아래로 내려갔다. 조금 가다 고든이 우리 넷을 떼어두고 저쪽으로 기어 내려갔다. 작은 감실에 도착한 그는 나더러 따라오라 손짓했다.

"젠장, 굉장한데." 어둠 속에서 몸을 웅크리다 나도 모르게 품위 없는 말이 튀어나왔다. 크레바스 밖에서 케니와 칼이 크게 웃는 소리가 들렸다.

까마득한 과거 언젠가 원주민 하나가 암벽에 손을 대고 입으로 오커를 불어 만든 손자국이었다. 나는 좀 더 가까이 다가갔다.

"말루의 피죠." 칼이 말했다.

앞으로 기어가 또 다른 감실로 들어가자 이번에도 오커 손자

국이 보였다. 다음 벽감에는 두 개가 더 있었는데 하나는 엄지를 구부린 자국이었다. 우리는 절벽을 따라가며 뒤졌다. 손자국이 수십 개 찍혀 있었다. 어떤 덤불 아래에는 오커가 묻은 맷돌이 있었다. 튀어나온 지형 아래쪽 벽에는 오커에 찍은 부메랑 자국이 있었는데 둥근 가장자리가 마주 보는 모습이었다. 이 길을 오갔던 참배객들의 흔적이 곳곳에서 눈에 띄었다. 그들의 움직임 하나하나가 모두 오커에 흔적으로 남아 있었다. 마치 대지 위에 붉은색으로 부드럽게 붓질을 해놓은 것 같았다.

어느 지점에선가 오커 자국 옆으로 파인 바위 안쪽으로 들어가자 모퉁이에 나뭇가지가 다발로 모아져 있었다. 새 둥지 모양으로 정교하게 얽은 형태였다. 자세히 보려고 앞으로 기어가려는데 케니가 낮은 소리로 다급히 말했다. "건드리지 말아요."

고개를 돌리자 케니와 고든, 칼이 아무 말 없이 굳은 표정으로 나를 지켜보고 있었다.

"원주민들이 해놓은 겁니다." 칼이 말했다.

그날 밤 늦은 시간에 우리는 모닥불을 가운데 놓고 둘러앉았다. 뒤로는 키가 작은 아카시아 덤불이 빽빽하게 둘러싸고 있었다. 케니가 아까 있었던 나뭇가지 무더기에 대해 얘기해주었다. 몇 해 전 그의 사촌 브라이언이 고대 광산 근처에서 절벽을 탐험한 적이 있다고 했다. 그때 그는 우리가 마주친 것과 비슷한 나뭇가지 무더기를 보았다. 가로세로로 촘촘하게 엇갈려 쌓아놓은 것이었다. 그는 자세히 살피고자 감실 밖으로 가지고 나와 손바닥 위에 올려놓고 뒤집었다. 나중에 제자리에 되돌려놓았지만 유물을 훼손한 것은 부인할 수 없는 사실이었다. 그날 밤 브라이언은 원인 모를 병에 걸려 앓아누웠고 결국에는 병원으로 실려 갔다고 케니는 말했다. 그는 3주 동안 병상에 누워 있어야 했다.

"그게 그러니까… 몬동?" 내가 물었다. 그러나 질문을 내뱉는 순간과 거의 동시에 마지막 말을 급히 삼켰다. 그 단어를 입 밖에 내는 것 자체가 너무 도발적이고 어리석은 짓이라는 생각이 번쩍 들었기 때문이다.

케니는 반응이 없었다. 못 들은 척하는 것 같았다.

그 옛날 인류가 땅에서 광물을 캐기 시작했을 때부터 광업은 신성한 행위였다. 따라서 정성을 들인 의식과 제례가 늘 뒤따랐다. 문화를 막론하고 고대인들은 보이지 않는 땅속 세상의 돌과 광석을 더 큰 땅덩어리의 태아로 생각했다. 지질학적 시대

언더그라운드

가 진행되는 가운데 돌과 광석은 따뜻한 지구 아래에서 배태되고 성장하여 무르익어 갔다. 예를 들어 고대 메소포타미아 지방에서 아시리아어로 '광물'을 뜻하는 '쿠-부ku-bu'는 '태아'나 '싹'이라는 말로 옮길 수 있다. 그런가 하면 체로키족Cherokee은 수정水晶을 감정이 있는 생물로 여겨 동물의 피를 먹여 길렀다. 결국 땅에서 광물을 캐내는 행위는 곧 영혼을 침해하는 행위여서, 지구의 몸에서 내장을 떼어내는 것과 다를 바 없었다. 곡괭이를 들고 땅속 세상으로 내려간다는 것은 신비에 싸인 성역을 침범하여 격심한 영적 불안을 야기한다는 뜻이 된다.

실제로 근대 이전의 광산에서는 어디라 할 것 없이 갖가지 땅의 정령들이 출몰했었다. 이 정령들은 변덕스러운 존재여서 어떨 때는 한없이 자비롭다가도 느닷없이 돌변하여 침입자를 응징하곤 했다. 우크라이나에서 사람들을 광맥이 풍부한 광산으로 이끈 것도 광부들을 치명적인 병에 걸리게 한 것도 긴 모피를 입은 슈빈Shubin이라는 정령이었다. 독일 광부들이 쉬쉬하며 입에 올리는 땅의 정령과 트롤은 한 번 심기가 틀어지면 어둠 속에서도 눈부시게 빛나는 광물을 이용해 가까이 다가서는 사람들의 눈을 멀게 만들었다. 영국에는 키가 60센티미터밖에 안 되는 노커Knocker가 있는데, 이들은 벽을 두드려 광부들을 땅속 세상으로 끌어들인 다음 벽에서 유독가스를 내뿜었다. 아무리 힘들고 어려워도 이들과 협상을 벌이지 않고서는 어느 누구도 감히 땅에서 돌이나 광석을 캐낼 엄두를 내지 못했다. 볼리비아의 광부들이 엘 티오에게 라마의 심장을 바치고 호주 원주민들이 송라인을 걷듯, 세계 곳곳의 광부들은 어디라 할 것 없이 지하의 정령을 달래는 의식을 정성스레 치렀다. 광산이 문을 열 때는 그 지역 성직자와 샤먼들이 빠지지 않고 참석했다. 광산 입구에는 사당과 사원이 세워졌고 동물들이 제물로 바쳐졌다. 서아프리카의 만데족Mande 문화에서 광부는 여러 날 동안 사람들과 격리된 채 금식과 금욕으로 몸을 깨끗이 한 다음에야 땅속으로 들어갈 수 있었다.

만약 고대의 광부들이 기계를 동원하여 땅속 수 킬로미터까지 파헤치는 요즘의 산업형 광업 행태를 본다면 질겁하여 달아날 것이다. 그들은 땅과의 민감한 거래를 생략한 채 아무 생각 없이 비극과 재앙을 자초하는 현대 산업의 태도에 쯧 혀를 찰 것이다. 광산이 무너져 수백 명이 매몰될 때마다, 불길이 지하의 굴과 갱도를 덮쳐 광부들을 산 채로 태울 때마다, 광산에서 나온 물질이 강을 오염시키고 마을에 질병을 가져올 때마다, 그들은 신성을 모독한 우리의 불경을 탓하며 정령들의 노여움을 샀다고 지적할 것이다.

별들이 나온 지 꽤 되는 늦은 시간에 우리는 캥거루 스튜 그릇을 깔끔하게 다 비우고 숟가락을 내려놓았다. 돈은 집요하게도 꼬리를 맛볼 것을 권했다. 제일 부드러운 부분이라 했다. 콜린이 몇 시간 전 자신의 픽업트럭 운전석에서 쏘아 잡은 그 캥거루의 나머지 부위는 근처 나뭇가지에 걸렸다. 모두 의자 등받이에 몸을 기댄 뒤 담배를 돌렸다. 칼은 배를 쓸며 낮은 소리로 노래했다. "스윗 말루." 그는 마지막 음절 "루"를 길게 끌었다.

다음 날 아침에는 윌지 미아로 갈 작정이라고 콜린이 일러주었다. 자신은 몸이 부실해져 광산 가파른 길을 올라가기 어려우니 브렌던이 대신 안내해줄 것이라고도 했다. 그러면서 자연과의 교감에 가장 능숙한 것은 브렌던이라는 말을 잊지 않았다. 브렌던은 틈만 나면 창을 깎고 부메랑을 만들었다. 와자리 부족들이 한자리에 모일 때 춤을 리드하는 것도 언제나 그였다.

내 옆에 앉아 있던 브렌던이 말아 피우는 담배 주머니를 건넸다. "내일 광산에서 조용히만 한다면 옛 몬동들의 노래를 들을 수 있을 겁니다." 그는 몸을 가까이 기울여야 들릴 정도로 나지막하게 말했다. 그러면서 몬동의 노래를 조용히 흉내 냈다. 낮고 구슬픈 목소리가 목구멍 뒤에서 떨려 나왔다.

다시 좌중이 조용해졌을 때 콜린이 말했다. "몬동은 옛날 우리 조상들처럼 생겼어요." 모자챙 밑으로 엷은 미소가 스쳤다. "단지 더 작을 뿐이죠. 완전히 홀랑 벗고 나와요. 그리고 어느 순간 나타났다 금방 사라진다니까요."

그들은 다시 담배를 돌렸다. 그러더니 시키지 않아도 서로 몬동 이야기를 나누었다. 돈은 어떤 인류학자 얘기를 했다. 윌지 미아 근처에서 일하고 있을 때 몸집이 작고 까무잡잡한 노인이 벌거벗은 채 광산 입구에 나타나 그를 물끄러미 내려다보더니 노래를 부르더라는 얘기였다. 한 번 들으면 잊을 수 없는 그런 가락이었다고 했다. 그 인류학자는 얼른 차를 타고 내뺀 후 다시는 돌아오지 않았다.

콜린도 인류학자 이야기를 했는데 돈과 비슷한 내용이었다. 어떤 노인이 나타나더니 당장 떠나라고 호통치며 월지 미아에 남긴 발자국을 모두 쓸어 없애라고 했다는 얘기였다. 그 역시 서둘러 그곳을 떠나 다시는 돌아오지 않았다. 콜린과 돈은 가만히 웃었고 아들과 손자들도 조용히 키득거렸다.

칼은 아내가 차 조수석에 몬동을 태우고 마을에 오면서도 전혀 눈치를 채지 못했던 이야기를 했다. 사람들이 옆에 타고 있던 작은 노인이 누구냐고 물었을 때 그녀는 아무도 태운 적이 없는데 무슨 얘기냐며 어리둥절해했다. 칼의 얘기를 듣던 사람들은 더는 참지 못하고 웃음을 터뜨렸다. 맥주를 흘리고, 의자가 넘어질 정도로 발을 구르고, 테이블을 쾅쾅 두드리며 배를 잡고 웃었다.

나는 그들의 말을 제대로 알아들을 수 없었기 때문에 솔직히 뭐가 그리 우스운지 이해하지 못했다. 몬동은 언제 어디서 해코지를 할지 모르는 존재였지만, 그들은 전해져 내려오는 이야기를 입에 올리면서 훈훈한 향수를 느끼는 듯했다.

콜린이 애써 웃음을 참아가며 몇 해 전에 있었던 이야기를 꺼냈다. 와자리 사람들이 마을 모임에 참석하기 위해 무리를 지어 월지 미아를 찾았을 때라고 했다. 그들은 해가 중천에 떠 있는 시간에만 신성한 광산 지하로 내려갔다. 그러고는 해가 떨어지기 전에 광산에서 나와 어둠이 내리면 입구 근처에도 가려 하지 않았다. 겁을 잔뜩 먹은 이들은 광산에서 1.5킬로미터쯤 벗어난 곳에 캠프를 설치했다. 그러고도 어둠 속에서 몬동이 나타날

까 두려워했다. 햄릿가 사람들은 이제 소리를 지르다 못해 실제로 바닥에 주저앉아 눈물을 닦았다. "너무 겁이 나서 바지에 오줌까지 쌌다니까!" 콜린도 배를 움켜쥐며 말했다.

포토시의 엘 티오도 마찬가지였다는 이야기를 들었던 생각이 났다. 그곳 사람들은 두려워하면서도 한편으로는 엘 티오에게 친밀함을 느꼈다.

잠시 후 웃음이 가셨고 콜린도 조용해졌다. 모자챙에 반쯤 가려진 그의 표정이 다시 어두워졌다. "틀림없이 거기 있어요. 정말이라니까." 목소리는 단호했고 심지어 약간 날카로워졌다. 그는 담배를 한 모금 빠끔한 후 나를 보았다. "그들을 다룰 줄 알아야 해요."

다음 날 아침 희미하게 동이 틀 무렵 브렌던과 나는 콜린의 픽업트럭을 타고 숲을 헤쳐 윌지 미아 기슭에 도착했다. 윌지 미아는 용암이 이글거리는 화산처럼 별안간 솟아오른 것만 같은 요란한 형상이었다. 브렌던과 내가 트럭에서 장비와 라이트를 꺼내는 사이에 콜린과 돈은 베이비와 함께 차의 그늘진 곳에 의자를 펴고 앉아 커피 보온병을 꺼냈다. 오래된 석기에서 떨어져 나온 부스러기가 사방에 널려 있어, 수천 년 전 광산을 찾았던 사람들의 체취를 느낄 수 있었다. 다들 말수가 눈에 띄게 줄어들었다. 콜린이 나를 보며 눈을 찡긋했다. 예상치 못한 다정함의 표시였다. 그는 아까 새벽에도 동튼 다음에 출발하라고 계속 만류했었다. 해가 뜬 후 조금 지나야 주변의 색깔이 가장 아름답게 활기를 떤다고 했다.

　브렌던과 나는 비탈길을 오르기 시작했다. 콜린의 트럭이 저만치 손톱만큼 작게 보이는 지점까지 오르자 웰드레인지의 전경이 한눈에 들어왔다. 송라인이 구불구불 언덕을 끼며 돌았고 조상 말루가 뜀박질을 했던 곳임을 알려주는 산마루들이 이어졌다. 우리는 검붉은 대리석으로 덮인 노두를 기어 넘어갔다. 웰드레인지를 통틀어 가장 순도가 높은 철광석을 함유하고 있는 지역이었다. 시노스틸사가 그렇게 탐을 내는 바로 그 철광석이었다. "손도 못 댈 겁니다." 브렌던이 말했다. "달에서 오줌 누기를 바라는 편이 빠르죠."

　브렌던이 산꼭대기에 먼저 도달했다. "여기에 있어요." 그가 나지막이 말했다. 나는 그의 옆으로 기어올라 큰 입을 벌리고 있는 붉은 구덩이를 내려다보았다. 끝이 보이지 않을 정도로 깊었다. 나는 그 색조에 넋을 잃었다. 하긴 웰드레인지의 풍광 전체

가 격정적인 색깔을 뿜어내고 있었다. 일몰에는 계곡이 밝은 자줏빛으로 물들고, 비가 오면 선홍색 웅덩이가 고인다고 했다. 그러나 여기는 전혀 다른 형태의 색이었다. 용암의 붉음이고 자궁의 붉음이었다. 마치 모든 붉은색의 발원지 같았다.

그리고 아마도 그 색이 갖고 있는 자체의 충격파였거나, 아니면 내부 깊은 곳에서 배어 나오는 호기심 많은 동물의 온기일 수도 있었다. 그도 아니면 너무 이른 새벽 시간이어서 내 눈이 흐릿했던 탓일지도 몰랐다. 그러나 맹세하건대 광산 입구에서 아래를 내려다보았을 때, 어둠 속에서 뭔가 움직이는 것을 본 듯했다. 아주 짧은 순간 일어난 일이지만, 도깨비 같은 작은 남자가 나타났다 사라졌다.

브렌던이 동굴 문턱을 넘어 기어갔고 내가 뒤를 따랐다. 가파른 경사를 따라 비틀비틀 발을 디뎌가며 살살 게걸음을 해야 했다. 오커 가루가 쉿 소리를 내며 폭포처럼 우리 발 위로 쏟아졌다. 순식간에 온몸이 붉게 착색이 되었다. 세례를 받은 것 같았다. 기어 내려가는데 부드러운 오커가 음을 흡수하는지 꿈속에서 움직이는 것처럼 아무런 소리도 나지 않았다. 말을 하면 솜처럼 보드랍게 멀리 들려 마치 다른 사람의 입에서 나오는 듯한 착각이 들었다. 마침내 해가 솟아오르고 빛이 광산 입구로 꺾여 내려오자, 오커는 희미하게 반짝이며 웜 버건디에서 일렉트릭 바이올렛으로, 다시 이글거리는 소프라노 핑크로 색을 바꿨다. 벽이 움직이고 광산 전체가 부드럽게 박동하는 듯한 착각이 들었다. 대지가 우리를 삼켰고, 우리는 살아 있는 생물의 목구멍으로 내려가고 있었다.

브렌던이 잠시 멈추더니 벽에서 오커를 한 덩이 떼어냈다. 이어서 내게 건넸지만 만져도 되는 것인지 순간 멈칫했다.

"괜찮아요. 올드보이가 한 덩이 멋진 것으로 찾아주라고 했어요." 그가 말했다.

오커는 생각보다 부드럽고 가벼웠다. 덩어리를 움켜쥐자 바삭거리며 부서져 가루로 변했다. 여성의 뺨을 물들이는 홍조처럼 진한 색이었다. 두 손으로 누르고 문지르니 손바닥이 붉게 이글거렸다.

우리는 절반쯤 내려가 선반처럼 삐죽 튀어나온 곳에서 멈췄다. 옅은 햇볕이 스며드는 바로 가장자리였다. 머리 위에는 입구에서 들어오는 빛이 남아 있었지만, 아래쪽은 칠흑 같아서 발조차 보이지 않았다. 박쥐 구아노bat guano(배설물이 쌓여 화석화된 덩어리-옮긴이)의 진한 냄새가 보이지 않는 곳에서 올라왔다.

선반 위에 앉아 옆으로 눈길을 주는데 뭔가 있었다. 캥거루 시체였다. 바짝 말라 금방이라도 부서질 것 같은 가죽이 짙은 자주색으로 얼룩져 있었다. 며칠 동안 우리가 얘기했던 바로 그 말루였다.

"캥거루들이 물을 찾아 이리 내려와요." 브렌던이 말했다. "그러고는 다시 나가질 못하죠."

더 들어가기에 앞서 브렌던은 나더러 잠깐 기다리라 하고는 광산 어두운 구석으로 사라졌다. 조금 있다 나타난 그의 손에는 나무 막대기가 하나 들려 있었다. 뼈처럼 하얀색이었는데 오랜 세월 손을 타서인지 반질반질했다. 언젠가 동굴을 탐험하다 크레바스에 끼어 있는 것을 보았다며 누군가 일부러 숨겨놓은 것 같다고 그가 말했다. 브렌던은 흙 파는 도구로 생각했다. 조상들이 벽에서 오커를 떼어낼 때 썼던 도구라는 이야기였다.

그는 막대기를 다시 원래 장소에 숨겨놓았다. 우리는 계속 내려가 광산의 다크존으로 들어갔다. 바로 몬동의 노랫소리가 들리는 곳이었다.

브렌던이 헤드램프를 끄라고 내게 눈짓을 했다. "밀실 공포증이 있는 건 아니죠?" 그가 물었다.

어둠을 향해 나아가면서 우리는 옛 광부들과 보조를 맞추었다. 의식은 '오커 사제ochre priests'라는 소수의 전문가 집단에 의해 거행되었을 것이다. 오직 그들만이 오커에 관한 규율을 전수했다. 광산을 찾는 무리는 송라인을 따라 걸으며 '길을 열었던' 드림타임 시절의 말루를 말하고 사제들의 호위를 받으며 긴 터널을 지나 광산의 붉은 심장부로 들어갔을 것이다. 브렌던과 내가 들어간 광산의 지붕은 옛날에는 작은 구멍 하나만 제외하고 모두 닫혀 있었다고 했다. 그 구멍으로는 아주 가느다란 빛줄기가 들어왔을 것이다. 일행이 기다리는 동안 오커 사제들은 광산의 깊은 곳으로 내려가 광맥을 따라갔다. 각자 손에는 오커를 캐는 도구가 들려 있었다. 브렌던이 벽 속 은밀한 틈에서 찾아낸 바로 그 막대기 같은 것일지도 모른다. 그런 다음 그들은 지하 깊은 벽에서 오커를 조심스레 떼어냈을 것이다. 이어서 떼어낸 오커를 모아 물과 섞은 다음 한데 뭉쳐 큰 공으로 만들어 일행에게 전달했다. 지표로 되돌아온 사제들은 몸을 돌려 뒷걸음질 치면서 이파리가 달린 나뭇가지로 발자국을 없애 몬둥들이 그들의 흔적을 찾지 못하게 정리했다.

우리는 웅크린 몸으로 비좁은 채석장 터널을 지나갔다. 손톱이나 눈꺼풀까지 오커 세례를 받았다. 점점 더워졌고 산소가 부족해졌으며 구아노 냄새는 심해졌다. 머리 위를 오가는 박쥐들의 날갯짓 소리가 들렸다. 옛 시절 광부들이 오커를 캐낼 때 생긴 자국들이 벽에 보였다.

우리는 잠시 걸음을 멈추고 터널 벽에 등을 기대고 앉았다. 아무것도 보이지 않았다. 브렌던이 옆에 있다는 것도 느낌으로 알 뿐이었다. 둘 다 긴장하여 말이 나오지 않았다. 우리는 몬둥 소리가 들리지 않을까 귀를 기울였다.

얼마간 지났을 때 브렌던이 고개를 흔들었다. "오늘은 틀렸어요." 그가 말했다. "나타나지 않을 거예요."

나는 고개를 끄덕였다. 그래, 오늘은 틀렸군.

그러나 어둠에 싸인 오커의 침묵 속에서 나는 그들의 존재를 어렴풋이 느낄 수 있었다. 엘 티오나 한때 전 세계 곳곳에서 광부들을 안내했던 고대 지하의 정령들을 느낌으로 알 수 있었던 것과 크게 다르지 않았다. 그리고 이들을 태동시킨 특정한 염원도 알 수 있었다. 신비하고 신성하며 희귀한 어떤 것, 우리가 사는 세상 저편에 있는 태곳적 광물을 캐내겠다며 손에 도구를 들고 움푹한 공간 안으로 내려가 땅을 찍어내고 살아 있는 몸에 생채기를 내고 파헤쳐 그 낯선 물질들을 어둠 속에서 빛으로 옮겨 오려는 욕구가 낳은 조화롭지 못한 염원이었다.

다음 날 아침 이른 시간에 콜린과 돈, 베이비와 함께 그들의 트레일러에서 커피를 마신 뒤 나는 웰드레인지를 떠나 다시 큐로 차를 몰았다. 산속으로 향하는 대형 트럭 하나가 요란하게 덜컹거리며 내 옆을 지나쳤다. 시노스틸사의 대규모 트럭 군단 중 하나였다. 월지 미아의 구릉지 반대편 능선에 그들이 설치해놓은 작은 캠프로 가는 모양이었다. 이 회사는 땅을 파헤치지 못해 안달이었다. 허가를 따낸 이후로 오랜 시간이 지났지만 아직 여러 해째 추진을 못 하고 있었다. 시노스틸사는 곳곳에서 복병을 만났다. 자금 조달에 차질이 빚어졌고 기반시설들은 무너졌으며 지역 정치가들은 해야 할 일을 하기 위해 머리를 맞댔다. 언젠가 이 길 저 끝에서 요란한 드릴 소리와 함께 땅이 파헤쳐질 때가 오리라는 사실을 모르는 사람은 없었지만, 손금을 따라 붉은 오커가 선명히 박힌 손으로 운전대를 잡고 구릉지를 벗어나면서 나는 웰드레인지 곳곳에서 반짝거리는 몬동들을 상상했다. 구릉을 지키는 자신들의 노고를 우습게 여기고 땅과 맺어온 오랜 전통과 인연을 법을 어겨가며 무시하는 광부들을 좌절시키기 위해 최선을 다하는 몬동의 모습을 말이다.

5장

두더지족

파헤쳐진 땅에 관한 한, 꿈은 끝을 모른다.

—가스통 바슐라르, 《공간의 시학》

1960년대 초 어느 날 런던 북동쪽에 사는 윌리엄 리틀William Lyttle이라는 사나이가 포도주 저장실을 만들겠다며 지하실 벽을 파기 시작했다. 뾰족하면서도 다부진 턱을 가진 그는 토목 기사였다. 삽으로 축축한 흙을 퍼내길 몇 시간 뒤, 그는 포도주 저장실을 만들 만한 충분한 공간을 확보했다. 그러나 멈추지 않았다. 아마도 삽으로 찍어 퍼낸 흙을 뒤로 던지는 동작에서 나오는 리듬과 몸의 움직임의 조화와 축축한 흙냄새가 좋았는지 모르겠다. 아니면 전혀 다른 어떤 이유가 있었을 수도 있다. 아무튼 리틀은 계속 팠다. 파고 또 팠다. 그렇게 40년을 팠다.

해크니Hackney 마을의 이웃들은 지하실에서 퍼낸 잡석을 외바퀴수레에 실어 뒷마당에 쌓아놓는 리틀의 행동을 의아한 눈초리로 지켜보았다. 처음에는 지하에 수영장이라도 만들 작정인가 하며 키득거렸지만 몇 해가 지나도 리틀이 파는 일을 멈추지 않자, 그들은 더는 웃지 않았다. 뒷마당에 쌓은 흙더미가 높아질수록 그의 집은 점점 흉가로 변해갔다. 깨어진 창문들은 방치되고 나무 넝쿨이 집 벽을 타고 올랐으며 지붕도 여기저기 뚫렸다. 리틀은 언제 봐도 지저분한 양복 재킷 차림이었고 수염은 깎지 않아 늑대 같았다. 이웃들은 그가 밤에 마당 밑으로 기어 들어가 짐승처럼 뭔가를 벅벅 긁어댄다고 수군댔다.

그러던 중 2006년에 리틀의 집 앞을 지나는 인도가 함몰되었다. 시의회 의원들이 나와 조사를 해보니 리틀의 지하실에서 출발한 땅굴이 어마어마한 규모로 미로처럼 얽혀 있었다. 게다가 땅굴은 여러 층을 아울렀는데, 10미터 깊이까지 내려간 굴은 사방으로 18미터나 뻗어 있었다. 땅굴은 낮고 좁은 것도 있었고, 넓은 것도 있었는데 군데군데 가전제품 등을 차곡차곡 쌓아 천장을 지탱해놓았다. 그 안에 들어갔던 누군가는 리틀이 지하실 아래쪽에 "거대한 개미집"을 만들어 놓았다고 말했다. 시의회는 그의 집을 사람이 살 수 없는 건물이라고 판정하여 리틀을 강제로 퇴거시켰고, 자신들이 소유하고 있는 고층 아파트로 옮기도록 조치했다. 게다가 더는 땅을 파지 못하도록 아예 맨 꼭대기 층에 입주시켰다.

타블로이드 신문들이 앞다투어 "해크니 마을의 두더지 인간"을 기사화하면서 리틀은 순식간에 유명인사가 되었다. 동네 술집에서 사람들은 그의 땅굴 이야기를 안주 삼아 떠들었고, 쓰러지지 않도록 비계로 간신히 떠받쳐놓은 리틀의 집을 보기 위해 작정하고 나서는 런던 사람들도 생겨났다. 시에서는 그의 집 정면에 현판을 붙여놓았다. "윌리엄 '두더지 인간' 리틀William 'Mole Man' Lyttle. 땅굴 파는 자. 여기에 살았고, 이곳에 땅을 파다." 2010년 리틀이 세상을 떠나자, 그가 살았던 고층 아파트에 들어간 시의회 의원들은 벽 곳곳에 난 구멍을 보고 실색했다. 그는 그곳에서도 이 방과 저 방이 통하도록 구멍을 뚫어 놓았다.

내가 리틀의 이야기를 들은 것은 그가 사망한 직후였다. 구멍 뚫린 그의 집은 곧 경매에 부쳐졌다. 나는 몇 년에 걸쳐 이루어진 그의 인터뷰를 살필 만큼 살펴보았는데, 굴 파는 일을 멈추지 못했던 이유에 대해서는 한마디도 언급이 없었다. "내가 땅 파는 일을 즐기는 유형인 모양이죠." 어떤 기자에게 했던 그 말이 전부였다. "지하실을 크게 만들려고 했을 뿐이에요." 어떤 기자에게는 그렇게 말했다. "아무런 목적 없이 뭔가를 만들어내는 일에는 묘한 매력이 있는 것 같습니다." 어떤 곳에선 그렇게 말했다. 그러다 리틀이 자신의 집 마당에 널린 잡동사니 위에 앉아 찍은 오래된 사진 한 장을 발견했다. 추레하고 다듬어지지 않은 외모였지만 표정만은 마냥 행복해 보였다. 이 두더지 인간에게는 무언가 남들이 모르는 아주 특별한 비밀이 있는 것 같았다.

알고 보니 영국에만 윌리엄 리틀이 있는 것은 아니었다. 딱히 콕 집어 말할 수는 없지만 나름대로의 이유로 뭔가에 홀린 듯 땅을 파는 데 평생을 바치는 사람들은 세계 곳곳에 있었다. '두더지 인간'의 사례만 모아도 두툼한 서류철 하나는 나올 듯했

해크니의 두더지 인간

다. 아르메니아 시골에 사는 라이오바 아라켈리얀Lyova Arakelyan 이라는 사나이는 자신의 집 지하에 감자 저장소를 만들려다 다른 뭔가에 꽂혀 30년 동안 구불구불한 땅굴과 나선형 계단을 팠다. 사람들이 그 이유를 묻자 매일 밤 꿈속에서 땅을 파라는 소리를 들었다고 그는 답했다. 워싱턴 D.C.에 살았던 곤충학자 해리슨 G. 다이어 주니어Harrison G. Dyar, Jr.는 떨어져 있는 집 두 채 아래로 400미터짜리 땅굴을 팠다. 1924년 땅굴 위의 도로가 꺼져 지나가던 차가 떨어지는 바람에 그 존재가 드러났을 때 다이어는 태연하게 기자들에게 말했다. "운동 삼아 한 겁니다." 모하비 사막에 사는 윌리엄 '버로' 슈미트William 'Burro' Schmidt라는 한 노인은 단단한 화강암으로 된 산 사면에 길이 636미터의 굴을 파느라 32년을 보냈다. "그냥 지름길 좀 내느라고요." 그의 대답도 간단했다. 토론토의 한 시립공원 아래에서는 9미터짜리 땅굴이 발견되었는데, 테러리스트의 은신처일지도 모른다는 경찰의 발표가 나오자 시민들은 공포에 몸을 떨었다. 땅굴은 엘턴 맥도널드Elton Macdonald라는 젊은이의 소행이었는데, 자신의 작품이라고 밝히면서 그가 내세운 이유 또한 간단했다. "땅을 파면 긴장이 풀리거든요." 이 정도는 아무것도 아니다. 19세기 윌리엄 캐번디시-스콧-벤팅크William Cavendish-Scott-Bentinck 공작은 일꾼들을 동원하여 저택 아래에 거대 도시를 건설했다. 도서관과 당구장은 물론, 전체를 점토로 만든 900제곱미터 크기의 지하 무도장까지 갖추고 있었다. 공작은 그곳을 롤러스케이트장으로 활용했다.

'두더지 인간들'을 하나씩 찾아내던 내 머릿속에 기존의 이론으로 설명하기 어려운 새로운 심리 증후군이 하나 떠올랐다. 《정신질환의 진단 및 통계 편람(DSM-5)》에 새로 추가된 '퍼포로매니아perforomania, 천공광'라는 것으로, '땅을 파다, 터널을 만들다, 굴을 파다'는 뜻의 라틴어 '페르포로perforo'에서 나온 신조어였다. 어찌 됐든 두더지 인간은 훨씬 더 넓고 뿌리가 깊은 충동의 일단이 아닐까 하는 생각이 들기 시작했다.

　나는 먼저 터키를 소개하는 옛 가이드북에서 카파도키아
Cappadocia 암굴에 관한 이야기를 찾아 읽었다. 터키 중심부를 차
지하는 거대한 고원 전역에 흩어진 마을과 소도시들을 설명하
는 책이었다. 그 지역의 지반은 응축된 화산재가 두텁게 쌓여 형
성된 부드러운 돌인 응회암이 주축을 이루고 있었다. 응회암
은 장난감으로 치자면 플레이도우Play-Doh(아이들이 여러 가지 물건
을 주물러 만들 수 있는 점토 장난감–옮긴이) 같은 바위여서, 이런저런 모
양을 만들기에도 좋고 또 형태도 유지할 수 있을 정도의 강도
를 갖고 있기 때문에 굴을 파기에는 더없이 완벽한 재질이다. 대

데린쿠유Derinkuyu

　　　언더그라운드

리석 조각이 르네상스 당시 피렌체에서 최고의 전성기를 누렸다면 굴 파기 역사는 고대 카파도키아에서 절정을 이루었다.

이 지역에서 사람이 정착한 곳의 지하에는 거의 예외 없이 손으로 판 동굴이 그물망처럼 이리저리 굽이치며 서로 연결되어 있다고 그 가이드북은 소개한다. 이어서 말하기를 동굴 하나하나를 가리켜 "지하도시"로 부른다고 했다. 그중에는 아래위가 뒤집힌 중세도시처럼 땅속으로 10층 이상 내려가 수천 명을 수용할 수 있을 만큼 거대한 공간을 갖춘 곳도 있었다. 게다가 그런 동굴은 이 지역 곳곳에 수백 개가 더 있었다. 고고학자들이 밝혀낸 바에 따르면 지하도시들은 때로 피난처로 사용되었다. 적이 공격해오면 마을 주민들은 땅속 세상으로 피신했다. 하지만 이 도시에는 피난처만으로는 설명하기 어려운 불가사의한 특징이 많았다. 고대 문헌에는 구조에 관한 언급이 없고 고고학적으로 쓸 만한 자료도 거의 없었다. 그래도 3~4세기에 걸쳐 카파도키아에 살았던 초기 기독교인을 언급하는 문헌이 일부 있고, 훨씬 더 올라가 선사시대의 흔적을 희미하게나마 더듬을 수 있는 자료가 있었다. 어떤 이야기는 이마Yima라는 고대 페르시아 왕까지 다루고 있다. 이마는 재앙이 닥칠 것을 대비해 여러 층과 굽이진 터널로 구성된 거대한 지하 피난처를 팠다. 나는 가이드북에 실린 작은 삽화에 눈이 갔다. 어떤 지하도시의 단면도였다. 마치 미궁처럼 놀라운 구조를 보여주는 그 그림에는 지하로 들어간 사람들의 모습이 자세히 묘사되어 있었다. 지하도시는 그 자체로 하나의 온전한 문화였고, 그곳에서 생활

한 사람들은 굴 파기에 평생을 바친 윌리엄 리틀을 비롯한 '두더지 인간들의 선조'였다.

야간버스에 몸을 싣고 이스탄불을 출발한 나는 밤을 도와 카파도키아에 도착했다. 중심부에 있는 마을인 괴레메에 내리자 눈 앞에 펼쳐진 풍광 앞에 말을 잃고 말았다. 수백만 년에 걸친 비와 바람이 응회암을 깎고 주물러 지질학적으로 납득이 가지 않는 크림 같은 돌로 된 구릉지를 빚어놓았다. 아이들의 그림 속에서나 나올 법한 외계 행성의 모습이었다. 정류장 바로 뒤에는 페리 바칼라리peri bacalari, 즉 '요정의 굴뚝'이라고 불리는 오벨리스크들이 무리를 지어 직립해 있었다. 그중에는 행운을 가져다주는 요정이 머무는 돌기둥도 있고, 무서운 응징을 내리는 요정 때문에 무조건 피하고 봐야 하는 돌기둥도 있었다.

내가 묵은 곳의 이름은 '엠레의 동굴집Emre's Cave House'이었
다. 마을 외곽의 한 암석 언덕을 파내 만든 이 동굴집은 방 몇 개
가 전부였다. 주변에서 숙박비가 가장 싼 숙소인 탓에 분위기
가 조금 황량했다. 잔디가 깔린 앞마당에 있는 수영장은 오랫동
안 사용하지 않은 채 방치되어 있었다. 상호와 같은 이름을 가
진 매니저 엠레는 배가 불룩했고 표정이 우울해 보였는데, 붉
은 포도주를 즐겨 마셨고 여성 투숙객에게는 근처 농장에서 기
르는 자신의 말 사진을 보여주었다.

나는 매일 아침 괴레메를 출발해 매번 다른 지하도시를 찾았
다. 버스 노선이 닿는 곳도 있었지만 대부분 외진 오지였다. 굽이
굽이 길게 돌아가는 길을 하염없이 걷다 보면 지나가던 트럭이
나 농부들이 태워주곤 했다. 외즈코낙Özkonak이나 데린쿠유, 카
이마클리Kaymakli 같은 마을은 그 이름이 땅 모양만큼이나 울퉁불
퉁했다. 나는 외메르 데미르Ömer Demir라는 역사학자와도 만났는
데, 그는 고고학적 관점에서 이 지역을 설명한 책을 늘 품에 지
니고 다녔다. 그가 구사하는 특이한 영어와 이들 지하도시에 대
한 열렬한 애정 덕분에 나로서는 아주 기분 좋은 친구와 함께 다
니는 즐거움을 누릴 수 있었다.

안개가 짙게 낀 어느 날 아침, 나는 화산 지대의 중심에 있
는 작은 마을인 외즐뤼제Özlüce에 도착했다. 대로를 벗어나 언
덕을 올라가는데 품이 넓은 바지를 입고 머릿수건을 두른 할머
니 한 분이 집 앞 문간을 쓸고 있었다. 할머니 머리 위로 솟은 굴
뚝에서는 연기가 무럭무럭 피어올랐다.

"예랄티 세리Yeralti Sehri?" 나는 그렇게 물었다. 터키어로 '지하도시'라는 뜻이었다(내 터키어 실력은 "안녕하세요", "어떻게 지내세요?", "고맙습니다", "안녕히 계세요", "지하도시" 정도가 고작이었다). 할머니는 손짓으로 따라오라고 하더니 나를 작은 건물로 데려갔다. 문패가 뚜렷해 금방 찾을 수 있는 곳이었다.

문 안으로 들어선 나는 손전등을 켜고 돌을 깎아 만든 계단을 내려가 캄캄한 동굴의 한복판에 섰다. 벽은 캐러멜색이었고 공기는 눅눅했으며 입김이 서릴 정도로 쌀쌀했다. 천장이 낮은 통로에서는 무릎으로 천천히 기었고 비좁은 골목은 몸을 쥐어짜듯 빠져나갔으며 아치를 지날 때는 머리를 푹 숙였다.

방은 모두 여섯 개 정도였는데 옷장만 한 공간부터 차가 네 대 정도 들어갈 수 있는 공간까지 크기가 다양했고 모두 비좁

언더그라운드

은 터널로 연결되어 있었다. 하나같이 대충 깎아 만든 공간이어서 반듯한 각도는 눈을 씻고 봐도 찾을 수 없었고, 꿈틀거리는 아메바처럼 모서리가 둥글둥글했다. 방에는 먼지와 거미줄이 가득했고 곰팡이 냄새가 났다. 사람들이 발을 들여놓은 지 꽤 된 것 같았다. 들어온 지 30분이 되어가는데도 도무지 공간에 대한 감이 잡히지 않았다. 그저 추웠고 텅 비어 낯설기만 했다. 가이드북에 나온 단면도 삽화에서 보았던 집단 굴 파기의 징후는 어디에서도 찾을 수 없었다. 굴 파는 인간의 충동을 엿볼 수 있는 실마리도 전혀 없었다. 아무래도 장소를 잘못 골랐거나, 아니면 이런 공간을 바라보는 내 방식이 잘못되었거나 둘 중 하나였다.

입구로 돌아 나오는데 문간 옆에 거대한 원반 모양의 돌덩어

리가 서 있었다. 크기도 모양도 몬스터 트럭 타이어 정도였는데 몇 톤 정도는 족히 되어 보였다. 그 돌은 통로 가장자리 틈 사이에 똑바로 세워져 있었다. 외메르에 따르면 외지인이 침입했을 때 입구를 막는 돌이었다. 지하로 피해 들어간 마을 사람들은 이 돌을 굴려 입구를 막은 다음 안쪽에서 잠갔다. 이들 맷돌은 이 지역 모든 지하도시의 입구를 지키는 수문장이었다.

나는 지하도시를 찾을 때마다 지도와 도표를 그렸고, 찾아낸 물건의 목록을 기록하고, 모든 굴과 방을 사진으로 찍었으며, 모든 맷돌을 손으로 쓸어보았다. 가끔은 손가락이 마비될 때까지 땅속에서 몇 시간이고 머물렀다. 하지만 그렇게 아무리 오랜 시간 뒤지고 다녀도 내가 이 공간을 제대로 이해하지 못하고 있다는 느낌을 좀처럼 지울 수 없었다. 지하도시의 계보에는 내 추리를 빗나가게 하는 무언가가 있는 것만 같았다. 그래서 몇 시간씩 머물며 구석구석을 살피고, 깊숙이 자리한 방에 가만히 앉아 손마디로 벽을 두드려 보면서 소리를 구분하기도 하고, 단서가 있을 만한 은밀한 방이 없는지 기웃거리기도 했다.

그러던 어느 날 오후 나는 라티프Latif라는 농부를 만났다. 외즈코낙 마을에서 지하도시 하나를 직접 찾아낸 노인이었다. 깊은 울림이 있는 목소리를 지닌 그는 마을의 이장으로, 팔이 하나뿐이었는데 어렸을 적 나무에서 떨어진 탓이라고 했다. 1972년 어느 날 그는 밭을 걷다가 물이 땅 아래로 사라지는 것을 보았다. 이상하다 싶어 파보니 구멍이 뚫리면서 시원한 바람이 올라왔다. 그는 계속 파 내려갔다. 방이 하나 나오고 또 하나 나왔

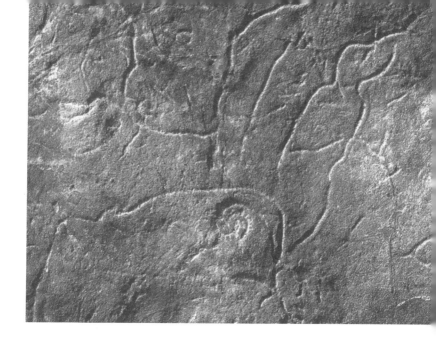

다. 깊이 들어갔는데도 방은 계속 나왔다. 나는 그런 공간을 발견한 기분이 어땠냐고, 당황하지는 않았냐고 라티프에게 물었다. 손가락으로 묵주를 굴리던 그의 입에서 뜻밖의 답이 돌아왔다. "지하도시는 그렇게 낯설지 않아요." 말투가 덤덤했다. "어디에나 있으니까요. 사람들이 이런 공간을 파기 시작한 것도 아주 오래된 일이에요. 여기서는 아주 자연스러운 일이죠."

—

사실 생명의 역사에서 복잡 동물complex animal의 첫 번째 자리를 차지한 것은 '굴 파는 동물'이었다. 에디아카라 화석군Ediacaran fauna은 5억 4,200만 년 전에 살았던 작고 수수께끼 같은 존재로 산소를 마시는 첫 번째 다세포 유기체였으며 고생물학자들이 현생이언Phanerozoic eon, 즉 "생명체가 발견되는 지질시대"라고 부르는 시기에 이름을 올린 첫 번째 동물이었다. 이들은 해저 바닥에 살며 스스로 보호하기 위해 땅속에 거미줄처럼 터널을 팠다. 고생물학자들은 '흔적traces'이라 부르는 아름답고 유령 같은 설계도를 가진 이들의 땅굴 화석을 지구 곳곳에서 찾아냈다.

이 시기를 기점으로 '땅굴 파기'는 진화의 가장 중요한 생존 양태가 되어 포식자로부터 자신과 새끼를 지키고 자연재해를 피하는 수단이 되었다. 해저를 파고 들어가는 물고기부터 사막을 파는 새에 이르기까지 동물은 모든 생명계와 서식지에서 굴 파는 동물로 번창했다. 실제로 생물학자들이 '생명의 역사에서 가장 성공한 육지 동물'이라고 지적한 동물도 굴 파는 동물, 즉 개미다. 1억 년에 걸쳐 지구 모든 곳에서 번식해온 개미는 육상 생명체의 전체 바이오매스 중 약 15퍼센트를 차지하는 거대 동물군이다. 개미는 정교하게 설계된 지하 서식지에서 큰 무리를 이루어 살아왔다. 개중에는 9미터 정도 깊이와 작은 집 한 채 정도의 면적에 수백 개의 입구와 수천 개의 방을 보유한 것도 있다. 각각의 방들은 음식을 저장하는 곳, 배설물을 쌓아놓는 곳, 알을 기르는 곳 등 고유의 기능을 갖는다.

하지만 인간은 어떤 진화 논리를 동원해도 굴을 파는 존재와 어울리지 않는다. 우리는 몸집이 너무 크고 직립 동물이며 팔다리가 길다. 공기와 빛을 충분히 받아야 생존할 수 있는 인간에

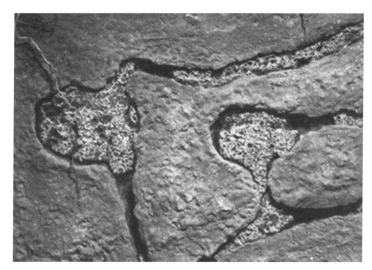

아타 세팔로테스(Atta cephalotes, 잎꾼개미), 버섯 재배지의 지하 네트워크

게 비좁고 어두운 지하의 밀폐된 공간처럼 생리학적으로 견디기 힘든 환경은 없다. 땅속은 산소도 부족하다. 굴을 판다는 것은 무덤에 스스로 갇히는 것처럼 결정적인 폐쇄 공포를 경험하는 행위다.

그러나 유사 이래로 우리는 세계 구석구석에 굴을 파왔다. 전쟁이 나고 대립이 고조되어 절박해진 순간, 우리는 어둠 속을 파고 내려가 "지구의 바로 그 두터움"속에 몸을 숨겼다고 철학자 폴 비릴리오Paul Virilio는 지하 피난처에 관한 연구서《벙커의 고고학Bunker Archaeology》에서 지적했다. 16세기에 몰타 사람들은 침입해오는 터키인들을 피해 도시 아래에 미로를 팠다. 베트콩이 정글 아래에 거미줄 같은 터널 도시를 파고, 실리콘밸리에 첨

단 기업을 세운 억만장자들이 묵시록의 그날에 대비하여 엄청난 규모의 호화로운 복합 지하 벙커를 파는 것도 같은 행위였다. 굴을 파는 이야기는 역사에서도 유서가 깊다. 선지자 이사야Isaiah는 이교도를 향해 여호와의 진노가 떨어지는 날을 경고한다. "그 때에 사람들은 땅을 뒤흔들며 일어나시는 주님의 그 두렵고 찬란한 영광 앞에서 피하여, 바위 동굴과 땅굴로 들어갈 것이다."

현대에서 땅굴 파기에 가장 열심을 보인 나라는 냉전기의 미국이었다. 로버트 오펜하이머J. Robert Oppenheimer의 표현대로 "한 병 속의 두 마리 전갈"처럼 미국과 소련은 미사일 발사 버튼 위에 손가락을 올려놓고 서로의 눈치를 보며 으르렁댔다. 언제 터질지 모르는 핵전쟁의 홀로코스트에서 살아남을 수 있는 유일한 길은 땅굴을 파는 것이었다.

교외에 사는 사람들은 삽을 들고 뒷마당으로 달려가 방사능 낙진 대비용 지하 대피소나 은신처를 판 다음 물탱크를 들여놓고 '원자 크래커atomic crackers'라는 생존용 비스킷을 저장했다. 개인용 피난처를 상품으로 내놓은 회사도 수백 군데였다. 위네바고나 자쿠지Jacuzzi 같은 장비는 '알뜰형'에서 '고급형'까지 다양한 모델로 선을 보였다.

뉴멕시코주의 아르테시아Artesia는 지하 학교를 세웠다. 눈에 띄는 부분이라고는 운동장뿐이고 420명을 수용하는 교실은 지표면 아래로 들어가 있어 핵 공격을 받으면 시민 2,000명이 대피할 수 있었다. 또한 간이식당에 마련해놓은 냉장고

뒷마당에 설치한 수소폭탄 대피소

는 그 크기가 사람이 들어갈 수 있는 정도여서, 언제라도 시체 보관소로 전용될 수 있었다. 어떤 학생은 한 신문사 기자에게 이렇게 말했다. "지하에 있으면 재미있어요. 물론 안전하고요."

한편 뉴욕시 당국은 맨해튼셸터프로젝트Manhattan Shelter Project에 대한 제안을 신중하게 검토했다. 제안서에는 지하 250미터 깊이에 대피소를 설치하되 맨해튼 인구(당시 400만 명)를 전부 수용하여 최대 90일까지 버틸 수 있게 설계한다는 계획이 담겨 있었다. 대피소로 통하는 입구는 총 92군데에 설치해서 모든 맨해튼 시민이 30분 이내에 방폭문 안으로 들어갈 수 있도록 하는 계획이었다.

"미국에서 그렇게 많은 사람이, 그렇게 열정적으로, 그렇게 많은 흙을 파낸 적은 없었다." 당시 한 저널리스트는 그렇게 썼다. 〈뉴욕타임스New York Times〉는 한 가정의 모습을 통해 당시 상황을 설명했다. "지난주 여섯 살짜리 소년이 집 앞 잔디밭에서 땅이 무른 곳을 골라 열심히 구멍을 팠다. 걱정이 된 엄마가 무엇을 하는 거냐고 묻자 소년은 멈추지 않고 대답했다. '폭탄이 떨어질 때 숨을 커다란 구멍을 파고 있어요.'"

당시 평론가들은 땅을 파는 행위를 두고 "자연스럽지 못하다"고 지적했다. 인간답지 못한 동물적 충동이라는 것이다. 어느 작가의 말대로 "무덤을 파는 행위에 대한 묵인"은 우리 종의 궤적을 전도시켰다. "원시인이 동굴을 나와 빛 속으로 들어간 순간, 그의 운명은 한 바퀴 돌아 다시 동굴로 들어가는 것이 아니라 앞으로 그리고 위로 나아가도록 되어 있었다." 그러나 우리는 지하로 들어가 삽을 들고 흙을 떠 공중에 뿌렸다. 우리는 모두 윌리엄 리틀처럼 집 아래에 굴을 파면서 똑같은 황홀경에 사로잡힌 듯했다.

라티프와 헤어진 후 나는 지하도시 중 가장 규모가 크다는 데린쿠유를 찾았다. 바람이 거칠게 부는 들판 한복판에서 땅속으로 들어간 나는 돌을 깎아 만든 기나긴 계단을 따라 지하 9미터까지 내려갔다. 입구의 맷돌을 지나는 순간 아래쪽에서 바람이 거세게 불었다. 크고 깊은 네트워크가 있다는 증거였다.

　내 발길은 외메르가 가축우리라고 했던 방을 지나고 또 다
른 방을 거쳐 한때 부엌으로 쓰였던 커다란 방에서 잠깐 멈추었
다. 바닥 한가운데 작은 웅덩이가 있었는데 요리를 하기 위해 불
을 지폈던 용도라고 했다. 벽에는 초를 놓는 감실이 있었다. 그
다음 방은 곡식을 담은 토기를 놓는 식료품 저장실이었다. 천장
에는 구멍이 여러 개 뚫려 있어 그리로 시원한 공기가 밀려 내
려왔고, 우물은 지하수면water table까지 파 내려갔다. 계속 걸음
을 옮기자 공동 침실이 나왔고 이어서 커다란 방에 다다랐다. 외
메르에 따르면 교실로 쓰였던 곳이라고 했다. 사실 데린쿠유에
서 방문객을 맞을 수 있을 만큼 정비가 된 곳은 극히 일부분에 지
나지 않았다. 과거에는 18층 규모의 깊이에 방과 환기통이 수
백 개 들어섰고 입구도 40군데가 넘었다지만 지금은 대부분 현

대식 건물에 묻혀 찾기가 쉽지 않았다.

데린쿠유 여기저기를 다니며 터널들이 어떻게 뚫려 있고 사면이 얼마나 울퉁불퉁한지 그리고 그 규모가 얼마나 거대하고 어떻게 사방으로 뻗어 나가는지 살피다 보니, 마치 미니어처 속의 세상을 헤매는 듯한 기분이 들었다. 방에서 방으로 어둠 속을 이동하다가 어느 모퉁이를 도는 순간, 거대한 개미 떼와 마주쳐 황급히 달아나는 내 모습을 상상해보았다.

지상으로 다시 올라온 뒤에도 그런 착각은 한동안 계속되었다. 나는 데린쿠유에서 멀지 않은 곳에 자리한 강 협곡을 따라 걸음을 옮겼다. 언제부터인지 강물은 흔적도 없이 말라버리고 없었다. 협곡의 양옆은 침식 작용으로 인해 일부가 무너져 지하도시의 단면이 그대로 노출되어 있었다. 그런 지형은 1.6킬로미터 정도 이어져 지하 건축물의 완벽한 엑스레이를 보는 듯했다.

협곡을 따라 천천히 걸으면서 보니 지하도시의 단면은 개미
집의 절단면과 너무도 비슷했다.

이 진기한 닮은꼴 구조물을 음미하면서 협곡 깊숙이 들어가
는데, 비가 내리기 시작했다. 나는 둑을 넘어가 고대 지하도시

의 어느 방 처마 안으로 몸을 피했다. 바로 앞에 떨어지는 빗방울이 발밑에서 먼지구름을 일으켰다. "우리는 가장 중요한 대목에서 동물의 제자다"라고 했던 데모크리토스Democritos의 말이 생각났다. 나는 인간이 개미를 흉내 낸 것은 어떤 형태의 가르침, 즉 종과 종 사이에서 이루어진 아이디어 유포 과정의 결과가 아닌지 생각해보았다. 이어서 호피족에게 들었던 오래된 신화를 떠올렸다. 아주 먼 옛날 대지에 무서운 화재가 발생하여 인간이란 인간을 모조리 휩쓸어 갈 뻔했는데 마지막 순간에 개미들이 나타나 구조해주었다는 이야기였다. 개미는 인간들을 그들의 굴로 데려갔고, 불길이 잠잠해질 때까지 땅속에서 안전하게 기다리게 했다. 다시 지상으로 올라와 모든 것을 재건한 인간은 두고두고 개미에게 감사했다.

데린쿠유를 떠난 뒤로도 이 수렴convergence은 좀처럼 내 머릿속을 떠나지 않았다. 집으로 돌아온 나는 결국 플로리다주 탤러해시Tallahassee를 향해 길을 떠났다. 개미집의 구조를 연구해온 한 곤충학자를 만나기 위해서였다.

안개가 짙은 어느 날 아침 나는 탤러해시에서 마중 나온 월터 칭클Walter Tchinkel의 차에 올라탔다. 칭클은 나를 태운 후 아팔라치콜라 국유림Apalachicola National Forest에 있는 자신의 연구소로 차를 몰았다. 육십 대 후반인 칭클은 반세기 동안 개미를 연구해왔다. 도중에 그는 앨라배마에서 자랐던 어린 시절의 이야기를 들려주었다. 그때부터 그는 집 근처에 있는 수많은 동굴을 뒤지며 개미들의 생태를 관찰했다고 한다. 하지만 연구실이 가까워질수록 그의 말수는 점점 줄어들었고, 머지않아 우리의 대화는 중단되고 말았다. 과묵하고 조금은 현실적인 성격이라는 인상을 받았다. 대화가 열기를 띠면 두더지 인간과 지하도시 그리고 굴을 파는 우리의 충동에 관한 문제는 물론이고, 내가 그를 찾아온 이유까지 죄다 말할 작정이었는데 아무래도 조금 미루어야 할 것 같았다.

칭클의 연구소는 관목들로 둘러싸인 개간지에 있었는데, 주변에 유난히 모래가 많았다. 그곳에 사는 개미는 파라트레키나 아레니바가Paratrechina arenivaga와 아페노가스터 플로리다나Aphaenogaster floridana 두 종류였다. 우리는 움직임이 활발한 개미집을 찾기 위해 땅에 비엔나소시지 부스러기를 뿌리고 기다렸다. 개미집의 구조와 그 안의 여러 구역을 활용하는 개미들의 습성을 연구하는 과정에서 칭클을 가장 좌절시킨 것은 '개미집을 볼 수 없다'는 점이었다. 관찰하기 위해 파헤치면 개미집이 망가지고, 개미집을 그대로 두면 조사를 할 수 없었다. 그가 가까스로 생각해낸 해결책은 개미집을 금속 주물로 뜨는 것이었다.

우리는 그가 손으로 만든 가마에서 아연 조각을 녹였는데, 해군 조선소에서 구한 낡은 전극에서 떼어낸 것이었다. 그런 다음 오븐용 장갑을 끼고 액체 아연이 담긴 도가니를 들어 개미집 입구에 흘려 넣었다. 뜨거운 은빛 액체가 가늘게 땅속으로 사라졌다. 안타깝지만 그 안에 거주하는 녀석들은 우리 실험을 위한 제물이 될 수밖에 없었다. "죽음은 생태학의 일부이지요." 칭클이 덤덤하게 말했다.

아연이 개미집의 모든 동맥과 방과 마디 속으로 흘러 들어가 굳었을 때쯤 우리는 개미집 주변으로 커다란 구덩이를 팠다. 그렇게 들어낸 흙뭉치에서 조심스레 흙을 털어내니 주물이 모습을 드러냈다. 나는 고대 문명에서 나온 낯선 유물처럼 흙 속에서 형체를 내보인 개미집을 지켜보았다.

칭클은 우리가 만든 그 주물들을 그의 컬렉션이 보관된 차고로 가져갔다. 그곳에는 금속으로 된 수십 개의 개미집 주물이 샹들리에처럼 천장에서 내려와 허공에 걸려 있었다. 모두 종種이 다른 개미들의 작품이라고 그가 설명했다. 개중에는 꽤 큰 것도 있었다.

나는 우리가 방금 숲속에서 주물을 뜬 개미집과 같은 종인 아페노가스터 플로리다나의 개미집 주물을 하나 집어 들었다.

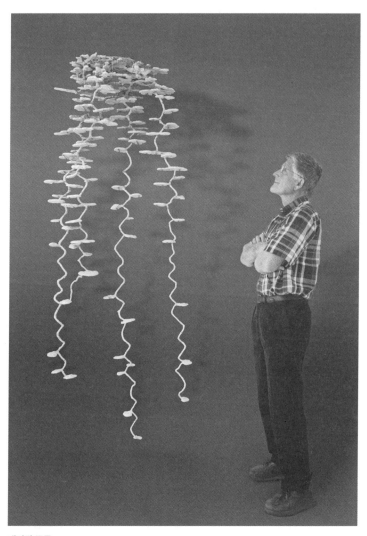

개미집 주물

그 순간, 마치 데린쿠유 지하도시의 미니어처를 보는 듯한 착각
이 들었다.

그날 내내 우리는 별다른 말을 나누지 않았고, 나는 더는 참
을 수가 없었다. 그래서 이곳에 찾아온 이유를 칭클에게 털어놓
기 시작했다. 윌리엄 리틀과 냉전기 미국의 굴 파기 소동과 카
파도키아의 지하도시와 땅속의 부엌과 적이 쳐들어왔을 때 굴
려 닫았던 맷돌 이야기를 두서없이 늘어놓았다.

사실 이 모든 것은 본론을 꺼내기 위한 핑계였을 뿐이었다. 나
는 칭클에게 나름대로 생각했던 이론을 제시할 작정이었다.

땅을 파는 행위는 원시적 인간의 최초 활동, 즉 인간의 가

장 기본적인 행위라고 말하려 했다. 땅에 구멍을 파고 지하로 내려간다는 것은 실제로 끝이 없는 과제에 몰입하는 행위고, 진화계통수의 뿌리로 향하는 여로이며, 태고의 포유류 조상과 최초의 척추동물을 거쳐 다세포 생명의 기원을 찾아가는 순례와도 같다. 땅굴을 파는 혈통의 일원으로서 우리는 대지와 오래고 질긴 인연을 느끼지 않을 수 없다고 말하려 했다. 갇혀 있다는 두려움보다 암흑 속에 산 채로 묻힌다는 무서움보다 더 깊은 곳에는 지하를 파는 행위에서 얻는 안도감과 어머니 같은 대지의 품에 안기는 포근함이 자리하고 있다고 주장하려 했다. 개미의 굴과 인간이 파 내려간 굴이 수렴하는 이와 같은 현상은 아마도 우리가 다른 동물과 마찬가지로 대지와 교류를 나누는 동물에 지나지 않는다는 사실을 상기시켜주는 증거로, 우리 모두는 영구적인 하나의 문제에 대해서도 같은 해결책을 찾고 있다고 말하려 했다.

그러나 이런 이야기를 꺼내기도 전에 칭클은 내 말을 잘랐다. "잠깐, 맷돌이라니 무슨 말이죠?"

"커다란 둥근 돌이에요." 내가 말했다. "도넛같이 생겼죠." 공책을 꺼내 그림을 그려 보여줬다. "그걸 굴려 제자리에 놓는 겁니다. 그러니까 언제 그렇게 하냐면…"

칭클은 고개를 끄덕였다. 그의 얼굴에 나타난 어떤 표정을 보고 나는 말을 멈췄다.

"코스타리카에 있는 개미가 그래요." 그가 말했다. "스테남마 알라스Stenamma alas라는 종이죠."

워싱턴의 에버그린 주립대학교에 있는 그의 동료 존 롱기노John Longino가 최근에 밝혀낸 종이라고 했다. 스테남마 알라스는 호전적인 병정개미에게 자주 공격을 당했다. 결국 개미들은 나름의 대응책을 만들어냈다. "녀석들은 입구 옆에 꼭 입구만한 크기의 조약돌을 준비해놓습니다." 그가 말했다. "병정개미들이 쳐들어오면 개미들은 집으로 도망갑니다. 그리고 마지막 개미가 조약돌을 끌어다 입구를 막죠."

탤러해시를 떠난 직후 나는 존 롱기노 교수에게 이메일을 보냈다. 그가 보낸 답장에는 입구 옆에 조약돌이 놓인 스테남마 알라스 개미집의 사진이 동봉되어 있었다. 그리고 개미 한 마리 사진이 있었는데, 적이 침입하면 조약돌을 옮겨 입구를 막는 마지막 녀석이 분명했다. 이어서 롱기노는 몇 주 전 칭클과 이야기를 나눴다면서, 이미 그들은 스테남마 알라스 종을 '카파도키아 개미Cappadocian ant'로 바꿔 부르기 시작했다고 알려주었다.

스테남마 알라스 개미

6장

길을 잃은 자들

가끔은 슬퍼서, 아무런 이유도 없이 노래를 부른다.

아무런 이유 없이, 길을 잃었다는 사실을 받아들인다.

그리고 다른 모든 것에서 벗어나 가야 할 곳,

가고 싶은 세상을 택한다.

—윌리엄 스태퍼드William Stafford,《속박을 풀고Cutting Loose》

2004년 12월 18일 저녁, 프랑스 남서부의 마디랑Madiran에 있는 어느 작은 마을에서 장뤼크 조슈아-베르지Jean-Luc Josuat-Verges 라는 남성이 버려진 버섯농장에 있는 굴속으로 들어갔다가 길을 잃었다. 그는 올해 마흔여덟 살로, 동네 보건소 관리인으로 일했다. 그리고 요즘 들어 우울증에 시달리고 있었다. 집에 아내와 열네 살 난 아들을 남겨둔 채, 그는 위스키 한 병과 수면제 한 움큼을 주머니에 넣고 차를 몰아 산속으로 들어갔다. 버섯농장의 커다란 터널 입구를 지나 랜드로버 지프를 몰고 들어간 뒤, 차에서 내려 손전등을 켜고 어둠 속으로 비틀비틀 걸어 들어갔다. 터널은 원래 분필 광산이었던 석회석 구릉지에 조성한 갱도였는데, 미로 같은 8킬로미터 길이의 통로와 비틀린 샛길, 막다른 길 등이 어지럽게 얽혀 있었다. 장뤼크는 내키는 대로 통로를 따라 걷다 방향을 틀었고 조금 가다 또 방향을 틀었다. 손전등의 배터리가 서서히 약해져 불빛이 가물거리더니 아예 꺼지고 말았다. 물이 흥건한 통로를 걸은 탓에 신발은 흠뻑 젖어 발이 축축했고 얼마 안 가 진흙에 푹푹 빠졌다. 장뤼크는 맨발로 휘청거리며 미로를 헤맸다. 그는 앞이 보이지 않는 어둠 속에서 당황하여 손을 더듬고 휘저으며 출구를 찾았지만 허사였다.

2005년 1월 21일 오후, 장뤼크가 터널로 들어간 지 정확히 34일이 되던 날 동네 십 대 사내아이 세 명이 버려진 버섯농장을 탐험하기로 했다. 입구를 지나 어두운 통로를 몇 발짝 걸은 지 얼마 안 되어 아이들은 사람이 없는 랜드로버를 발견했다. 운전석 문은 열려 있었다. 곧바로 경찰에 연락했고 즉시 수색대가 파견되었다. 90분 뒤 입구로부터 불과 180미터 떨어진 공간에서 그들은 장뤼크를 찾아냈다. 유령처럼 핏기 없는 모습으로 누운 그는 해골처럼 말랐으며 수염이 더부룩하게 자라 있었다. 그래도 그는 살아 있었다.

이후 며칠 동안 그의 사연이 언론에 소개되면서 장뤼크는 "암흑 속의 기적le miraculé des ténèbres"이라는 별명을 얻었다.

기자들은 그가 버섯농장에서 보낸 몇 주 동안의 이야기를 신이 나서 보도했다. 산속에 갇힌 등산객이나 무인도에 남겨진 난파 선박의 선원 못지않게 흥미로운 기삿거리였다. 그는 진흙과 썩은 나무를 먹었다. 그마저도 네발로 기고 더듬어 찾아낸 것이었다. 그는 석회암 천장에서 떨어지는 물을 마셨고 때로는 벽에 맺힌 물방울을 핥아 먹었다. 잘 때는 버섯농장 농부들이 버리고 간 플라스틱 방수포로 몸을 감쌌다. 기자들이 특히 관심을 가졌던 부분은 동굴 속에서 지내는 동안 그가 겪었던 감정의 기복이었다. 갑작스레 절망했다가 어느 순간 평온해지는 등 그의 기분은 종잡을 수 없을 정도로 심하게 출렁거렸다.

충분히 짐작이 가는 일이지만, 깊은 절망감에서 헤어나기 힘들 때는 어쩌다 찾아낸 동아줄로 고리를 만들기도 했다. "더는 버틸 수 없었다"고 그는 털어놓았다. 그러나 그렇지 않을 때도 있었다. 어둠 속을 걷다 보면 명상에 빠지듯 마음이 차분해지고 생각이 느린 속도로 흘러갔다. 길도 방향감각도 잃었다는 느낌을 순순히 받아들이고 달관한 마음으로 이 터널 저 터널을 표류하듯 평화롭게 걸어 다녔다. 내키면 몇 시간이고 그렇게 미로를 떠돌다 가끔 "어둠 속에서 나 자신에게 노래도 불러주었다."

길을 잃었을 때 나타나는 알 수 없는 양가감정에 관한 장뤼크의 이야기를 접한 순간, 몇 해 전 파리에서 저지른 반갑지 않은 추억이 되살아났다. 나는 두 친구 셀레나Séléna와 오사Åsa와 함께 18세기에 살았던 어떤 사나이의 흔적을 따라가 보기 위해 카타콩브로 들어갔었다. 그는 채석장으로 들어갔다가 실종되는 바람에 유명해진 사람이었다. 발 드 그라스Val-de-Grace 병원의 경비였던 필리베르 아스페르Philibert Aspairt라는 이 육십 대 남성은 1793년 근처 수도원의 땅굴을 찾기 위해 지하로 내려갔다. 샤르트뢰즈 수도원에서 만든 고급 증류주가 비밀 땅굴에 보관되어 있다는 소문 때문이었다. 필리베르는 결국 길을 잃었고 그의 주검은 11년 뒤 상미셸가 아래에 있는 한 감실에서 발견되었다. 그

의 시신이 발견된 자리에는 추모비가 세워졌다.

필리베르 아스페르를 기리며
1793년 11월 3일 이 채석장에서 길을 잃고
11년 뒤에 발견되어
1804년 4월 30일 같은 장소에 묻히다

추위가 유달리 상쾌하게 느껴지던 12월 어느 날 밤, 나는 셀레나와 오사와 함께 카타콩브 입구 언저리에 웅크리고 앉아 땅속으로 기어 들어갈 준비를 했다. 필리베르 아스페르는 지하족들에 의해 수호 성인으로 추대된다고 나는 친구들에게 알려주었다. 그래서 이 채석장으로 들어갈 때는 필리베르의 무덤을 찾아 꽃이나 봉헌용 초나 잔에 담긴 와인을 남기는 것이 하나의 관례였다. 작은 예술작품을 바치는 지하족도 있었다. 우리도 그들의 관례를 따르기로 했다. 필리베르의 묘지로 갔다가 길을 되짚어 몇 시간 뒤에 밖으로 나올 예정이었다. 셀레나와 오사는 다음 날 오전에 수업이 있었는데, 두 사람 모두 전문적인 광대가 되기 위해 공부하고 있었다. 저녁 8시쯤 우리는 짧은 행차에 필요한 물품을 작은 가방 하나에 넣었다. 와인 한 병, 빵 한 덩이, 물 한 병이었다. 우리는 입구를 비집고 들어가 300킬로미터가 넘는 미로에 발을 들여놓았다.

앞장서서 길을 찾는 역할은 내가 맡았지만, 돌이켜보건대 안내자로서 나는 너무나도 무능했다. 그때 나는 파리에 막 도착한 터였고 카타콩브도 전에 한 번 왔던 경험이 전부였다. 스티브 덩컨과 함께 이 도시의 지하를 횡단한 것은 몇 해 뒤의 일이었다. 내가 가진 것은 채석장 지도 한 장이 전부였다. 햇칫Hatchet이라는 탐험가로부터 얻은 것이었는데, 그도 실제로 사용한 적은 없다고 했다. 햇칫은 채석장의 주요 경계표와 입구 위치만을 간단히 일러주었다. 하지만 따로 표시하지는 않았다. 그가 너무 대충대충 설명했기 때문에 사실 나는 이런저런 질문을 더 던졌어야 했다. 하지만 일단 지하로 들어가면 알아서 찾아갈 수 있으리라고 생각해 그냥 넘어가고 말았다.

우리는 앞이 잘 보이지 않는 가운데 모퉁이를 돌고 또 돌면서 벌집 같은 바위 통로를 헤쳐나갔다. 헤드램프가 벽을 따라 춤을 추었고 발밑에서는 물이 튀었다. 셀레나와 오사는 채석장이 처음이었다. 그들은 멀리서 속삭이는 듯한 지하철 소리가 신기한 듯 귀를 기울였고 손으로 차가운 바위를 쓸며 나아갔다. 아마도 한 시간쯤 걸었을 때였다. 우리는 비좁고 천장이 낮은 석실로 들어갔다. 바짝 마른 진흙 바닥에는 갈라진 금이 문양을 새겨 놓은 듯 아주 뚜렷했다. 바닥에 웅크리고 앉은 나는 균열 무늬가 미로의 통로를 닮았다고 친구들에게 말했다. 미로 속의 미로였다. 마치 우리가 지금 걷고 있는 회로의 축소판을 보는 기분이었다.

무언가 잘못되었다는 생각이 든 것은 그때쯤이었다. 나는 지도를 꺼냈다. 필리베르의 무덤으로 가려면 어디에서 꺾어야 할지 손으로 짚어보았다. 갑자기 속이 쓰려왔다. 처음부터 입구

언더그라운드

의 위치를 착각했다는 사실을 깨달았기 때문이다. 그러니까 지하에 내려온 순간부터 우리는 줄곧 방향을 잘못 잡고 있었다. 지금 우리는 필리베르 무덤과는 아무런 관련이 없는 전혀 엉뚱한 지점에 있다는 생각이 들었다. 도대체 여기가 어디쯤인지 감도 오지 않았다. 얼마나 멀리 왔는지, 돌아가려면 어떻게 해야 하는지, 심지어 어느 쪽을 향하고 있는지 아무런 단서도 잡히지 않았다. 나는 잔뜩 주눅이 든 목소리로 셀레나와 오사에게 자초지종을 설명했다. 둘 다 아무런 대답이 없었다. 식량과 물은 한정되어 있었다. 헤드램프도 벌써 희미해지고 있었다. 우리에게는 나침반도 없었다.

—

호모 사피엔스는 늘 놀라운 항해자였다. 우리는 두뇌에 해마 hippocampus라는 아주 오래된 장치를 갖고 있다. 발을 내디딜 때마다 해마에 있는 100만 개의 뉴런이 우리가 있는 위치에 대한 정보를 수집하여 과학자들이 말하는 '인식적 지도'를 편집한다. 그리고 그 지도로 우리는 공간에서 방향을 잡는다. 현대인이 필요로 하는 것 이상의 뛰어난 기능을 갖춘 이 막강한 장치는 길을 찾는 능력이 생사를 좌우하던 수렵 채집인 조상들로부터 물려받은 것이다. 그들은 물이나 안전한 동굴, 사냥감이나 먹을 수 있는 열매를 찾지 못할 때는 죽음에 이르는 운명을 피하지 못했다. 수십만 년 동안 그들은 그렇게 살아왔다. 익숙하지 않은 지형을 헤쳐나가는 능력이 없었다면 우리 종은 살아남지 못했을 것이다. 이는 우리 인간의 고유한 속성이었다.

그러니 어디가 어딘지 알 수 없게 되었을 때 쓰디쓴 원시적 낭패를 느끼는 것도 놀라운 일은 아니다. 길을 잃었다는 두려움은 바꿔 말하면 집에서 멀리 나왔다는 것, 사랑하는 사람들과 떨어졌다는 것 그리고 어둠 속에 홀로 남겨졌다는 '가장 기본적인 두려움'을 의미한다. 동화 속 음침한 숲속에서 무섭게 생긴 트롤이나 두건을 쓴 쭈그렁 할멈이 나타나 말을 건네는 것도 바로 주인공이 길을 잃은 순간이다. 17세기 영국 시인 밀턴Milton으로 거슬러 가면 지옥도 미로로 그려진다. 그는 《실낙원Paradise Lost》에서 이렇듯 지옥을 미로에 비유했다. 물론 '길 잃음'의 원형적 공포를 말하자면 단연코 그리스 신화 속 미노타우로스Minotauros다. 그가 살고 있는, 굽이굽이 끝을 알 수 없는 '크노소스의 미궁'은 오비디우스Ovidius의 표현에 따르면 발을 들여놓은 사람을 "참고할 만한 지형지물 하나 없는" 환경으로 몰아넣은 다음 "불확실성을 퍼뜨리도록 지어졌다."

방향감각을 잃었을 때의 두려움은 너무 뿌리가 깊은 것이어서, 일종의 정신착란을 일으키고 나아가 자아에 대한 의식까지 흐릿해진다. "길을 잃는 일에 익숙하지 못한 인간은 당황하다 못해 공황 상태에 빠져 사태를 직시하기를 두려워하다, 결국에는 이성을 잃고 만다." 시어도어 루스벨트Theodore Roosevelt는 1888년에 발표한 《목장 일과 사냥길Ranch Life and the Hunting Trail》이라는 책에서 그렇게 썼다. "사나흘이 지나도록 길을 찾지 못하면 반쯤 미친 상태가 된다. 결국 그는 구조대가 와도 달아나기 때문에 들짐승을 잡듯 쫓아가서 포획해야 한다."

사방 어디를 둘러봐도 풍경이 똑같은 북극의 툰드라나 빽빽한 밀림은 길 잃기 딱 좋은 환경이다. 그러나 그 어느 곳보다 길을 잃기 쉬운 곳을 꼽자면 지하세계를 따를 곳이 없다. 미로 같은 지하 동굴에서 길을 한 번 잃으면 방향감각을 되찾을 방법이 없다. 마크 트웨인Mark Twain이 쓴 것처럼, 맥두걸 동굴에서 톰 소여와 베키 대처는 사흘 동안 길을 잃고 헤맨다. "복잡하게 얽힌 통로를 며칠 밤낮으로 헤매고 다녀도 동굴의 끝은 절대로 나오지 않을 것이다. 땅속에서 이리 가보고 저리 가보고 또 가보았지만, 미로 아래로 또 다른 미로가 나올 뿐 어디에도 끝은 없어 보였다." 지하의 어둠 속에 발을 들여놓은 순간부터 지상에서 우리를 이끌어주었던 그 믿음직스러운 해마는 수신 지역을 벗어난 무전기처럼 아무런 기능도 하지 못한다. 별의 안내를 받을 수도 없고 해도 달도 보이지 않는다. 수평선조차 없다. 중력이 아니라면 위로 가는지 아래로 가는지도 분간하기 어려울 것이다. 구름의 형태, 식물이 자라는 모양, 동물의 흔적, 바람의 방향 등 지상에서 방향을 짐작하게 해주는 아주 사소한 단서도 여기에는 없다. 지하에서는 심지어 우리 자신의 그림자도 도움을 주지 못한다.

산을 오르거나 바다로 나간다는 것은 익숙한 영역과 멀어진다는 뜻이다. 우리는 뒤를 돌아보며 얼마나 멀리 왔는지 짐작하고, 다시 앞을 보며 얼마나 더 가야 할지 가늠한다. 하지만 비좁은 동굴의 통로나 카타콩브처럼 한계가 분명한 공간은 시야가 짧기 때문에 다음 모퉁이나 휘어지는 지점 너머를 전혀 볼 수가 없다. 동굴 역사가인 윌리엄 화이트William White가 지적한 대로 우리는 동굴의 아주 작은 일부만 볼 뿐 전체 모양은 보지 못한다. 리베카 솔닛Rebecca Solnit이《길 잃기 안내서A Field Guide to Getting Lost》에서 쓴 것처럼 어떤 지역을 지나갈 때 우리는 주변 환경을 하나의 텍스트로 읽으면서 '지구 자체의 언어'를 연구한다. 그러나 지하는 해독할 수 없는 언어로 끄적인 페이지이거나 아예 텅 빈 백지다.

물론 지하를 텍스트로 읽지 못하는 것은 인간의 사정일 뿐이다. 어떤 지하 생물은 어둠 속에서도 놀라울 정도로 길을 잘 찾는다. 박쥐는 음향탐지기와 반향위치 결정법echolocation을 이용해 캄캄한 동굴을 한 치의 망설임도 없이 날아다닌다. 그러나 지하의 가장 위대한 항해자는 누가 뭐래도 장님두더지쥐일 것이다. 분홍색 털에 주름이 많고 뻐드렁니가 난─아흔 살 노인의 엄지손가락에 뾰족하게 어금니가 났다고 상상해보면 된다─장님두더지쥐는 거대한 미로 같은 지하 굴을 파면서 낮 시간을 보낸다. 이렇게 캄캄한 길을 다니기 위해 장님두더지쥐는 머리로 땅을 두드려 되돌아오는 반향에 따라 공간의 모양을 구분한다. 장님두더지쥐의 뇌에는 작은 쇳조각 축적물이 있는데 일종의 내장된 나침반 같은 것이어서 지구의 자기장을 탐지해 방향을 잡는다. 지상에 거주하는 우리 인간은 그런 자연선택의 혜택을 받지 못했다. 우리가 지하에서 떼어놓는 한 발짝은 항법상 진공 상태로 들어가거나, 엉뚱한 방향으로 빠지거나, 아예 방위 개념 자체가 없는 한 발짝이다.

카타콩브에서 발걸음을 하릴없이 옮기며 나는 계속 미안하다는 말만 우물쭈물 되풀이했다. 셀레나와 오사는 못 참겠다는 듯 조용히 하라고 핀잔을 주었다. 겁을 집어먹는 데 에너지를 낭비해봐야 도움 될 것이 하나도 없다고 그들은 덧붙였다(곁눈질로 셀레나의 얼굴을 보니 나중에 단단히 따지고 들 게 분명한 표정이었다). 생각할 수 있는 목표는 단 한 가지뿐이었다. 들어왔던 벽의 구멍을 찾아내는 일. 우리는 다시 발걸음을 돌려야 했다.

셀레나와 오사는 몇 년 동안 극단에서 즉흥연기를 해온 덕분인지 팀워크와 의사소통 능력이 남달랐다. 두 사람은 지당하면서도 민주적인 대안을 제시했다. 침착하고 체계적인 방법으로 온 길을 되짚어가되, 헛힘을 쓰지 않도록 바위의 특이한 점이나 눈에 띄는 그라피티, 진흙에 찍힌 발자국 등을 찾아보기로 했다. 교차점을 지날 때마다 우리는 가능성 있는 터널을 전부 살펴본 다음 세 사람 모두가 낯익은 통로라고 동의해야만 그곳을 택하기로 했다.

하지만 막상 해보니 조바심만 더해질 뿐 생각처럼 쉽지 않았다. 우리는 갈수록 진이 빠졌다. 통로들은 모두 엇비슷했고 돌 모양도 죄다 고만고만했으며 별스러워 보이는 기하학적 특징도 딱히 도움이 되지 않았다. 교차점마다 꼬박 등장하는 그라피티는 대부분 이전에 이곳을 찾았던 사람들이 입구로 돌아가는 길을 잃지 않기 위해 그려놓은 것으로 화살, 별, 기하학적 도형 등은 그들만이 알아볼 수 있을 뿐 우리에게는 아무런 도움도 되지 않았다. 처음에는 그중 한 가지만 따라가면 파란색 삼각형이든 붉은색 원이든 출구와 이어질 것이라고 상상했지만 그 방법도 포기하고 말았다. 그 표식이란 것이 다른 표식들과 어지럽게 섞여 있어 얼마 안 가 슬그머니 사라지곤 했기 때문이다. 마치 숲속 갈림길의 나무와 나무 사이에 어지럽게 흩어진 빵 부스러기를 따라가는 동화 속 주인공 신세와 다를 바 없었다.

터널을 따라가다 무슨 소리가 들린 것 같아 발길을 멈추고 귀를 기울였다. 카바이드램프에서 나는 부드러운 쉿 소리 같았다. 가까운 공간에 지하족이 있는가 싶어 얼른 큰 소리로 불러봤지만 아무런 대답이 없었다. 그런가 하면 모퉁이를 돌다 어둠 속으로 감겨 올라가는 돌계단을 발견한 적도 있었다. 셀레나와 함께 올라가 보니 길 밖으로 나가는 맨홀 뚜껑 바로 밑이었다. 나는 빠끔하게라도 열려고 어깨로 힘껏 밀어보았지만 꿈쩍도 하지 않았다. 어떤 장치로 단단히 봉해져 있는 것이 분명했다. 지면과 아주 가까우니 휴대전화를 쓸 수 있을지 모른다는 생각이 들었다. 누구에게 전화를 걸 것이며 이 상황을 어떻게 설명해야 할지 궁리하는데 갑자기 우리 세 사람의 휴대전화 배터리가 진작 죽었다는 사실에 생각이 미쳤다. 그래도 오사는 애써 분위기를 밝게 해보려 최선을 다하고 있었다. 어떤 교차로는 맴돌 듯 자꾸만 다시 나타났다. 같은 자리를 일곱 번인가 여덟 번을 돌고 있다는 사실을 우리 모두 알고 있었다. 그래도 오사는 발을 멈추고 태연하게 말했다. "얘들아!" 셀레나와 내가 뒤돌아보면 오사는 눈을 크게 뜨고 말했다. "자꾸 오니 반갑네."

겉으로는 태연한 척했지만 어둠 속을 더듬는 시간이 길어지자 세 사람은 머릿속으로 불길한 계산을 하기 시작했다. 우리는 헤드램프의 배터리를 아끼기로 했다. 한 사람의 배터리로 길을 살피고 나머지 둘은 꺼놓았다. 쉬는 동안에도 물이 훌쩍 줄어든 병을 걱정스레 쳐다보며 간신히 목을 축일 정도만 홀짝거렸다. 빵도 먹고 싶었지만 참았다. 앞으로 몇 시간을 더 버텨야 할지 모르기 때문이었다. 끈을 놓치고 다시 처음부터 시작해야 할 때마다 우리는 어떤 석실로 들어갔다. 어느 지하족이 벽을 깎아 조각을 새겨놓은 작고 비좁은 석실이었는데, 석회석 벽 안쪽으로 몸이 절반쯤 박혀 있는 남자 석고상이 우리 눈에는 꼼짝없이 갇힌 사람처럼만 보였다.

어떤 지형에서든 본래부터 갖고 있는 내비게이션 기능이 멈칫거리면, 지도부터 꺼내 들고 위치를 확인한 다음 진로를 다시 잡게 마련이다. 하지만 지하세계에서는 지도를 만들기가 유달리 힘들었다. 탐험가와 지도 제작자들은 산이든 섬이든 지구 구석구석 멀리 떨어진 곳이든 군도와 능선 위로 격자 모양의 위도와 경도를 명확하게 그렸지만, 그렇게 지도 만드는 법을 발전시켜온 지 오랜 세월이 흐른 오늘까지도 우리 발아래 공간은 지도 제작자들이 여전히 기피하는 장소였다.

가장 오래되었다고 알려진 동굴 지도는 독일 하르츠Harz 의 빽빽한 삼림에 자리 잡은 거대한 바우만 동굴의 것으로 1665 년에 제작되었다. 이 지도에 나타난 기본적인 라인으로 판단 할 때, 지도 제작자 폰 알펜스레벤Von Alvensleben은 전문적인 제작 자도 지도를 그리는 데 소질이 있는 사람도 아니었던 듯하다. 아 무리 그렇다고 해도 이 지도의 결함은 봐주기 힘들 정도로 심각 하다. 이 탐험가는 투시감이나 깊이 등 지도가 알려주어야 할 차 원의 어떤 사소한 정보도 전달하지 못했다. 그는 심지어 그 공 간이 지하라는 사실도 표현하지 못했다. 폰 알펜스레벤은 자신 의 신경 체계로는 보기 힘든 공간, 즉 감각 체계를 벗어난 공간 을 지도로 나타내려 했다. 마치 유령의 초상을 그리거나 그물 로 구름을 잡으려는 것과 크게 다를 바 없는 인식론적인 어리석

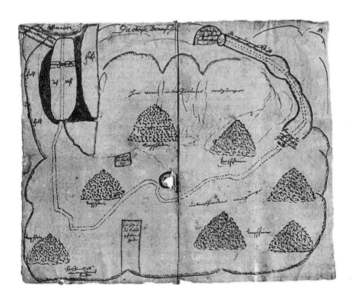

음만 드러낸 시도였다.

바우만 동굴 지도는 '지하 지도 제작의 실패'라는 알다가도 모를 기나긴 계보의 첫 번째 사례다. 오랜 세월 동안 겁 없는 유럽의 탐험가들은 지하세계를 측량하고 어둠 속에서 길을 잃지 않기 위해 동굴을 조사했지만, 무모하고 터무니없는 방법으로 실패만 거듭할 뿐 별다른 진전을 이루지 못했다. 그들은 부실한 밧줄에 매달려 깊은 땅속으로 내려갔고, 그곳에서 몇 시간씩 돌아다니며 거대한 너럭바위를 기어 넘고 지하를 가르며 흐르는 강을 헤엄쳐 내려갔다. 그들은 양초를 들고 길을 찾았지만 그래봐야 사방 몇 발짝 정도밖에 보이지 않는 길이었다. 17세기의 어느 탐험가는 영국의 동굴에서 어떤 석실의 크기를 측정하려 했지만, 공간의 측정은 고사하고 눈으로 **볼** 수 있는 범위가 어느 정도인지조차 가늠할 수 없다는 사실만 확인하고 물러났다. "촛불로는 지붕인지 바닥인지 벽인지조차 제대로 구분하기가 어려웠다." 그는 그렇게 실토했다. 말이 탐험이지 그들이 동원한 수단은 어린아이 장난이나 크게 다를 바 없었다. 가령 조지프 네이글Joseph Nagel이라는 호주의 탐험가는 동굴 석실의 조명 문제를 해결하겠다며 거위 두 마리를 데리고 들어갔다. 거위의 다리에 양초를 여러 개 묶어 불을 붙인 다음 돌을 던지면 놀라서 날아올라 어두운 동굴의 이곳저곳을 밝힐 것이라는 계산이었다. 이 방법은 통하지 않았다. 거위들은 뒤뚱거리며 비틀대다 넘어져 볼품없이 퍼덕거리기만 했다. 어쩌다 겨우 측량을 할 수 있다고 해도 탐험가들이 느끼는 공간 감각은 기복이 심한 환경으

두 마리 거위의 발에 햇불을 붙이는 조지프 네이글

로 인해 심하게 왜곡되었기 때문에 실제와는 거리가 멀었다. 예를 들어 1672년에 슬로베니아의 한 동굴로 들어간 탐험가는 굴곡이 심한 통로의 길이를 9.6킬로미터라고 발표했지만, 나중에 밝혀진 바에 따르면 그가 지나간 실제 길이는 400미터에 지나지 않았다. 초기 동굴 탐험에서 얻은 조사 결과와 지도는 실제와 차이가 너무 커서 오늘날 참고하기에는 곤란한 자료들이 적지 않다. 요즘 우리가 입수하는 오래된 동굴 보고서에서는 가상의 장소에 관한 짧고 신비스러운 시詩 이상의 의미를 찾기 힘들다.

초기 동굴 지도 제작자 중 가장 유명한 인물은 '동굴학의 창시자'로 알려진 에두아르-알프레드 마르텔Edouard-Alfred Martel이라는 19세기 후반의 프랑스 탐험가였다. 마르텔은 50년에 걸쳐 15개국에서 약 1,500회의 탐험대를 이끌었는데, 그중 수백 회는 사람의 발길이 닿지 않았던 동굴 탐험이었다. 직업이 변호사였던 마르텔은 초기 몇 년 동안 중절모에 셔츠 차림으로 등산용 밧줄을 타고 지하로 내려갔지만, 나중에는 전문적인 동굴 탐험 장비들을 직접 설계하고 제작했다. 그는 '앨리게이터Alligator'라는 이름의 접이식 방수 캔버스보트를 고안하고 지상에 있는 사람들과 교신할 수 있는 야전전화기, 지하 탐사기기에 넣는 배터리 등을 개발했다. 동굴 바닥에서 천장까지의 거리를 측량할 수 있는 장치도 개발했는데, 기다란 끈을 단 종이 풍선 안에 알코올로 적신 스펀지를 놓고 성냥으로 불을 붙여 천장으로 띄운 후 풀려나간 실의 길이를 재는 식이었다. 마르텔의 지도는 앞선 지도들보다 조금 더 정확하다고 할 수 있겠지만, 같은 시대에 지상을 조사했던 탐험가들이 제작한 지도와 비교하면 여전히 약도라고밖에 할 수 없는 수준이었다. 마르텔은 동굴을 여러 개의 단면으로 나누는 혁신적인 지도 제작 방식으로 유명해졌는데 나중에 이 방식은 동굴 지도 제작의 표준이 된다. 하지만 내가 보기에 그런 지도라고 해봐야 지하는 역시 포착하기 힘든 세상이라는 사실을 다시 한번 실감하게 해주는 물적 증거일 뿐, 각각의 지도들은 '지도로 나타낼 수 없는 것'에 대한 기록처럼 보였다. 그런 지도가 전하는 메시지는 분명했다. 하나의 지하 공간을 완전히 파악하려면 뼈만 남은 동물의 시체처럼 여러 부분으로 해체하여 바닥에 늘어놓는 것 외에 달리 뾰족한 방

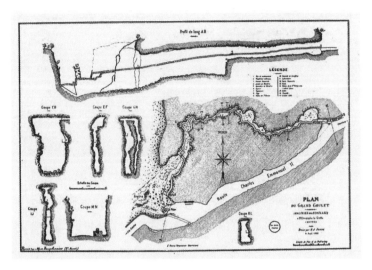

〈스펠룽카(Spelunca, 동굴)〉

법이 없다는 사실이다.

지하세계에서 길 찾는 방법을 알아내려 했으나 실패를 거듭하며 몇 해를 보낸 마르텔과 그의 동료들은 길을 잃는 것을 숙명처럼 받아들였다. 그들은 그 누구보다도 방향감각 상실이라는 지각기관의 경험을 직접 몸으로 터득해냈다. 몇 시간씩 어둠 속을 부유하고 지긋지긋한 현기증에 시달리면서도 자신들의 위치를 짐작해보려 애썼고 계속 실패했다. 진화론적 논리에 따르면, 우리의 정신은 어떤 대가를 치르더라도 방향감각을 잃지 않으려는 기본적인 특성을 가지고 있기에 막상 길을 잃으면 가장 원시적인 두려움의 수용체가 활성화되어 덜컥 겁부터 먹는다. 루스벨트는 이때의 심리 상태를 가리켜 "현실을 직시하는 것조차 두려운 끔찍한 공포"라고 설명했다. 그래도 그들은 내려가고 또 내려갔다. 지도도 없는 허공으로 자꾸만 내려갔다. 그곳은 아무도 앞서서 발을 들여놓지 않았던 미지의 세계였고, 지역 사람들조차 그 아래 존재하는 정령들이 두려워 바위굴 가장자리 너머로는 고개도 들이밀지 못했던 금단의 구역이었다. 그들은 어둠 속에서 길을 잃는 현상에서 어떤 힘의 존재를 유추했던 듯하다.

1889년 마르텔은 구프르 드 파디락Gouffre de Padirac이라는 프랑스 남서부에 위치한 거대 동굴을 조사할 탐험대를 조직했다. 7월의 어느 날 오후를 택해 그는 대원들과 함께 밧줄에 몸을 묶고 갈라진 바위틈 사이로 내려갔다. 천천히 60미터를 내려간 그들은 암반 능선에서 자라는 연한 녹색 식물들의 군락을 지나 바위로 된 바닥에 닿았다. 공기는 서늘하고 습했으며 돌에는 이끼가 덮여 있었다. 그리고 한 줄기의 강물이 벽을 가르는 크레바스 안쪽으로 사라지고 있었다. 그들은 앨리게이터에 올라타 촛불을 밝히고 어둠을 향해 천천히 노를 저었다. 높이 솟은 통로 벽의 아래를 헤치고 커튼처럼 흘러내린 종유석 밑으로 고개를 숙이며 조금씩 전진했다. 여기저기 주변에 떨어지는 어둠 속의 물소리는 '가락이 붙은 노래' 같았는데 "지상의 그 어떤 노래보다 더 감미롭고 화성적이었다"고 그는 썼다. 강을 따라가며 지류가 갈라질 때마다 방향을 틀었던 그들은 그동안 알고 있던 지형과는 완전히 다른 단절된 세상에 들어선 느낌을 받았다. 스물세시간 동안 그들은 그렇게 완벽한 진공을 표류했다.

"무언가 거역하기 힘든 힘이 우리를 앞으로 이끌었다!" 마르텔은 그렇게 썼다. "우리가 그곳에 가기 전까지 그렇게 깊숙이 들어간 사람은 아무도 없었다. 우리가 어디로 가는지, 무엇을 보는지 아는 사람도 없었다. 그 어느 것도 우리 앞에 놓인 것보다 아름다울 수는 없었다. 누가 시킨 것도 아닌데 우리는 마주 보며 같은 질문을 던졌다. '지금 우리가 꿈을 꾸는 건가?'" 마르텔의 말에서 나는 알 수 없는 황홀경에 사로잡힌 인간의 음성을 듣는다. 불붙인 양초를 머리 높이 들고 파디락의 깊은 습곡을 더듬어가는 탐험가를 떠올리다 보면 어둠 속에서 혼잣말처럼 나지막이 부르는 그의 노랫소리가 들리는 듯하다. 장뤼크 조슈아-베르지가 마디랑 버섯농장의 터널 속을 헤맬 때 불렀다는 노래도 같은 곡조였을지 모른다.

길을 잃게 되면 언제나 수수께끼 같은 다면적 심리 상태에 빠져 예상치 못한 힘에 휘둘린다. 어느 시대든 예술가나 철학자, 과학자들은 이런 방향감각 상실을 발견과 창의력의 원동력으로 찬양했다. 이는 물리적 경로를 벗어난다는 사실뿐 아니라 익숙한 것에서 이탈하여 미지의 세계로 향한다는 의미를 지녔기 때문이다. "도시에서는 길을 찾지 못해도 대수로울 것이 없다." 발터 벤야민은 그렇게 썼다. "그러나 도시에서 길을 잃는 것은 숲에서 길을 잃는 것처럼 아주 다른 훈련을 필요로 한다." 위대한 예술품을 만들기 위해서는 확실성으로부터 고개를 돌리고 방향감각 상실을 반갑게 맞아들여야 한다고 존 키츠John Keats

는 말했다. 그는 이를 가리켜 "소극적 수용력Negative Capability"이라고 했다. "인간에게 그것은 섣불리 사실이나 이유를 밝히려 하기보다 불확실성과 신비함과 의심 속에 머무를 줄 아는 능력"을 의미한다. 소로Henry D. Thoreau 역시 길을 잃는 것을 세상 속에서 자신의 위치를 이해하는 단초로 설명했다. "완전히 길을 잃거나 몸을 뒤로 돌려봐야 자연의 거대함과 생소함을 제대로 헤아릴 수 있게 된다." 소로는 그렇게 썼다. "길을 잃어봐야, 다시 말해 세상을 잃어봐야 비로소 자신을 찾기 시작하고 우리가 어디에 있으며 세상과의 관계가 얼마나 무한한지 깨닫게 된다." 한편 솔닛에게 길을 잃는 것은 주변 환경에 '제대로 적응하는' 궁극적인 방법이다. "우리는 길을 잃는 것이 아니라 자신을 잃는다. 거기에는 길을 잃는 것이 의식적인 선택, 자진해서 택한 항복, 주변 지리를 통해 이를 수 있는 심리 상태라는 의미가 담겨 있다."

신경학적으로 말해 이 모든 것은 의미가 있는 지적이다. 즉 길을 잃으면 우리의 두뇌는 최대한 개방적으로 열리며 무엇이든 받아들일 수 있게 된다. 방향감각을 잃었을 때 해마 속 뉴런은 주변의 모든 소리나 냄새, 광경을 미친 듯이 흡수하여 방향감각을 되찾는 데 도움이 될 만한 자료를 긁어모은다. 불안을 느끼는 바로 그 순간 우리의 상상력은 비범한 능력을 발휘하여 환경에서 다양한 이미지를 생각해낸다. 숲에서 발을 잘못 들여놓아 길이 더는 보이지 않게 되었을 때, 우리의 지성은 나뭇가지가 부러지거나 나뭇잎이 바삭거리는 소리를 통해 무자비한 흑곰이나 멧돼지 무리, 혹은 도망 중인 죄수의 기척을 알아차린다. 어

두운 밤에 빛을 더 많이 받기 위해 눈동자가 팽창하는 것처럼, 길을 잃을 때 우리의 마음은 세상을 향해 좀 더 활짝 열린다.

—

언젠가 나폴리의 시가 아래를 탐험하면서 잠깐이나마 평범하지 않은 방향감각 상실을 경험한 적이 있다. 그러니까 어느 가을날 아침이었을 것이다. 나는 고대 나폴리의 중심지 근처에서 도시 탐험가인 루카Luca와 다니Dani 형제의 안내를 받아 고대 바실리카의 지하실로 들어갔다. 바닥을 보니 커다란 구멍이 나 있었다. 우리는 밧줄로 서로를 연결한 후 긴 사다리를 타고 내려가 고대 그리스의 수조 속으로 들어갔다. 수조는 속이 빈 커다란 병 모양으로 도시 아래 30미터 깊이에 자리 잡고 있었다. 루카와 다니의 설명에 따르면 이 수조는 기원전 8세기 이후 나폴리 땅속에서 사방으로 뻗어 나간 미로의 수많은 구간 중 하나일 뿐이라고 했다. 이 네트워크는 토굴과 카타콤베와 묘지, 수조들이 엄청난 규모로 미로처럼 엉켜 있어 아무도 그 끝을 알 수 없다고도 했다.

오후로 접어들었을 때 우리는 다음 수조로 들어갔고 비좁고 구불구불한 터널을 따라 더 깊은 미궁 속으로 빠져들었다. 공간이란 공간은 갈수록 점점 모양이 비슷해져 보르헤스J. L. Borges의 이야기에 나오는 무대장치처럼 거울로 이루어진 삼차원 복도를 통과하는 느낌을 주었다. 어떤 수조는 여러 개의 수로로 갈라졌고, 수로는 또다시 갈라져 프랙탈fractal 구조를 띠며 사방으로 확산되었다.

우리는 계속해서 어디가 어딘지 전혀 알 수 없는 곳을 찾아 들어갔다. 루카와 다니도 본 적이 없는 공간들이었다. 새로운 공간을 만날 때마다 그들은 지도에 없는 섬을 발견한 선원들처럼 어둠 속에서 환호성을 질렀다. 그러다 어느 지점에서는 나도 모르는 사이에 혼자가 될 때도 있었다. 그럴 때는 갑자기 미래에서 현재를 건너뛰어 과거로 훌쩍 이동한 것 같았다. 그런가 하면 한 수조 안에 모두 함께 있다가 사진을 한 장 세워두려고 몸을 돌렸는데, 다시 돌아보니 두 사람이 사라진 적도 있었다. 나는 서둘러 그들이 갔으리라 짐작되는 통로를 기어갔지만 그곳은 텅 비어 있었다. 뒤춤에 차고 있던 카라비너들이 엉덩이에 부딪히며 짤랑거리는 소리만 크게 울릴 뿐 헤드램프에서 나간 노란 원뿔 모양의 광선 저편으로는 아무것도 보이지 않았다. 소리쳐 그들을 불러보았지만 아무런 대답 없이 내 목소리만 굽이진 낭하 저쪽으로 희미하게 사라져갔다.

하지만 오래 떨어져 있던 것은 아니었다. 그래봐야 몇 분 정도였을 테다. 그러나 그 짧은 시간, 내가 얼마나 멀리 왔으며 여기가 아까 있던 곳에서 어느 방향으로 어디쯤 떨어진 곳인지 짐작도 못 했다는 사실에 생각이 미치자 정박하고 있던 닻줄이 툭 끊기는 것만 같았다. 몸이 지면에서 둥둥 떠올랐다가 쿵 떨어진 기분이었다. 정확히 패닉 상태에 빠진 것은 아니었지만 머릿속이 하얘지면서 모든 일에 예민해지고 마약이라도 한 것처럼 흥분되었다. 모든 감각이 가시처럼 뾰족하게 일어나 현재의 순간에 완전히 몰입되자 조금 전까지만 해도 눈치채지 못했던 희미한 냄새나 소리, 공기의 흔들림에 모든 감각 기관이 맞춰지는 느낌이었다. 심지어 피부까지 예민해져서 온 세상이 땀구멍을 통해 밀려드는 것 같았다.

"길을 잃는 것은 자신의 길을 찾거나, 또 다른 길을 찾는 출발점이다." 솔닛은 그렇게 썼다. 가던 길에서 벗어나 신경이 백지상태가 되었을 때, 세상과 우리의 관계는 유연하게 변한다. 아주 깊은 곳에 뿌리박혀 있던 신념이나 생각의 줄이 스르르 풀리면서 현실에 대한 새로운 해석에 우리 자신을 열어놓는다. 경전에 등장하는 인물들이 갑작스러운 계시를 통해 개심하거나 신비한 깨달음을 얻는 것도 바로 길을 잃었을 때다. 구약의 선지자들도 사막에서 길을 잃었다가 하나님을 만났다. 고타마 싯다르타는 광야에서 6년을 방황한 후 비로소 부처가 되었다. 〈지옥편〉에서 펼쳐지는 단테의 영적 탐구는 길을 잃었다는 선언으로 시작된다. "삶의 여정 한복판에서 쉽고 빠른 길을 잃고, 나는 어두운 숲속에 있었다." 소설가 짐 해리슨Jim Harrison은 시인 게리 스나이더Gary Snyder에게 이렇게 말했다. 길을 잃게 되면 "나 자신의 본성을 포함하여 모든 것이 의심스러워집니다. 그 정도로 극적이죠. … 길을 잃는 일은 접심接心, 명상의 순간과 같아서 오랜 시간 앉아 있다가 징이 울려 일어났을 때 세상이 전혀 다르게 보이는 것과 비슷합니다." 스나이더는 이렇게 답했다. "그게, 그러니까 깨달음 같은 것이겠죠."

1990년 말 몇몇 신경과학자들이 팀을 꾸려서 방향감각을 상실할 때 우리 두뇌가 신체적 기능을 얼마나 마비시키는지 추적한 적이 있다. 그들은 펜실베이니아 대학교의 한 연구실에서 불교 승려들과 프란시스코 수도회의 수녀들을 상대로 실험을 실시했다. 승려와 수녀들이 참선이나 기도를 하는 동안 두뇌에서 어떤 활동이 이루어지는지 알아본 것이다. 그리고 그들은 어렵지 않게 특정 패턴을 찾아낼 수 있었다. 참선이나 기도를 할 때는 두뇌의 앞부분에 있는 후부상두정소엽Posterior Superior Parietal Lobe이라는 작은 부위의 활동이 둔화되었다. 후부상두정소엽은 인지적인 방향 정립 과정에서 해마와 밀접하게 협동하는 부위다. 그들이 알아낸 바에 따르면 영적 성찰이라는 경험에는 본질적으로 공간 지각의 둔화라는 현상이 뒤따랐다.

그러니 인류학자들이 세계 여러 종교를 관통하는 어떤 공통의 특징에 각별한 관심을 갖고 그 뿌리를 추적하는 것도 이상한 현상은 아니다. 이는 바로 길 잃음에 대한 일종의 맹목적 숭배 의식이다. 영국의 학자 빅터 터너Victor Turner는 신성한 통과의례는 예외 없이 세 가지 단계를 거친다는 사실을 확인했다. 첫째는 분리separation로 이전의 사회적 신분을 버린 채 집단을 떠나는 것이고, 둘째는 전이transition로 특정 신분에서 다음 단계의 신분으로 이행하는 과정이며, 마지막은 통합incorporation으로 새로운 신분을 얻어 사회로 되돌아오는 단계다. 전환 과정의 핵심은 중간 단계인데, 터너는 이를 '리미널리티liminality 단계'라고 했다. '문지방'을 뜻하는 라틴어 'limin'에서 가져온 말이었다. 리미널리티 상태에서는 "사회적 구조 자체가 일시적으로 유예된다." 이때 우리는 모호함과 무상함을 떠돌며 이도 저도 아닌, 즉 "이미 벗어났지만 아직은 이르지 못한" 존재가 된다. 리미널리티의 궁극적인 촉매는 방향감각 상실이라고 터너는 말한다.

전 세계 곳곳에서 행해지는 많은 의례 중에서도 캘리포니아의 피트강 유역에 사는 아메리카 원주민의 의례는 유달리 혹독하다. 이들 부족은 간혹 혼자 "방랑을 떠난다." 인류학자 하이메 데 앙굴로Jaime de Angulo에 따르면 "남자든 여자든 방랑자는 주거지나 마을을 피해야 하고 황야를 이탈해서도 안 되며 산꼭대기나 계곡 아래 등 혼자 있을 만한 곳을 찾아야 한다." 방향감각 상실에 굴복함으로써 방랑자는 "그림자를 잃는다"고 그들은 말한다. 방랑은 일종의 적극성을 띠는 시도로, 돌이킬 수 없는 절망이나 심지어 정신착란 상태에 이를 위험이 없지 않지만 신성한 부름을 받아 길을 다시 찾기만 하면 대단한 능력을 갖추고 돌아와 부족의 샤먼이 될 수 있다.

그러나 가장 흔히 볼 수 있는 '의례적 길 잃음Ritual Lostness'— 즉 방향감각 상실이 가장 기본적인 형태로 구현된 것—은 바로 미로다. 웨일스의 구릉지부터 동부 러시아의 군도나 인도 남부의 벌판에 이르기까지 미로는 세계 어디에서든 찾을 수 있는 '길 잃음'의 한 가지 수단이다. 미로는 일종의 리미널리티 장치, 즉 방향감각 상실이라는 집약된 경험을 정교하게 설계한 구조로 작동한다. 구불구불한 암벽 통로로 들어가 폐쇄된 경로에 집중하게 되면 외부와 단절되어 일종의 공간 최면에 빠진다. 그곳에는 참고할 만한 지형지물이 하나도 없다. 이런 상황에 처하면 우리는 변신을 준비하여 기존의 사회적 신분이나 인생 단계나 심리적 상태에서 벗어나 다른 곳으로 이행하게 된다. 가령 아프가니스탄에서 미로는 결혼 의식의 중심에 자리한다. 신랑과 신부는 이리저리 복잡하게 얽힌 암벽 통로를 함께 빠져나가며 사랑의 유대를 강화한다. 동남아시아 일부 지역에서 미로는 명상의 수단으로 활용되어, 이곳을 찾는 사람은 여러 갈래의 길을 천천히 걸으며 내면 깊은 곳에 의식을 집중시킨다. 크레타의 미궁으로 들어가 미노타우로스를 죽인 테세우스Theseus의 이야기도 결국은 변신에 대해 말한다. 소년일 때 미궁으로 들어간 테세우스는 성년이자 영웅이 되어 나온다.

현대적 모습으로 구현된 미로는 대부분 이차원적이어서 돌무더기를 낮게 쌓거나 바닥에 모자이크 무늬를 붙여 통로의 경계를 표시한다. 그러나 과거로 거슬러 올라가 미로의 초기 계보를 따라갈수록 벽이 조금씩 높아지고 통로는 어두워지며 더 깊은 곳으로 묻히는 것을 확인할 수 있다. 실제로 최초의 미로들은 거의 예외 없이 지하에 설치되었다. 헤로도토스에 따르면 고대 이집트인들은 이탈리아 북부의 에트루리아인들이 그랬던 것처럼 거대한 지하 미로를 건설했다. 잉카 이전의 차빈Chavín 문화는 페루의 안데스 지역에 거대한 지하 미로를 조성해놓고 어둡고 구불구불한 터널에서 신성한 제의를 거행했다. 고대 마야인들도 유카탄 반도의 도시 옥킨톡Oxkintok에 만든 어두운 미로에서 같은 의례를 치렀다. 애리조나의 소노라 사막에 거주하는 토호노오덤족은 오래전부터 이토이I'itoi라는 신을 섬겨왔다. '미로의 신'으로 알려진 이토이는 미로의 한복판에 산다. 이토이의 미로는 이 부족의 전통 바구니에서 그 문양을 쉽게 찾아볼 수 있는데, 부족 사람들은 그 시작점을 동굴의 입이라고 말한다.

1998년 시칠리아 북서부에서 한 고고학 연구진이 발표한 바에 따르면 미로가 기록으로 처음 나타난 것은 5,000년 된 그림을 통해서였다. 이 그림은 어떤 동굴의 깊은 다크존에서 발견되었다. 고고학자들은 이 그림의 아래쪽 진흙 바닥에 미로가 있었을 것이라는 가설을 세웠다. 미로는 고대인들이 통과의례를 치르는 통로로 기능했을 것이다. 분명 일리가 있는 설명이다. 그러나 한편으로는 이 동굴 자체가 미로가 아니었을까 하는 생각을 해보게 된다. 그래서 나는 그 그림이 미로라는 특정 구조를 암시한 것이 아니라, 동굴로 들어가거나 어둠 속에서 길을 잃거나 혹은 바위 통로를 표류하는 느낌을 표현한 것이 아닌가 생각하고는 한다.

장뤼크 조슈아-베르지가 위스키와 수면제를 가지고 버섯농장의 터널로 들어갔을 때, 그는 사실 스스로 목숨을 끊을 생각이었다. "그때 나는 처지가 암담했고 매우 우울했다." 그는 나중에 그렇게 말했다. 미로에서 나온 뒤 장뤼크는 삶에 대한 의욕을 되찾았다. 한결 가볍고 여유로운 마음으로 가족 곁으로 돌아갔다. 야간학교에 등록하여 두 번째 학위를 받았고 더 좋은 일자리를 찾았다. 기자가 그런 변신의 계기를 물었을 때 그는 어둠 속에 머무는 동안 '생존 본능'이 되살아나 새삼 삶에 대한 욕구가 솟았다고 털어놓았다. 가장 암담했고 그래서 더욱더 변화가 절실했던 순간, 그는 어둠 속으로 길을 떠났고 방향감각을 잃었다는 사실에 승복했으며 새로운 모습으로 다시 세상에 나올 준비를 했다.

—

결국 셀레나와 오사와 나를 구해준 아리아드네Ariadne(테세우스가 미궁을 빠져나올 수 있도록 실뭉치를 건네준 미노스의 공주-옮긴이)의 실은 겨울 공기였다. 그 카타콩브는 1년 내내 섭씨 약 14도를 유

미궁 속의 사나이를 그린 아메리카 원주민의 전통 바구니 문양

지했다. 그래서 12월에는 통로 온도가 지상보다 보통 6~7도
는 더 높다. 참고가 될 만한 랜드마크나 방향을 알려주는 지형지
물을 찾으며 터널 속을 헤매던 우리는 예상치 못한 무언가를 느
끼기 시작했다. 희미하나마 차가워진 공기를 눈치챈 것이다.
그 느낌은 우리 살갗을 부드럽게 건드리고 지나갔다가 잠깐 옅
어진 후, 다시 돌아오고 또 사라졌다. 우리는 그 공기가 출구 쪽
에서 들어오는 것이라고 결론을 내렸다. 의견의 일치를 본 뒤로
는 그저 찬 공기를 따라갔다. 터널을 기어가다 공기가 따뜻해지
면 다시 돌아 나왔다. 만약 몇 달 뒤 온화한 봄날 밤이었다면 지
상과 지하의 온도 차가 뚜렷하지 않았을 테고, 결국 우리는 밖으

언더그라운드

로 나오는 길을 찾지 못했을지도 모른다.

허름한 출구를 찾은 우리는 터널 밖으로 몸을 내밀어 냉랭한 공기를 들이켰다. 새벽 4시를 넘긴 시간이었다. 그러니까 약 여덟 시간 정도 길을 헤맨 셈이었다. 우리는 거리로 올라가 한바탕 웃고 난 다음 텅 빈 대로를 향해 고함을 질렀다. 그러고는 지하철이 운행할 시간이 아니었기에 택시를 타고 셀레나의 아파트로 향했다. 운전기사는 룸미러로 뒷좌석을 흘끔대며 푹 젖은 옷 여기저기에 진흙을 묻힌 몰골로 의기양양해하는 우리를 의아한 표정으로 바라보았다. 셀레나의 작은 스튜디오로 들어간 우리는 바닥에 깔린 담요 자락에 털썩 주저앉았다. 천장 비스듬히 뚫린 채광창 아래에서 살아 돌아온 것을 축하하며 잔을 들었다. 새벽 여명이 스며드는 방 안에 앉아 길을 잃었던 원인을 분석하고 그날 밤 사건을 복기하며 순간순간 머리를 스쳤던 이런저런 생각을 털어놓았다. 때때로 불길한 생각에 등골이 서늘해졌던 경험은 세 사람 모두 마찬가지였다. 그러나 저 아래 좀 더 모호한 마음의 통로에서, 우리 세 사람은 또렷했던 고요의 순간과 마주했고 그로 인해 잠깐이나마 고무되기도 했었다.

7장

숨겨진 들소

신성한 것들은 모두 제자리가 있다.

아니, 제자리에 있어서 신성해졌다고도 할 수 있다.

—클로드 레비스트로스Claude Levi-Strauss, 《야생의 사고The Savage Mind》

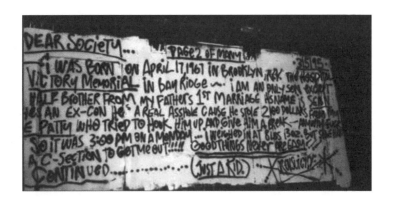

뉴욕을 처음 탐험하던 시절, 나는 지하철에 타기만 하면 매의 눈으로 창밖을 응시하며 버려진 역으로 이어지는 통로를 찾는 데 온 신경을 집중시키곤 했다. 그러다 보면 아주 짧은 순간이지만 터널 벽에 이상한 메시지가 잠깐 나타났다 사라질 때가 있었다. 짐작건대 흰색이나 노란색 페인트 바탕에 크기는 3×1.5미터 정도였고, 그 위에 검은색으로 글씨를 빼곡하게 쓴 패널 같았다. 터널에서도 어두운 부분, 그러니까 역과 역 사이 텅 빈 공간에서 검댕으로 뒤덮인 인적 없는 곳이면 그런 패널이 어김없이 모습을 드러냈다. 한 번 눈에 떠자 패널은 모든 곳에서 나타났다. 브루클린의 한적한 동네나 맨해튼 미드타운의 왁자지껄한 도로 아래를 지날 때 지하철 차창 밖을 뚫어져라 보고 있으면 그런 패널이 획 하고 나타났다 금새 숨어버리곤 했다.

심지어 열차가 빠른 속도로 통과했기 때문에 그 내용을 파악하기란 어림없는 일이었다. 기껏해야 몇 글자 간신히 포착하는 것으로 만족할 수밖에 없었다. 그래도 나는 뉴욕이 스스로 의식하지 못한 채 깜박깜박 명멸하며 보내는 의식 저편의 메시지에 금방 반하고 말았다.

여러 문헌을 뒤진 끝에 그 패널들이 어떤 그라피티 작가의 수수께끼 같은 프로젝트의 일환으로 제작되었다는 사실을 알아냈다. 레브스REVS라는 사람이었다. 패널 하나는 일기의 한 '페이지'로, 6년에 걸쳐 쓰인 이 일기장은 뉴욕 지하 곳곳에 배치되어 있었다. 모두 235페이지였고 지하철 거의 모든 승강장과 승강장 사이에 하나씩 그려져 있었다. 레브스는 안전모를 쓰고 형광 조끼를 입어 뉴욕메트로폴리탄교통공사Metropolitan Transportation Authority, MTA 소속 인부를 가장한 다음 밤늦은 시간을 이용해 거리에 있는 비상 해치로 잠입했다. 어둠 속에서 그는 롤러를 사용하여 터널 벽에 페인트로 커다란 직사각형을 칠한 다음, 검은색 스프레이로 한 문단 길이의 내용을 썼다. 대부분 어린 시절의 이야기거나 짤막한 철학적 단상이었다.

알고 보니 레브스는 뉴욕 그라피티계의 유명인사였다. 다작을 중시하는 그라피티 문화에서 작가는 단속반에 잡히지 않으면서도 가장 눈에 잘 띄는 곳을 골라 도시의 표면에 자신의 이름을 가능한 한 많이 남기려 애쓴다. 그중에서도 레브스만큼 이름을 많이 남긴 작가는 없었다. 1980년대 초에 그가 뉴욕에 남긴 표식은 수만 개에 달했다. 레브스는 스프레이 페인트와 마커로 공중전화 박스와 신문 가판대, 우편함 등에 자신의 이름을 그려 넣었다. 그는 벽돌 건물 정면에 대형 광고판 크기로 벽화를 그렸고, 건물 옆면에 볼트와 너트로 캔버스 작품을 고정시켰으며, 심지어 금속으로 조각한 자신의 이름을 도로 표시판과 철제 울타리에 용접해놓았다. 1980년대 말과 1990년대 초는 레브스의 작품 활동이 가장 왕성했던 시기로, 어디든 몇 발짝만 가면 틀림없이 그의 이름 네 글자를 볼 수 있었다. 마치 레브스가 이 도시의 귀에 대고 나지막이 노래를 불러주는 것 같았다. 당시 루돌프 줄리아니Rudolph Giuliani 시장은 뉴욕을 낙서 없는 도시로 만들겠다며 반달스쿼드Vandal Squad라는 MTA 산하단체를 조직해 그라피티를 모두 지우려 했다. 레브스는 공공의 적 1호가 되었다. 반달스쿼드는 레브스를 킹피시The Kingfish라고 불렀다. 거리에서 악명이 높아지자 레브스는 지하로 들어갔고 자신이 살아온 이야기를 어둠 속에 그리기 시작했다.

뉴욕 그라피티를 다룬 오랜 역사서에서 나는 그 일기의 초기 사진을 찾을 수 있었다. 전부 브루클린의 지하철 통로 벽에 써놓은 작품들이었다. 1995년 3월 5일 자 일기는 작가의 출생 이야기로 시작한다.

친애하는 여러분에게

나는 뉴욕 브루클린에서 1967년 4월 17일에 태어났다. 빅토리 메모리얼 병원이었다. 우리 아버지가 첫 번째 결혼에서 낳은 이복형만 아니라면 나는 외동아들이다. 아버지 이

름은 손이고, 전과자다. 아버지는 정말 밥맛이다. 큰아버지
가 어떻게 사람 좀 만들어보려고 중매까지 섰는데 그에게
서 2,100달러를 훔친 인간이니까. 어쨌거나 엿 먹을 인간일
세! 그건 그렇고 그때는 월요일 오후 3시였다. … 나는 3.9킬
로그램이어서, 엄마는 날 끄집어내기 위해 제왕절개를 해
야 했다! 좋은 일은 쉽게 오는 법이 없거든! 다음에 계속…

그 앞에 프롤로그가 있었고, "여럿 중 제1쪽"이라고 적혀 있
었다.

　　일반 대중에게
　　지금 이걸 보며 '뭐야 이거'라고 한마디씩 할지 모르겠다.
이건 그냥 살아가면서 자기가 아는 유일한 방식으로 자기 얘
기를 하는 녀석에 관한 기록이다. 요는 이 친구 얘기가 여러
분의 얘기와 별반 다를 바 없다는 점이다. 우리는 결국 전지
전능한 유일신 조물주 하나님의 퍼즐 조각 중 하나일 뿐.

나는 궁금했다. 대체 어떤 사람이기에 지하철 터널 벽을 이용
해서 자기 얘기를 전달할 생각을 했을까? 레브스는 누구인가?
그라피티 작가들은 하나같이 신분을 감추고 살아가지만 레브
스만큼 철저하게 베일에 가려진 사람도 드물었다. 젊은 그라피
티 작가들은 레브스를 존경했지만 그를 만나봤다는 사람은 없었
다. 나이가 든 작가 중에는 그를 안다는 사람이 더러 있었다. 하

지만 그들도 몇 해째 못 보기는 마찬가지라고 했다. 몇 명 안 되겠지만 레브스와 연락이 되는 작가들을 찾아 줄을 좀 대줄 수 없겠느냐고 묻자 그들은 코웃음부터 쳤다. "어림도 없는 소리요." 에스포ESPO라는 작가는 그렇게 말했다. 스미스SMITH라는 작가도 단정적으로 말했다. "레브스는 아무하고도 얘기하지 않아요." 언젠가 레브스의 얼굴을 한 장 찍었던(얼굴은 흐리게 처리했다) 어떤 사진작가도 한마디로 거절했다. "어디 있는지도 모르지만, 만약 안다고 해도 말해줄 생각은 없어요." 몇 해 동안 그렇게 레브스는 내 머릿속에 들어왔다 사라지곤 했다. 어쩌다 까맣게 잊고 지내다가도 지하철 창밖으로 스치는 예의 그 패널이 흘끗 보이면 어둠 속에 몸을 감추고 그림을 그리는 사나이의 모습이 떠올라 다시금 찾아보곤 했다.

나는 도시 곳곳을 쏘다니며 희미한 단서라도 찾아보려 했다. 한때 그의 용접 작업실이 있었다는 거리를 가보았고, 베이리지에 있는 그의 옛 동네를 배회하면서 어렸을 적 자주 드나들었다는 과자점 주인에게 소식을 묻기도 했다. 레브스가 교량 건설에 참여했다는 말을 들은 뒤로는 철강조합 여기저기에 전화도 걸어보았다. 나는 스티브 모나Steve Mona라는 경관에게도 도움을 청했는데 그는 레브스를 거의 10년째 쫓아다녔던 반달스쿼드의 대장이었다.

모나도 도움이 안 되기는 마찬가지였다. 아니, 어느 누구도 도움이 되지 않았다. 20년 동안 레브스의 작품을 찍었던 어떤 사진작가는 그만 단념하라며 나를 다독였다. "그러다 미쳐버리면 어떻게 하려고 그래요? 그 사람 유령이라니까요." 그래서 나는 정말로 두 손을 들었다. 레브스가 그늘에서 나오지 않으리라는 사실을 인정한 것이다. 어둠 속에서 작품을 쓰던 사람이 커튼을 젖히고 나와 "나 여기 있소" 하리라 기대했던 내가 어리석었다고 스스로 타일렀다. 이 작가에 대해 무언가 알아낼 수 있는 유일한 방법은 지하로 내려가 그의 일기를 읽는 것뿐이었다.

숨이 턱턱 막히던 여름날 밤, 나는 사촌 러셀과 함께 어느 지하철 승강장에서 열차가 지나갈 때까지 기다렸다. 열차에서 나온 마지막 승객이 개찰구에서 사라지자 우리는 잽싸게 승강장 끝으로 걸어가 '선로로 들어가지 마시오'라는 경고판이 붙은 바리케이드를 넘어 어둠 속으로 향했다. 터널 안의 공기는 매 캐하고 무거웠으며 천장에서 떨어지는 물소리가 커졌다 작아졌 다 하며 이어졌다. 얼마 걷지 않았는데 벌써 그의 흔적이 나타났 다. 겨우 어둠에 적응하기 시작한 순간, 급행과 완행을 가르는 철 제 들보에 'R-E-V-S'라고 세로로 쓴 그의 예명이 눈에 들어왔 다. 들보의 다른 쪽에는 일기가 있었다. 쇳가루가 붙어 얼룩덜 룩 희미해진 그 페이지는 마치 벽에 수백 년 동안 걸리기라도 했 던 것처럼 세월의 때가 묻어 있었다. 내용은 어렸을 적 같은 동 네에 살았던 두 형제 크리스와 대니에 대한 설명이었다. 레브스 는 그들과 함께 록그룹 키스KISS를 듣고 TV 시리즈 〈새터데이 나 이트 라이브Saturday Night Live〉를 보곤 했다. 한마디로 특별할 것 도 없는 스토리였다. 그래도 우리는 무슨 고대의 유물에 적힌 시 라도 읽는 사람들처럼 터널 깊은 곳에서 숨죽이며 그 이야기

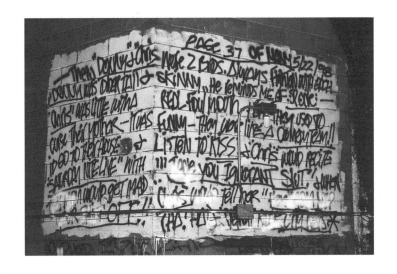

를 읽었다. 도시는 여전히 우리 머리 위 저만큼 떨어진 곳에 태연히 누워 있었다.

그의 일기를 훔쳐보는 탐사 행적은 즉흥적일 때도 있었고 계획하고 나설 때도 있었다. 나는 혼자 둘러보기도 했고 러셀과 같이 가기도 했으며 내 얘기로만 듣는 것이 지겨워 직접 눈으로 확인하겠다는 친구들과 동행할 때도 있었다. 스티브 등 몇몇 도시 탐험가들은 지하철 터널을 누빌 때 느끼는 평온함을 얘기했지만, 내 경험으로 말하자면 승강장에서 뛰어내리는 순간부터 다음 승강장 위로 안전하게 올라설 때까지 계속해서 조마조마한 가슴을 안고 불안감을 떨치지 못했다. 특히 곡선 구간은 늘 겁이 났다. 그런 곳에서는 열차들이 별다른 경고 없이 순식간에 달려들곤 했다. 빈터가 없는 좁은 구역도 머리카락을 곤두서게 했다. 그라피티 작가들은 그런 구역을 "피와 뼈blood and bones"라고 불렀다. 또 비가 오는 날은 빗방울 소리와 다가오는 열차의 쇳소리가 구분되지 않기 때문에 등에서 계속 식은땀이 났다. 터널 입구에 고개를 숙이고 있는 무인 카메라를 보면 기겁해서 얼른 승강장으로 되돌아가곤 했다(스티브는 무인 카메라가 있다는 것은 주변에 감시하는 사람이 없다는 뜻이라고 말하며 안심을 시켰지만, 선뜻 믿기지는 않았다).

선로 옆에 나란히 설치된 제3의 선로를 흐르는 고압 전류도 겁이 났고, 불쑥 튀어나오는 쥐도 반갑지 않았다. 선로 작업을 하는 인부들에게 들키는 것도 신경 쓰였으며 탑승자가 많지 않은 검은색과 노란색이 섞인 유틸리티 열차의 유령 같은 모습도 가슴을 철렁하게 했다. 이런 열차는 정해진 스케줄이 없기 때문에 아무런 예고 없이 모퉁이에서 휙 나타날 수 있었다. 그러나 승강장과 승강장 사이의 터널 가장 깊은 어딘가에서 나는 레브스의 일기장과 어김없이 마주했고, 그 일은 한 번도 나를 실망시키지 않았다. 혹시 작가에 대해 무언가 알려지지 않은 실마리를 잡을 수 있지 않을까 생각하여 일기를 붙잡고 꼼꼼히 연구했다.

일기는 굉장히 소중한 자료였다. 나는 찾아낸 일기들을 빠짐없이 베꼈고 다른 탐험가들이 찍은 사진 내용도 참고했다. 레브스가 소년 시절 베이리지에서 개구쟁이 짓을 하던 이야기도 읽었다("날마다 옛같이 스틱볼, 휘플볼, 스툽볼로 벽치기하고 대갈통 깨져라 풋볼을 하고 킹, 스케이트보드, 범인 추적, 지붕 기어오르기나 화재 시 탈출은 늘 싸움질"). 레브스는 술주정뱅이 아버지 때문에 속도 많이 썩었다("경찰차나 구급차에 실려 온 적도 여러 번이야. 인사불성이 되어 인도에 뻗어 있는 경우도 몇 번 봤다니까). 그림으로 뒤덮인 지하철 차량을 처음 본 순간도 있었다("완전히 뿅 갔어. 내가 본 첫 번째 작품이고 정말 특별했어! 그날 밤 내내 그 생각을 했으니까. 그치만 지금도 누가 한 건지는 몰라. 하지만 누가 했든 내 머릿속에 불을 확 지른 공은 인정해줘야 해!"). 뉴욕에 이주해 온 사람으로서 내게는 이 도시의 옛 모습에 대한 향수가 있다. 내가 이 도시에 왔을 당시에도 이미 그동안 책이나 영화에서 보고 좋아했던 뉴욕은 많이 사라지고 없었기 때문이다. 레브스의 일기는 다시 돌이킬 수 없는 뉴욕에서 얻은 문화적 유물로, 가버린 시절에 대한 길고 굳센 펑크록 시詩였다.

그러나 무엇보다도 내 마음을 빼앗고, 그와 동시에 나를 좌절시킨 것은 레브스가 일기들을 써놓은 **장소**였다. 브루클린 아래 세상을 돌아다니느라 얼굴에 쇳가루 줄무늬가 그려지고 티셔츠는 땀범벅이 되어 목둘레가 헐렁해진 채 어느 비상구 감실에 쭈그리고 앉아 있는데, 맞은편 벽에 그런 페이지가 또 하나 눈에 들어왔다. 나이가 좀 더 많은 그라피티 작가 이노ENO의 짧은 작품이었다. ENO는 레브스가 어느 정도 명성을 얻기 시작하기 전부터 그가 사숙하던 일종의 스승이었다. 선로 위에 고정된 불빛 하나가 콘크리트 벽에 후광을 던지고 있었다. 다른 그라피티 작가들은 그 둥근 후광의 반경 안에 이름을 남긴다. 그래야 승객들이 차창을 통해 잠깐이나마 그들의 이름을 볼 수 있기 때문이다. 하지만 레브스는 아니었다.

햇살이 좋았던 11월의 어느 날 아침, 출렁이듯 굽이치는 좁은 도로를 따라 피레네 산맥 프랑스 남서부 지방으로 들어갈 때도 내 머릿속은 온통 레브스뿐이었다. 비스케이만부터 지중해에 이르기까지 프랑스와 스페인 국경을 따라 엎드려 있는 피레네 산맥에는 유달리 동굴이 많다. 지난 150년 동안 근처 동굴을 탐사한 고고학자들은 대략 5만 년 전부터 1만 1,000년 전에 걸쳐 이 지역을 유랑하던 수렵 채집인 무리들의 작품이 많이 은닉되어 있다는 사실을 알아냈다. 첫 번째 주목할 만한 작품은 1879년 마르셀리노 산스 데 사우투올라Marcelino Sanz de Sautuola라는 스페인 귀족과 그의 여덟 살 난 딸 마리아Maria가 바스크 지방에 있는 자신의 영지에 난 어떤 동굴에 들어갔다가 발견한 것이었다. 사우투올라가 동굴 바닥을 긁고 있는 동안 마리아는 천장 쪽으로 고개를 들었다가 믿을 수 없는 광경을 보았다. 황금색과 붉은색이 섞인 들소 무리가 그곳에 있었다. 이후 몇 년 동안 서유럽 석회석 구릉지에서는 비슷비슷한 이야기가 심심치 않게 들려왔다. 농부나 목동이나 동네 꼬마 녀석들이 돌로 된 산비탈 갈라진 틈으로 들어가 촛불을 켜고 어둠 속을 헤매다 매머드나 들소, 오로크스라는 야생 소나 야생 염소, 말 등이 그려진 태곳적 그림들과 마주하는 얘기였다. 그림들은 하나같이 놀라울 정도로 살아 있는 듯한 역동성에 우아함까지 갖추고 있었다.

지금까지 유럽 곳곳에 흩어져 있는 350개의 동굴에서 발견된 이들 그림은 몇 세대에 걸쳐 고고학자와 인류학자들을 당황하게 했다. 20세기 초까지만 해도 전문가들은 이들 작품이 시간을 때우기 위한 여흥에 불과했다고 말하며, 구석기 시대 사람들의 작품은 "예술을 위한 예술"이라 주장했었다. 이후의 학자들은 생각이 조금 달랐다. 그들은 "공감의 사냥 주술sympathetic hunting magic"이라는 가설을 제시했다. 그림을 그리는 이유가 사냥하기 쉽도록 먹잇감에 주문을 걸기 위해서였을 것이라는 추측이었다. 이처럼 오늘날의 고고학자들은 이들 그림을 어떤 형태의 종교의식과 연관 지어 생각한다. 그러나 처음부터 학자들을 헷갈리게 했던 정말로 수수께끼 같은 부분은 그런 미술작품이 예외 없이 동굴에서도 아주 깊은 은밀한 지점, 즉 사람의 발길이 쉽게 미치기 어려운 외진 곳에 있었다는 사실이다.

내가 피레네를 찾은 것은 전 세계 어디를 뒤져도 이처럼 장엄하고 당황스러우며 가장 깊은 비밀 장소에 있는 작품은 없을 것이라고 감히 장담할 수 있는 유물을 친견하기 위해서였다. 바로 레 비종 다르질les bisons d'argile, 즉 〈진흙 들소〉였다. 이 한 쌍의 들소는 진흙으로 빚은 조각품인데 커다란 동굴 안쪽으로 800미터 넘게 들어간 지점, 그러니까 길고 구불구불하고 비좁은 통로의 끝, 가장 깊고 접근하기 힘든 석실에 자리 잡고 있었다. 두 마리 들소는 1만 4,000년 전에 만들어진 것으로, 고고학자들이 말하는 막달레니안기Magdalenians로 알려진 문화의 작품이다. 르 튁 도두베르Le Tuc d'Audoubert라는 이 동굴은 아리에주Ariège의 작은 마을 몽테스키외-아방테의 외곽을 끼고 흐르는 볼프 강가에 있는 세 개의 동굴 중 하나였다. 르 튁 동굴은 브구엔Begouens가의 영지 퓨졸Pujol에 있었다. 브구엔은 여러 대에 걸쳐 이 지역에 터를 잡고 살아온 귀족 가문이다. 현재 이 성의 영주로서 이들 동굴의 보호에 헌신적인 노력을 쏟고 있는 인물은 로베르 브구엔Robert Begouen 백작이다.

내가 이 동굴에 초대된 것은 거의 기적에 가까운 일이었다. 르 튁 문제로 연락을 취했던 많은 고고학자들은 이 동굴이 아마도 유럽 전역에 흩어진 벽화 동굴 중 가장 접근하기 어려운 장소일 것이라고 입을 모았다. 선사시대 동굴의 최고봉이라 할 수 있는 라스코Lascaux나 알타미라Altamira나 쇼베Chauvet 등의 동굴은 정부의 관리하에 전문가나 특별한 방문객에게만 개방을 허용했다. 반면 르 튁은 개인 소유여서 브구엔가가 내킬 때만 동굴을 개방하는데, 그것도 기껏해야 1년에 한 번꼴로 저명한 고고학자나 가문과 친분이 있는 사람들에게만 허락하고 있었다. 선사시대 미술 분야의 내로라하는 학자들도 좀처럼 받기 힘든 초대장 한 장을 바라고 평생 목이 빠지게 기다리는 형편이었다. 그런데도 캘리포니아 대학교 버클리 캠퍼스에 있는 마거릿 콩키Margaret Conkey라는 인류학자는 무슨 생각이었는지 내게 백작의 주소를 건네주었다. 그래서 나는 그에게 적어도 내가 누구인지 소개하는 편지를 보낼 수 있었다.

지극히 초보적인 불어 실력으로 나는 그동안의 탐험 행각을 늘어놓았다. 그리고 레브스의 일기를 뒤지고 다니다가 은밀한 장소에 감추어진 예술작품에 대한 참을 수 없는 호기심 때문에 귀하의 동굴 문까지 두드리게 되었다고 경위를 털어놓았다. 답장이 없었지만 의외라고 생각하지는 않았다. 어차피 크게 기대하지도 않았다. 그렇게 몇 주가 지나고 나는 그 일을 잊고 있었다. 그런데 느닷없이 브구엔 백작으로부터 이메일이 도착했다. 11월 말 어느 일요일 오후 2시에 내가 퓨졸로 올 수 있다면, '딱 한 번 예외적인 방문'을 허락하겠다는 것이었다.

차를 몰고 퓨졸의 관문을 몇 개 지나쳤는데 어느 지점에서 바로 그 성이 한눈에 들어왔다. 사방이 비탈인 푸른 목초지 위로 망루로 쓰이던 탑이 우뚝 솟은 곳에 거대한 돌 건축물이 마치 고흐의 그림처럼 이글거리는 광채를 뿜고 있었다. 조금 떨어진 곳에는 그보다 작은 전원풍의 돌 건물이 자리 잡고 있었다. 그곳에는 브구엔가의 도서관과 고고학 연구소 외에도 영지 내에서 발견된 유물들을 전시한 개인 박물관이 들어서 있었다.

연구소 문 앞으로 마중 나온 브구엔 백작은 호탕하고 쾌활한 웃음으로 나를 맞아주었다. 일흔여섯 살의 노인이었지만 실제보다 훨씬 젊게 보였다. 키가 크고 호리호리한 체격에 얼굴은 갸름했지만 표정이 자상했고 검은색 머리는 방금 손질한 것처럼 깔끔했다. 꼿꼿하고 위엄 있는 자세와 흠잡을 데 없는 매너로 손님을 맞은 그는 진지하면서도 소년처럼 다정했다. 단색의 품격을 보는 듯했다. 내 불어 실력은 초보 수준이고 그는 영어를 쓰지 않았지만, 그래도 막상 부딪히니 의사소통은 그런대로 되었다.

"동굴 안은 12도입니다." 그는 그렇게 말하면서 동굴 장비가 가득한 넓은 사물함으로 나를 이끌었다. 나는 와인 빛깔의 작업복을 입고 고무장화를 신었다. "아주 멋져요." 백작이 그렇게 말하며 윙크를 했다.

백작과 함께 나를 맞아준 이는 독일의 고고학자 안드레아스 파스토어스Andreas Pastoors였다. 그는 십 대 시절부터 브구엔가의 영지에 있는 동굴을 연구해왔다.

오십 대 중반의 파스토어스는 근엄하면서도 설득력 있어 보이는 지성미를 지닌 사람으로 코가 살짝 들려 있었다. 누구보다 앞장서서 동굴 보호에 힘썼던 그는 나를 이곳에 끌어들인 백작이 영 못마땅한 것 같았다. 그러더니 언덕 아래 동굴 입구로 가면서 내 소매를 끌어당겼다. "여기는 사람들이 드나드는 동굴이 아닙니다." 그는 그렇게 운을 뗐다. "사람이 한 명 들어갈 때마다 조각품은 위험해집니다. 당신이 책에 무슨 얘기를 쓰든, 이곳은 사람들을 반기지 않는다는 사실만은 분명히 밝혀주세요."

르 튁을 발견한 것은 백작의 부친 루이 브구엔Louis Begouen과 그의 동생 막스Max와 자크스Jacques였다. 당시 모두 십 대 소년이었던 삼 형제는 1912년 어느 날 볼프강 줄기를 따라가다 엉겁결에 이 동굴 입구에 이르게 되었다. 그들은 욕조처럼 생긴 작은 배를 타고 노를 저어 입구를 통과했고, 곧이어 첫 번째 석실 군石室群을 만났다. 그날 오후 내내 그들은 석실을 뒤지고 다녔다. 이후 몇 달에 한 번씩 그들은 약속처럼 동굴 탐험에 나섰다. 소년들은 자전거 전조등으로 급조한 등불로 어둠을 밝히며 매번 조금씩 더 깊은 석실을 찾아 들어갔다. 그러던 어느 날 막스가 아무 생각 없이 부러진 종유석들이 쌓여 있는 더미를 허물었다. 그 뒤에는 새로운 통로가 있었다. 그들은 통로를 기어갔고 안쪽에서 또 다른 통로를 발견했다. 소년들은 계속해서 깊숙이 들어가 마침내 마지막 석실에 다다랐다. 그곳에 들소가 있었다. 세 소년은 동굴을 빠져나와 당대 저명한 선사시대 전문가인 애비 앙리 브뢰이Abbe Henri Breuil와 에밀 캬르테야크Emile Cartailhac에게 연락을 취했다. 두 학자는 툴루즈에서 르 튁으로 서둘러 내려왔다. 그날 브구엔 형제들과 선사시대 학자 두 사람이 함께 찍은 사진은 지금도 가족 도서관에 걸려 있다.

브구엔가의 우주는 이제 그 들소를 중심으로 돌고 있다. 발견 100주년이 되는 2012년 10월에 브구엔 백작은 축하 행사를 위해 가족들을 모두 퓨졸로 불러 모았다. 백작은 어린 브구엔가 사

르 튁 도두베르

람들에게 막달레니안처럼 창을 던지고 돌로 된 도구를 사용하고 마찰을 이용하여 불을 지피는 방법을 가르쳤다. 그런 다음 그는 진흙 조각품을 찾아낸 이야기를 들려주었다. 그날 저녁 축하 행사의 백미는 브구엔가의 토템인 들소였다.

"모든 것이 1912년 그대로입니다." 브구엔 백작이 르 튁 동굴 어귀에 이끼로 덮인 둥근 바위 위에 서서 말했다. 그의 주변으로는 볼프강이 흐르고 있었다. 그는 청색 작업복 차림에 하얀 안전모와 광부들이 쓰는 램프를 착용했고 한쪽 어깨에는 부친의 이름이 가지런히 박힌 가죽 가방을 둘러맸다. 옛날 무성 영화의 주인공 같았다.

"배도 똑같은 겁니다." 그가 물 위에 뜬 작은 욕조 모양의 조각배를 가리키며 말했다. 그의 아버지와 삼촌들이 사용했던 것을 거의 그대로 재현한 것이라 했다.

일행은 파스토어스의 고고학 팀원 세 명을 포함하여 나까지 모두 여섯 명이었다. 쾰른 대학교의 동물고고학자 후베르트Hubert는 나이가 지긋했는데 선사시대의 동물 뼈를 연구했고, 율리아Julia는 후베르트의 제자였으며 이본느Yvonne는 네안데르탈 박물관에서 파스토어스와 함께 일하고 있었다. 이들은 2주 전부터 퓨졸에 머물며 엔린느Enlene라는 볼프강 유역의 또 다른 동굴에서 출토된 유물을 조사하고 있었다. 세 사람은 모두 르 튁이 초행이었다. 우리는 두 사람씩 보트를 나눠 탄 뒤 상류를 향해 노를 저었다. 얼마간 어둠 속을 굽이굽이 헤쳐 간 뒤 자갈이 깔린 강가에 내렸다. 그곳에서 램프 각도를 조절한 다음 동굴 쪽으로 방향을 틀었다.

르 튁은 볼프강의 고대 루트를 따라 위쪽으로 비뚤거리며 석회석 언덕으로 우리를 이끌었다. 미국의 시인 클레이턴 에셜만Clayton Eshleman은 1982년에 브구엔 백작과 이곳을 찾은 뒤 쓴 시 〈르 튁 도 두베르 방문기Notes on a Visit to Le Tuc d'Audoubert〉에서 이 동굴을 두고 "도도한 유골the skeleton of flood"이라는 표현을 썼다. 들소를 보려면 오후 내내 높이가 다른 세 단계 지형을 통과해야 했다. 강바닥에서 우리는 브구엔가 사람들이 '라 살 넙시알르La Salle Nuptiale, 웨딩룸'라고 부르는 석실로 기어올랐다. 궁형 천장을 가진 넓찍한 석실이었다. 천장에는 커다란 종유석들이 교회의 파이프 오르간처럼 드리워져 있었다.

파스토어스는 우리 일행의 공통어인 영어를 사용해서, 르 튁은 원래의 모습을 그대로 간직한 원시 동굴이라고 설명했다. 고고학 유적지는 대부분 발견되기 무섭게 지면을 구획별로 나누어 파헤쳐지고 유물은 출토되는 대로 연구소나 박물관 전시장으로 보내지지만, 르 튁은 철저히 본래의 모습을 유지하고 있다고 했다. 그래서 르 튁은 선사시대 당시 이곳을 찾았던 사람들의 흔적도 거의 고스란히 간직하고 있다. "잊지 말고 제가 디딘 곳을 따라 움직이도록 하세요." 파스토어스가 주의를 주었다. "그리고 무슨 일이 있어도 벽은 절대 건드리면 안 됩니다."

우리는 종유석을 피해 몸을 굽히거나 비스듬히 뉘이면서 조심스레 그리고 조용히 부드러운 진흙 바닥에서 발걸음을 옮겼다. 마치 누군가를 놀래키기 위해 뒤에서 몰래 살금살금 다가가는 사람들 같았다. 하긴 어떻게 보면 지금 우리가 하는 짓이 바로 그런 것이었다. 우리는 1만 4,000년 전에 마지막으로 이곳에 들어왔던 막달레니안의 뒤를 밟는 중이었다. 1만 7,000년 전부터 1만 2,000년 전까지 지속된 막달레니안 문화는 유럽 선사시대의 절정기였다. 이보다 앞선 구석기시대의 두 문화인 그라베트기Gravettians(3만 2,000년 전부터 2만 2,000년 전까지)와 솔류트레기Solutreans(2만 2,000년 전부터 1만 7,000년 전까지)도 분명 그들만의 눈부신 번성기를 갖고 있었다. 그들은 정교한 돌도구를 만들었고 엉덩이가 풍만한 〈빌렌도르프의 비너스Venus of Willendorf〉 같은 멋진 조각상을 지니고 다녔으며 유명한 쇼베 동굴에는 숨 막

히도록 황홀한 그림을 그려놓았다. 그러나 막달레니안은 거장들이었다. 구석기시대의 피렌체 르네상스라고 할 만했다. 그들은 라스코 동굴과 알타미라 동굴에 순록과 들소를 그렸는데 고대인의 작품이라고 하기에는 믿어지지 않을 만큼 정교한 솜씨여서, 초기에 이를 본 고고학자들이 위작으로 단정할 정도였다. 그들은 바위굴 벽면의 굴곡에 맞춰 질주하는 말들을 새겼고 동물 뼈로 악기를 제작했다. 그 악기들은 지금 우리의 현대 악기와 정확하게 같은 5음계를 사용했다. 그들은 뼈를 깎아 만든 바늘로 옷을 꿰맸고 조개껍질을 엮은 세련된 목걸이를 걸쳐 멋을 부렸다. 실용적인 도구에도 정교한 솜씨를 아끼지 않아 자신들의 미감을 한껏 드러냈다. 한 가지 예로 사슴뿔을 깎아 만든 들소 형태의 투창기는 그 표현 기법이 예사롭지 않다.

앞서가던 파스토어스가 멈추라는 신호를 보냈다. 우리는 커

상아 들소 상, 10센티미터

튼처럼 드리운 종유석 아래에 몸을 웅크렸다. 파스토어스가 부드러운 흙에 전등을 비스듬히 비추자 화석화된 발자국이 하나 드러났다. 발가락 다섯 개가 고스란히 찍힌 완벽한 부조였는데 발바닥 가운데 부분의 완만한 굴곡과 움푹한 뒤꿈치가 뚜렷했다. 시간적으로 아무리 멀리 나뉘어 있어도 우리와 막달레니안은 신체적으로 같은 존재라는 것을 그 흔적은 상기시키고 있었다. 그들은 우리와 같은 신체, 같은 두뇌, 같은 신경 체계와 같은 존재 방식을 가지고 있었다.

점점 더 깊숙이 올라갈수록 막달레니안이 얼마나 위험한 여정을 감행했는지 알 수 있었다. 우리는 브구엔가에서 설치한 철제 사다리를 이용하지만 조상들은 이 가파른 절벽을 그런 기구도 없이 올랐을 것이다. 또한 바지라는 것이 없던 시절이라 동굴 곳곳에서 맨 무릎 자국을 확인할 수 있었다. 그러니 발도 맨발이었을 것이다.

더 깊이 들어간 파스토어스는 진흙에 찍힌 커다란 자국에 불을 비췄다. 동굴곰의 발톱이었다. 이런 곳에서 야수의 발자국을 보는 것은 분명 가슴 뛰는 일이었지만, 수천 년 전에 멸종한 동물이니 아무래도 추상적인 흔적일 수밖에 없었다. 그러나 동굴곰과 같은 시기에 살았던 막달레니안들은 진흙에 새겨진 이런 발톱 자국만 봐도 등골이 서늘해졌을 것이다.

얼마 안 가 우리 일행은 1912년 막스 브구엔이 자연적으로 쌓인 종유석 무더기를 치워 동굴 안쪽으로 더 깊이 들어가는 새로운 통로를 만들었던 장소에 도달했다. 동굴은 이들이 말하는 이

곳 샤티에르에서 급격히 좁아져, 마치 벨트를 꽉 조인 것처럼 빠져나가기 쉽지 않은 통로가 길게 이어졌다. 납작하게 엎드려 배를 깔고 기어야 겨우 지나갈 수 있을 정도였다. 발걸음을 멈춘 우리 초행자 네 명의 시선이 그 통로에 모아졌다. 몸집이 작지 않은 방문객들이 이 샤티에르 앞에서 어쩔 수 없이 발길을 돌려야 했다는 얘기를 들은 적이 있다. "숨을 편안하게 쉬세요." 파스토어스가 말했다. "그리고 거북한 느낌이 들면 절대로 일어나려 하지 말고 그대로 엎드려 있어야 합니다."

백작이 앞장섰다. 여든 살이 내일모레인 귀족이 사진기 조리개 구멍이나 다름없는 비좁은 바위투성이의 굴을 마치 벌레가 기듯 팔꿈치로 짚어 나가고 있었다. "동굴 안에서는 이만한 운동도 없죠." 그가 점잖게 말했다. 율리아의 장화 발바닥이 모퉁이에서 사라진 것을 본 후 나도 낮은 포복을 시작했다. 비좁은 통로에는 자잘한 종유석들이 비늘처럼 붙어 있었다. 나는 엉덩이를 씰룩이며 팔꿈치로 몸을 끌어당겼다. 초기에 이 동굴을 찾았던 독일의 인류학자 로베르트 쿤Robert Kuhn 박사는 이 샤티에르를 통과할 때의 기분을 "관속을 기어가는 것 같다"고 했다. 시인 에셜만은 "그 자리에서 시들어가는 두려움"이라고 적었다. 샤티에르를 따라 조각 작품들이 환영처럼 이어졌다. 이 통로의 수호신 같은 작품들을 브구엔가 사람들은 '레 몽스트르les Monstres, 괴물'라고 불렀다.

쥐어짜는 압착기에서 나오듯 우리는 방해석이 자라고 있는 석실로 빠져나왔다. 방해석 결정이 너무나도 순수하고 섬세

해서 겨울의 차가운 폭풍이 한바탕 불고 지나간 뒤 영롱한 얼음에 뒤덮인 세상 같았다. 1만 4,000년 동안 사람의 발길이 닿지 않았던 이 석실에 브루엔 형제들의 발길이 닿은 순간, 주변에 불안하게 매달려 있던 유리 같은 종유석들은 사람들이 내는 소리에 금이 가고 부서져 동굴 바닥에 쨍그랑 떨어졌을 것이다.

우리는 또 다른 종유석 숲을 가로질러 바닥에서 천장까지 하나로 이어진 거대한 기둥을 헤집듯 돌아 빠져나간 후 몸을 낮춰 완만한 경사를 따라 다시 내려갔다. 여정을 시작한 지 이미 두 시간 반이 지나고 있었다. 모두들 입을 닫은 채 무념무상의 상태로 부유하듯 몸을 움직였다. 그때 갑자기 파스토어스가 무릎을 꿇었다. 그러고는 우리더러 옆으로 오라고 손짓했다. 이미 그의 몸은 돌처럼 움직이지 않고 있었다.

"이제 부탁 하나 할게요." 그는 부드럽고 느릿하게 말했다. 마치 조명이 희미한 무대에서 대사를 읊조리는 배우 같았다. "모두 램프를 끄세요." 이제 막 닥칠 일을 눈치챈 순간 심장이 빨라졌다. 석실은 곧 칠흑 같은 어둠에 싸였고 우리는 입을 닫았다. 그때 뒤에 있던 브루엔 백작의 램프가 딸깍하고 켜졌다. 뒤쪽에서 어둠 속을 향해 한 줄기 빛이 서서히 움직였다. 줄 하나에 매달린 꼭두각시들처럼 우리는 일제히 빛줄기를 따라 몸을 틀었다. 그 순간, 모두 그 자리에서 얼어붙었다.

석실은 작았다. 천장은 둥글고 바닥은 평평하니 아무것도 없었다. 그리고 한복판, 아마 우리가 웅크린 자리에서 3미터쯤 떨어진 곳에 커다란 돌이 있었다. 그 돌에 기대어, 우리와 약간 떨

르 튁 도두베르의 들소 조각

어진 곳에 비스듬히 그리고 부드러운 램프 불빛을 받아 번들거리며 그 진흙 들소가 누워 있었다. 입에서 탄성이 나왔다. 몸이 통째로 굳어지는 것을 느꼈다. 힘줄과 근육이 하나씩 오그라들며 어깨 주변으로 모여들었다. 그러다 갑자기 모든 것이 풀려버렸다. 내 안 어딘가 깊은 곳에서 뜨거운 밀물이 솟아올라 상체와 어깨를 거치더니 머릿속으로 넘실대며 들어갔다. 숨이 거칠어졌다. 그 들소를 뚫어져라 보다 나도 모르게 흐느끼기 시작했다. 눈물이 두 뺨을 타고 흘러내렸다.

　앞쪽은 암소였고 뒤쪽은 수소였다. 뿔의 휘어진 모양, 턱마루, 레이스처럼 늘어뜨린 수염의 장식, 완만하게 솟은 혹, 배까지 이어지는 갈기, 근육이 두툼한 어깨 등 세세한 부분의 묘사가 정교했다. 오그라든 근육과 피부 속에서 고동치는 장기가 눈에 보이는 듯했다. 점토는 아직도 습기를 머금은 듯 번들거렸다. 두 마리 들소는 불이 꺼지면 인형과 꼭두각시들이 하나둘씩 살아나는 동화에서 은밀하게 튀어나온 것처럼 보였다.

브구엔 백작은 조각 둘레를 천천히 기어 돌아보도록 배려해주었다. 그는 마치 자신의 가족을 소개하는 것처럼 다정한 어조로 설명하기 시작했다. 처음에는 간단한 불어로 천천히 설명했기 때문에 별 어려움 없이 알아들을 수 있었다. 그러나 작품의 세밀한 부분을 지적하면서 그의 말은 점점 빨라졌고 결국 나는 간신히 붙들고 따라가던 끈을 놓고 말았다. 어느새 대화에서 저만치 밀려나 있었다. 눈이 어둠에 적응하면서 들소의 세부적인 모습은 사라졌고 백작의 목소리도 점점 멀어졌을 때 나는 뒤로 물러났다. 그 방에 홀로 남겨진 듯한 느낌이 든 순간, 들리는 것이라고는 내 귓속에서 흐르는 피가 내는 소리뿐이었다.

브구엔가는 리브르 도르livre d'orl, 방명록를 준비해놓고 있다고 했다. 한 세기에 걸쳐 동굴을 찾은 사람들은 들소를 친견하도록 배려해준 이 가문에 감사를 표하고 소감을 남겼다. 사람들이 느낀 황홀감은 거의 비슷했다. 루이 브구엔은 "그 자리에 못 박혀 말이 나오지 않았다"고 적었다. 콩키 역시 몸이 마비되는 듯한 충격을 받았다고 했다. 쿤 박사는 동굴 깊은 곳에서 "속죄의 세례를 받는 느낌이었다"고 고백했다. 에셜만은 이렇게 썼다. "르 튁 도두베르에서 나는 뭔가를 속삭이는 내면의 음성을 들었다. … 하나님을 믿어라." 리브르 도르 어디를 펼치든 영적 경외감의 언어와 운율이 있었다. 이 방을 찾는 방문객들은 누구나 '두렵고도 고혹적인 신비mysterium tremendum et fascinans' 를 느꼈다. 철학자 루돌프 오토Rudolph Otto가 성스러움의 기본 요소라고 기술했던 느낌이었다.

그것은 낯설다. 그래봐야 이 들소에 대해 아는 것은 거의 없다. 1만 4,000년이 지난 지금 막달레니안은 어둠 속의 그림자다. 우리가 그들에 대해 알 수 있는 것은 흩어진 고대 모닥불의 재와 뼈를 가지고 끼워 맞춘 것뿐이다. 우리로서는 그들의 신화와 신들과 그들 우주의 모양과 윤곽을 두고 막연한 추측만 할 뿐이다. 성스러운 물체는 어느 것이든 "그것들이 그 사회 내에서 신성시되었던 맥락 속에서" 고려되어야 한다고 사회학자 로버트 벨라Robert Bellah는 지적했다. "그것들을 신성하게 만드는 것은 살아 있는 공동체의 제의다." 들소와 관련된 문화적 맥락, 즉 막달레니안 문화가 그 들소에 유의미성을 주입했을 관습은 이미 오래전에 사라져 복구할 수 없을 정도가 되었다. 그러나 1만 4,000년이 지난 지금, 스테이션왜건을 몰고 나가 편의점에서 냉동 식품을 사는 요즘 사람들도 힘겹게 이 석실을 찾아 들어와 들소 조각 앞에 무릎을 꿇는다. 지금도 우리는 어둠에 잠긴 채 들소 앞에 엎드려 경배하는 자세로 그들을 응시하고 눈에서 광채를 내며 눈가를 적신다. 이 석실에서 시간의 경계는 허물어지고 우리 자신과 조상들 사이의 공간은 머리카락 한 올만큼 좁아진다.

"비밀과 신성함이라는 단어는 형제간이다." 시인 메리 루에

플Mary Ruefle은 그렇게 썼다. 르 튁 도두베르의 깊숙한 곳에서 우리가 느낀 것은 모든 영적 관례를 관통하는 촘촘하게 엮인 신성함과 은닉성, 즉 비밀주의와 성스러움 그리고 은폐와 신격의 위력이었다. 힌두교에서 그것은 의례의 중심으로, 사원을 찾은 신도는 감추어진 신상神像에 다가서기 위해 어두운 방을 찾는다. 파푸아뉴기니의 우라프족Urapmin은 통과의례를 치르기 위해 칠흑 같은 어둠 속에 영원히 밀폐된 신비하고 접근할 수 없는 경계로 다가간다. 고대 이집트에서도 사원의 가장 성스러운 구역은 가장 어두운 방으로, 돌로 된 문간 뒤쪽에 자리 잡고 있었다.

"여호와께서는 하늘에 태양을 두셨지만 주께서는 두터운 어둠 속에 계시겠다 말씀하셨다." 구약에서 솔로몬 왕은 그렇게 노래한다. 실제로 아브라함을 조상으로 하는 모든 종교는 신성한 은닉이라는 개념에 뿌리를 두고 있으며 그 은닉성은 장막帳幕까지 거슬러 올라간다. 장막은 모든 성스러운 건축물의 기원이다. 이동이 가능한 천막 구조로 된 장막은 이스라엘 백성들이 이집트를 탈출하여 사막을 떠돌 때 여호와가 기거한다고 여겨졌던 성소다. 장막은 개방된 뜰이 있고 그 가운데 장방형의 천막이 있으며 문 뒤는 오직 제사장들만 들어갈 수 있는 구역이었다. 이 구역 뒤로는 '지성소' 즉, 상툼 상토룸Sanctum Sanctorum이라는 은폐된 방이 휘장에 가려져 있었다. 지성소는 사시사철 완벽한 어둠 속에 묻혀 있었다. 이곳에는 신의 궁극적 표상인 '언약의 궤Ark of the Covenant'를 비롯한 신성한 유물들이 안치되어 있었다. 지성소에 들어갈 수 있는 사람은 대제사장 한 명뿐이었는데 그것도 1년에 딱 한 번 '속죄의 날'에만 가능했다. 그날 대제사장은 언약의 궤에 피를 뿌려 인간의 죄를 대속했다.

오랜 방황 끝에 이스라엘 땅에 이른 히브리 백성들은 장막의 엄격한 청사진에 따라 예루살렘의 성전산에 첫 번째 성전을 세웠다. 지성소는 돌 언덕 안쪽 깊은 동굴에 자리 잡았다. 어느 고고학자도 이 석실을 제대로 탐험한 사람은 없다. 지극히 신성한 곳이고 정치적으로도 구분된 별도의 장소지만, 바닥의 어느 지점을 두드리면 아래에서 되돌아오는 메아리를 들을 수 있다고 한다. 그래서 장막이든 지성소든 결국 동굴의 건축학적 재현이며, 이동할 수 있게 만든 다크존의 석실이라고 어렵지 않게 상상할 수 있다. 그곳이 있었기에 방랑하는 이스라엘 민족은 지하의 어둠 속에서 거행해온 오랜 의식을 치를 수 있었다.

아주 오래전 르 튁의 깊숙한 공간에서 일어났던 일에 개똥벌레 징도의 빛만 비추더라도 그 들소들이 나온 곳이 바로 옆에 붙은 석실이라는 사실을 알 수 있을지 모른다. 파스토어스는 그 석실로 우리를 데려갔다. 그는 문턱에 웅크린 채 석실 중앙에 있는 커다란 웅덩이 위로 불을 비췄다. 막달레니안은 그곳에서 조각에 필요한 점토를 파냈다. 파스토어스는 바닥에 불을 비추며 이 석실 여기저기 흩어져 있는 인간의 발자국이 모두 183개라고 말했다. 어찌된 영문인지 거의 모두가 발뒤꿈치 자국이었다. 발뒤꿈치의 미스터리를 풀기 위해 브구엔가는 2013년 칼라하리 사막에 사는 산족San 남성 세 사람을 동굴로 초대했다. 부시맨으로 알려진 산족은 유전적으로 세계에서 가장 오래된 문화를 물려받고 있으며 현존하는 집단 중 전통적인 수렵 채집의 생활 양식을 고스란히 간직한 부류에 속한다. 산족 남자들은 추적의 귀재들이다. 발자국만 보면 성별이 무엇인지, 부상을 입었는지, 병에 걸렸는지, 손에 무얼 들었는지, 어떤 속도로 걸었는지, 심지어 얼마나 긴장했는지 등을 금방 알아낸다. 동굴 깊숙한 곳에서 이 추적자들은 한 시간을 웅크리고 앉아 어지럽게 널린 뒤꿈치 자국을 보며 혀를 딸깍거리는 특유의 줄호안시족Ju/'Hoansi 언어로 요란하게 얘기를 나누었다.

1만 4,000년 전에 이 석실에 들어온 사람은 단 두 명이라고 그들은 결론지었다. 열네 살 정도의 소년과 마흔 살을 앞둔 남자였다. 두 사람은 구덩이에서 커다란 점토 덩어리를 판 다음 들소가 있는 방으로 들고 갔다. 점토의 무게 때문에 그들의 발은 진흙 속으로 푹 들어갔다. 그러나 발뒤꿈치 자국과 천장이 낮은 방에서 움직이는 것은 아무런 관계가 없다고 추적자들은 말했다. 막달레니안은 일부러 발뒤꿈치로 걸었다. 확실히 단정하기는 어렵지만 발뒤꿈치로 걷는 것은 어떤 의례, 가령 춤 같은 것을 암시하는 흔적이라고 그들은 말했다. 아무튼 추적자들은 발뒤꿈치 자국을 단번에 알아보았다. 칼라하리에서도 각 부족은 서로의 흔적을 금방 알아차린다고 했다. 따라서 어떤 장소에 발자국을 남기는 것은 바닥에 서명을 하는 것이나 다름없는 행위라고 그들은 설명했다(예를 들어 이들 부족은 바람을 피울 수 없다. 늦은 밤 밀회를 할 경우 발자국으로 금방 신분이 들통나기 때문이다). 신분을 숨기는 유일한 방법은 발뒤꿈치로 걷는 것이다. 그러면 익명을 보장할 수 있다. 나는 석실 문턱에 웅크리고 앉아 화석화된 고대인의 발뒤꿈치를 바라보면서, 확실히는 알 수 없지만 어두운 횃불에 의지해 어떤 의례를 준비하는 막달레니안 조각가를 상상해 보았다. 그러나 그 의례는 눈을 멀게 할 정도로 신성한 것이어서 이 은밀한 장소에서도 자신과 자신의 신분을 감춰야 했다.

몸을 돌려 벌레처럼 샤티에르를 통과한 다음 절벽을 기어 내려와 웨딩룸으로 돌아오는데 라스코 동굴을 찾았던 파블로 피카소Pablo Picasso의 이야기가 떠올랐다. 르 튁에서 차로 몇 시간만 가면 닿는 라스코 동굴에도 막달레니안의 작품이 있다. 피카소가 찾았을 때는 1940년, 그러니까 동굴이 발견된 지 몇 달 지나지 않았을 때였다. 동굴은 아직 사람들의 손때가 묻지 않았고 관광객을 맞을 준비도 되어 있지 않아 동네 사람들이 횃불을 들고 방문객들을 안내했다. 피카소는 눅눅한 동굴 안으로 기어 내려가 가이드가 비춰주는 부드럽고 희미한 불빛에 드러난 천장을 바라보았다. 암석 곳곳에 황소와 순록과 말이 뛰어다니고 있었다. 그 순간 피카소는 태곳적 조수가 밀물처럼 몰려와 시간이 허물어지는 느낌에 압도되어 탄식했다. "우리는 따로 내세울 게 없군."

그날 저녁 늦게 우리는 브구엔가의 도서관에 다시 모여 묵직한 마호가니 탁자에 둘러앉았다. 탁자에는 청동으로 만든 들소 조각과 브구엔 백작의 조부 사진이 놓여 있었다. 밤이 깊은 탓인지 모두들 피곤해 보였다. 귓가의 진흙도 채 털어내지 못했지만 방금 전 여운이 가시지 않은 듯 사람들의 눈에서는 여전히 불꽃이 튀고 있었다. 우리는 차례로 방명록에 서명했고 브구엔 백작은 와인 병을 땄다. 플라스틱 컵에 따른 와인을 들고 그날 오후와 들소에 건배했다.

그 들소들은 "보존의 기적"이라고 백작이 말했다. 몇 발짝 왼쪽이나 오른쪽으로 갔어도 들소들은 천장에서 떨어지는 물을 고스란히 맞아 속절없이 세월 속으로 사라졌을 것이다. 화석학자들, 그러니까 소멸의 성격을 연구하는 학자들은 들소의 보존을 특이한 사례로 단정하지만 나는 과연 **기적**이라는 말이 적절한 용어인지 선뜻 동의가 되지 않았다. 내가 보기에 막달레니안들은 애초에 소멸과 보존의 패턴을 이해하고 있었던 듯하다. 피할 수 없는 자연의 덧없음을 겪으며 살았던 사람들, 변화무쌍한 날씨의 부침과 먹이가 되는 동물들의 움직임과 계절 따라 돈는 식물의 관계를 벗어나지 못하는 일상을 살았던 그들은 혼자서는 움직이지 못하는 어떤 공간의 독특한 힘을 알아챘을 것이다. 그들은 어떤 것을 봉인된 지하 깊은 곳에 안치시키면 그 안에 영원한 지속의 힘을 부여할 수 있다는 사실을 알았을 것이다.

퓨졸의 정문을 지나 돌아 나오며 나는 둥근 천장으로 된 자신들만의 작은 성역에 몸을 숨긴 그 들소들을 생각했다. 그리고 지상의 세계가 어떻게 바뀌든 상관없이 또다시 1만 4,000년 뒤에도 들소들은 똑같은 청정 구역에서 마치 호박琥珀 안에 갇힌 벌처럼 그 모습 그대로 있을 수 있으리라는 가능성에 몸을 떨었다.

　뉴욕 이야기로 돌아와서, 레브스를 찾기 시작한 지 대략 10년
이 지나 나는 드디어 그를 찾아냈다. 어느 날 오후 친구 라디Radi
가 운영하는 브루클린의 한 식당에서 그와 얘기를 나누고 있었
다. 라디는 집안 이야기를 했다. 아버지가 팔레스타인에서 건너
와 브로드웨이를 오가며 모조 보석 장신구를 팔아 돈을 모은 다
음 델리deli를 하나 인수했는데, 그 델리를 확장하여 식료품점
을 열었고 가게를 키워 베이리지에 집을 한 채 장만했다는 얘기
였다. 라디는 그 집에서 어린 시절을 보냈다.
　나는 라디에게 몇 년 전 레브스라는 유령 같은 그라피티 작가
를 찾기 위해 그가 살던 동네를 뒤지고 다녔다는 얘기를 했다. 그
리고 레브스는 뉴욕의 은밀한 장소에 그가 살아온 얘기를 남겨
왔다고도 했다.
　"나 레브스 알아." 라디가 씩 웃었다. "나하고 같이 자랐거든."

　돌풍이 매서웠던 2월의 어느 날 밤, 너무 자주 상상해서 마
치 오랜 기억처럼 느껴졌던 한 장면이 펼쳐졌다. 그것도 현실에
서. 나는 브루클린의 어느 식당에서 저녁으로 피자를 먹고 있었
다. 그리고 맞은편에 레브스가 앉아 있었다. 식탁에는 화가, 음
악가, 영화 제작자들이 뒤섞여 있었다. 레브스는 오십 대 초반
으로 뺨은 소년처럼 붉었고 암청회색 눈이 모직 베레모 아래에
서 빛나고 있었다. 다른 사람들은 웃고 떠들며 실없는 소리들

을 했지만, 그는 의자에 기댄 채 말이 없었다. 사람들을 경계하는 눈빛이었는데, 특히 정체를 알 수 없는 유일한 사람인 나를 의식하는 듯했다.

나는 레브스에게 내가 뉴욕과 사랑에 빠지게 된 데에는 그의 일기가 한몫했으며 그래서 그 일기를 거의 모두 베꼈고 친구들에게도 내용을 얘기해주었으며 아마도 그를 제외하고는 세상 누구보다 내가 그 텍스트에 대해 가장 잘 아는 사람일 것이라고 말해주고 싶었다. 그날 저녁을 대비하여 질문할 내용을 빼곡하게 적은 공책 한 권도 지니고 있었다. 일기의 특정 부분에 대해 궁금했던 점을 적어놓은 공책이었다. 그러면서 어쩌면 그와 그의 책을 놓고 정독하는 일이 벌어질지도 모른다고 상상했다. 그러나 일기 얘기를 꺼낸 순간(나는 아무렇지도 않은 듯 어떻게 그런 생각을 하게 되었느냐고 물었다), 그는 화제로 삼을 생각이 없음을 분명히 드러냈다. 의자에 앉은 채 몸의 방향을 바꾸더니 팔짱을 꼈으니 말이다.

"임무 수행 중이었소." 그가 뚜벅 말했다. 그러면서 피자 쪽으로 몸을 돌렸다. 대화가 끝났다는 신호였다.

나는 다시 말을 이어보려 했지만 그는 또다시 비껴갔다. "그냥 임무 수행 중이었다니까. 그게 전부요." 그는 말했다.

식사는 계속되었고 사람들의 대화는 뉴욕의 옛 시절을 거슬러 올라 그라피티 작가들이 영역을 놓고 다투던 이야기까지 흘러갔다. 레브스는 어쩌다 불쑥 한마디씩 끼어들었지만 좀처럼 말을 잇지 않았다. 그는 1980년대에 십 대 소년으로 그라피티 작품 활동을 할 당시의 은어를 그대로 쓰고 있었다.

사람들의 대화가 시들해질 즈음, 드디어 레브스가 내게 눈길을 주었다. 다시 용기를 얻은 나는 터널로 들어가 궤도를 따라갔고, 어둠 속에서 그의 글을 찾을 때마다 혼자만의 전율을 느껴왔다고 말했다.

그는 여전히 무표정한 얼굴로 나를 비스듬히 바라봤지만 사람을 무시하던 태도는 확실히 누그러진 기색이었다.

나는 레브스에게 내가 봤던 일기 중 하나를 묻고 싶었다. 80번에 해당하는 글로, 그라피티를 시작하게 된 사연을 적은 글이었다. "문득 뭔가에 표식을 남긴다는 생각을 하게 되었다." 그는 그렇게 썼다. "그리고 또 그렇게 할 수 있다면 영원히 살 수 있을 것이다." 나는 그가 먼 훗날 뉴욕의 모습을 상상한 글인지 궁금했다. 그러니까 이 도시가 몰락하고 잡초가 우거져 일단의 탐험대가 사방을 경계하며 지하로 내려가 전등불에 의지해 무너져가는 터널을 통과하다 어둠 속에 그대로 남아 있는 그의 글을 발견하는 모습을 말이다.

"그러니까 그 일기는 뭔가 오래 갈 것을 남기려 했던 작업이었나요?"

그는 아무 말도 하지 않고 어깨만 으쓱였다.

하지만 얼마 지나지 않아 내 쪽으로 몸을 돌리더니 말했다. "일기 중 몇 개는 완전히 봉인해놓았어요."

나는 뜨악하여 바라보았다.

"비상구 뒤쪽 벽에 그려놓았지." 그가 말했다. "감실 몇 개는 지금 벽돌로 밀봉되어 있어요."

"누가 밀봉했는데요? MTA?" 내가 물었다.

깊은 밤 터널로 내려간 외로운 사나이를 머릿속에 그려보았다. 훔친 MTA 안전모를 쓰고 형광 조끼를 걸친 다음, 삽과 시멘트가 든 양동이를 들고 터널로 들어가 벽돌을 차곡차곡 쌓고는 자신의 작품을 어둠 속에 묻어버리는 사나이의 모습이었다.

레브스는 잠깐 나와 눈을 마주친 후 이내 시선을 먼 곳으로 돌렸다.

8장

다크존

어둠을 알려면 어둡게 가라.

보이지 않는 상태로 가라.

그러면 어둠 역시 꽃을 피우고 노래한다는 것을 알게 될지니.

—웬델 베리Wendell Berry, 〈어둠을 알려면To Know the Dark〉

1962년 7월 16일 프랑스와 이탈리아를 가르는 알프스 고지대. 미셸 시프르Michel Siffre라는 스물세 살의 프랑스 지질학자는 헬멧의 턱끈을 단단히 조였다. 이어서 친구들과 행운을 비는 지원팀에게 손가락으로 동그라미를 그려 보인 다음, 비장한 표정으로 고개를 한 번 끄덕이고는 쇠줄 사다리를 타고 스카라손Scarasson 동굴 입구를 통해 아래로 내려갔다. 그는 완전한 암흑 속에 착륙했다. 지하 약 120미터 지점이었다. 곧이어 전등을 켰다. 밀도가 높은 푸른색 얼음으로 벽이 번들거렸다. 중앙의 석실에서 그를 기다린 것은 붉은색 나일론 텐트와 접을 수 있는 가구 몇 점 그리고 캔에 든 식량과 물을 저장하는 커다란 박스, 지상과 연락을 취할 수 있는 한방향 야전용 전화기였다. 시프르는 지상의 지원팀에게 사다리를 당기라고 신호를 보냈다.

그는 사다리가 서서히 시야에서 사라지는 것을 지켜보았다. 남은 것은 어둠과 침묵뿐으로, 이제 그는 완전히 혼자였다. 시프르는 지하의 동굴 속에 완벽하게 고립된 채 앞으로 두 달을 지내게 될 것이다.

그것은 일종의 시간생물학chronobiology, 즉 생명에 내재된 생물학적 박동을 연구하는 실험이었다. 아무것도 없는 동굴, 다시 말해 뜨고 지는 해의 영향을 받지 않고 달력이나 시계도 없는 상태로 지내게 되면 몸이 자연적인 수면-각성 주기sleep-wake cycle를 되찾아 원초적 생체 시계로 복귀할 것이라고 그는 생각했다. 바로 그 '인간의 본래적 리듬'을 찾아낼 계획이었다.

동굴에 머무르다 보면 순전히 본능만으로 시간의 경과를 구분하게 된다. 그는 그 일정을 계속해서 기록해갈 것이다. 졸려서 잘 준비를 할 때마다, 잠에서 깰 때마다, 식사를 할 때마다 그는 **그런 기분이 드는** 시간을 기록할 것이다. 그리고 지상의 지원팀에게 전화를 걸어 자신의 일정을 알릴 것이다. 그러면 지상에서는 실제 시간을 기록해나갈 것이다. 이런 연락을 제외한다면 시프르와 소르본 대학교의 친구들로 구성된 지원팀 사이에는 어떤 연락도 금지되어 있었다. 지상의 실제 시간에 대한 힌트를 얻을 수 있기 때문이었다. 실험이 끝나고 나면 시프르가 지하에서 생각한 시간표와 지상의 객관적인 시간표를 비교하여 둘의 차이를 확인하게 될 것이다. 시프르가 사용하는 시간 단위는 "각성awakenings"이었다.

사다리가 덜그덩거리며 시야에서 사라지자 시프르는 다크

존의 풀타임 거주자로 생활을 시작했다. 그에게는 빈약한 손전등 몇 개와 카바이드램프가 하나 있었지만 배터리와 가스를 아끼기 위해 웬만하면 불을 꺼놓고 지냈다. 낮에는(밤일 수도 있지만) 축음기로 베토벤 소나타를 듣고 손전등으로 타키투스Tacitus와 키케로Cicero와 생존기에 관한 모험소설 등을 읽었다. '동굴의 비유'가 나오는 플라톤의 《국가Republic》를 가져오려 했지만 깜빡 잊고 챙기지 못했다. 그는 파리에 있는 여자 친구의 꿈을 꾸거나, 물이 끓는 냄비에 재미 삼아 덩어리 설탕을 던져 넣기도 했다. 우연히 만난 거미와는 친구가 되었다. 그는 그 개미를 작은 상자에 넣고 돌보았다("여기는 그녀와 나뿐이다." 그는 일기에 그렇게 썼다).

자고 일어나고 또 자는 일상을 따라가며 시프르는 변덕스러운 지하 환경, 즉 '지독한 단조로움'의 세계와 싸움을 벌였다. 며칠이 지나자 그는 동면 같은 무감각으로 빠져들었다. 신진대사가 느려졌고 시각과 청각 기능이 둔해졌으며 붕 뜬 것처럼 정신이 몽롱해졌다. 그는 '무한한 공간이라는 무서운 느낌'에 시달렸고 대체 무엇 때문에 이런 과제를 하겠다고 고집을 부렸는지 기억이 가물가물했다. "내 자유의지로 시작한 실험이 아닌 깃만은 분명해!", "뭔가 외부의 초인적인 힘이 나를 몰아세운 것이 틀림없어." 그렇게 혼잣말을 했다. 어떨 때는 어둠 속에서 날카로운 비명을 지르기도 했다. "신화에서 말하는 지옥이 왜 지하에 있는지 이제 알 것 같았다." 그는 나중에 그렇게 썼다.

9월 14일, 동굴에 들어간 지 63일째 되는 날 지원팀은 줄사다리를 타고 내려가 실험이 끝났음을 알렸다. 시프르는 완전히 절망했다. 자신의 '각성' 일정표에 따르면 그날은 8월 20일이어야 했다. 그의 시간 인식은 25일이나 뒤져 있었다. 더욱 기이한 것은 지상에서 기록한 표였다. 적어도 그 표에 따르면 그의 몸은 시간의 흐름을 놓치지 않고 있었다. 시프르의 수면-각성 주기는 평균 24시간을 맴돌았다.

시프르는 동굴 아주 깊은 곳에서 자신의 자연적 바이오리듬을 연구하는 데 평생을 바쳤다. 스쿠버 장비를 처음 개발한 해양 탐험가 자크 쿠스토Jacques Cousteau에 빗대 "지하의 자크 쿠스토"라는 별명을 얻은 그는 스카라손 동굴 프로젝트를 치른 지 몇 년 뒤에 다시 칸Cannes 근처에 있는 동굴 속으로 들어갔다. 1972년에는 NASA가 후원하는 탐험에 자원하여 텍사스의 미드나잇 동굴Midnight Cave에서 홀로 6개월간 지냈다. 예순 살 때는 클라무스Clamouse라는 프랑스의 한 동굴에서 홀로 두 달을 보냈다. 그때마다 거의 매번 그의 정신이 스스로를 자극하는 순간이 있었다. 그럴 때 그는 현실과 단절되는 현상을 경험했다. 나는 시프르의 실험을 연구하고 그가 직접 작성한 보고서를 읽으면서 수면 주기 이상의 어떤 것이 그의 실험에 있다고 생각했다. 그가 어둠 속에서 장시간 지냈던 탓에 무언가 더 낯설고 근본적인 **어떤 것**과 접촉했으리라는 데 생각이 미친 것이다.

시프르가 스카라손 동굴의 첫 실험을 통해 얻은 결과를 책으로 쓴《시간을 넘어서Beyond Time》에서 나는 실험 마지막 날 동굴 밖으로 실려 나온 젊은 과학자의 모습을 사진으로 확인할 수 있었다. "끝도 없는 지하의 밤"에서 두 달을 보낸 터라 혼

자 힘으로 동굴을 기어 올라갈 수 없었기에 그는 결국 낙하산 장비에 의지해 지상으로 끌어 올려졌다. 시프르는 줄에 매달린 꼭두각시처럼 힘없이 대롱거렸고 정신이 깜빡깜빡했다. 햇빛으로부터 눈을 보호하기 위해 쓴 고글은 빛을 완전히 차단한 것으로 일종의 우주여행을 떠올리게 했다. 그는 두 달 전의 모습은 찾아보기 힘들 정도로 핼쑥했고 볼은 움푹 꺼졌으며 피골이 상접

〈지하계에서 나오는 피타고라스Pythagoras Emerging from the Underworld〉

했다. 마치 사망한 상태에서 살아 있는 자들의 세계로 들어 올려진 사람 같았다.

세상 밖으로 나오는 그의 모습을 보니 고대 그리스 철학자 피타고라스Pythagoras가 생각났다. 그는 습관처럼 장기간 동굴 속으로 들어가 지낸 것으로 유명했다.

요즘 사람들은 피타고라스를 수학자로만 알지만, 그가 살았던 기원전 6세기에는 신에 버금가는 초인으로 추앙받는 존재였다. 그는 당대를 살았던 사람의 표현대로 "별들의 음악"을 들을 수 있었다. 그의 저작은 남아 있는 것이 없지만 그를 추종하는 사람들은 피타고라스가 마법의 주문을 외어 아픈 사람을 치료하고, 지진을 예언하고, 천둥과 폭풍우를 잠재우고, 과거로 여행하고, "분신술"로 동시에 두 곳에 나타나는 능력을 보였다고 전했다. 조금 과장하자면 그의 초인적 능력을 의심하는 사람은 아무도 없었다(분별력이 남다른 아리스토텔레스조차 "이성적 피조물 중에도 피타고라스 같은 신이자 인간이며 동시에 동물 같은 존재가 있다"고 인정할 정도였으니까 말이다). 또한 그 지혜의 원천은 장기간 어두운 동굴에 갇혀 수련한 결과라는 사실에도 당시 사람들은 모두 동의했다. 그는 사모스Samos에 스스로 "철학의 집"이라고 불렀던 동굴을 소유하고 있어 수시로 어둠 속으로 들어가 정교하고 복잡한 우주를 명상하곤 했다. 검은 양털 옷을 둘러쓰고 크레타섬에 있는 동굴로 들어가 27일 동안 나오지 않은 적도 있었다. 마침내 어둠 속에서 창백하고 수척한 몰골을 드러낸 그는 죽어서 하데스를 다녀왔으며 그 일로 이승의 순환 주기를 초월한 신성한 지식을 갖게 되었다고 제자에게 선포했다.

나는 자신의 생물학적 한계를 실험하기 위해 어둠 속으로 들어간 시프르와 신비스러운 지혜를 찾아 지하로 내려간 피타고라스를 보며 동굴을 찾아 은신하는 행위의 효험이 궁금해졌다. 마치 두 사람이 2,000년을 사이에 두고 공유한 어떤 비밀을 서로에게 이야기하는 것 같았다. 내가 비과학적이고 무모한 실험을 하게 된 것은 짧지 않은 시차를 두고 두 사람이 일으킨 반향에 대한 호기심 때문이었다. 그래서 다크존에 직접 은둔해보기로 했다. 동굴 바닥에 캠프를 차리고 철저한 암흑 속에서 스물네 시간을 혼자 지내볼 계획이었다.

실험을 제대로 수행하기 위해 뉴욕에 사는 동굴 탐험 전문가인 크리스 니콜라Chris Nicola에게 조언을 구했다. 크리스는 미국뿐만 아니라 전 세계 수십 개국의 동굴을 뒤지고 다닌 베테랑이었다. 그는 또한 다크존에서 장시간 머무르는 문제도 오랫동안 연구해왔다. 1993년에 그는 프리스트 그로토Priest's Grotto라는 우크라이나 서부의 한 석고 동굴을 탐험하다 지하 20미터 깊이에서 오랜 야영 흔적을 찾아냈다. 나무 침대 틀과 깨어진 도기, 자기로 된 단추 몇 개와 밀가루를 빻는 맷돌 하나, 가죽신 여섯 켤레 등이었다. 크리스는 프리스트 그로토의 미스터리를 푸는 데 몇 해를 보냈다. 그러다 결국 제2차 세계대전 중에 할머니와 어린 아이들을 포함한 우크라이나계 유대인 38명이 나치를 피해 이 동굴에서 1년 반을 지냈다는 사실을 알아냈다. 그는 이 동굴 덕분에 살아난 생존자들을 모두 찾아내 인터뷰했고, 그들이 지하 암흑 속에서 겪었던 일을 《프리스트 그로토의 비밀 The Secret of Priest's Grotto》이라는 책과 〈노 플레이스 온 어스No Place on Earth〉라는 다큐멘터리로 만들었다.

크리스에게 다크존이 인간의 정신에 미치는 효과를 알아보고 싶다고 말했을 때 그는 금방 내 의도를 알아차렸다. 심지어 그런 실험을 하려면 어디로 가야 하는지도 정확히 알고 있었다. 그에게는 크레이그 홀Craig Hall이라는 오래전부터 알고 지내온 동굴 탐험가 친구가 있었다. 웨스트버지니아주 포카혼타스 카운티에 살고 있는 사람이었다. 크레이그는 그곳에 상당한 면적의 땅을 소유하고 있고, 그중에는 동굴도 아주 많다고 크리스가 일러주었다.

"동굴 속의 어둠이라면 크레이그가 아주 잘 알지." 크리스는 그렇게 말했다. "크레이그를 찾아가. 그가 적당한 동굴을 정해줄 거야."

나는 웨스트버지니아로 차를 몰았다. 산길을 감아 도는 나선형 길을 오르며 반쯤 기울어진 낡은 오두막들과 낚시용품 가게와 시골 교회를 지나는데 나무들이 내뿜는 향이 차갑고 상쾌했다. 웨스트버지니아는 동굴의 나라였다. 대부분 석회석이 많은 카르스트 지형이어서 물길만으로도 빈 공간이 쉽게 형성되기 때문에 동굴이 많았다. 전미동굴학협회National Speleological Society 에 따르면 웨스트버지니아에는 약 4,700개의 동굴이 있어 1제곱마일당 5.1개(1제곱미터당 약 2개)를 헤아릴 정도라고 했다. 단연 전국 최고의 밀도였다. 크레이그가 살고 있는 힐스버러Hillsboro 근처에서 샌드위치를 하나 사려고 작은 가게에 차를 세우고 들어갔는데, 카운터에 있던 노부부가 무슨 일로 북쪽에서 여기까지 왔느냐고 물었다. 자신이 소유한 땅에 동굴을 몇 개 가진 사람이 있다고 해서 찾아가는 길이라고 나는 말했다.
"여기는 아무리 작은 땅이어도 동굴은 기본적으로 따라오지." 할아버지가 그렇게 말했다.
크레이그 홀은 진입로에 마중 나와 있었는데, 진입로는 언덕에 서 있는 나무들 벽에 가려 잘 보이지 않았다. 마르고 키가 큰 그는 육십 대 중반으로, 길고 근육이 불거진 팔다리가 40년 넘도록 동굴을 탐험한 경력을 말해주고 있었다. 희끗한 머리를 뒤로 모아 묶은 그는 옛 그림에서 자주 볼 수 있는 개척시대 미국인의 전형적인 모습을 하고 있었다. 그의 아내 티키Tiki 역시 동굴 탐험가로 키가 작고 재치가 번뜩이는 여성이었는데 두 사람은 자연 그대로인 200에이커(약 25만 평) 면적의 삼림에 집을 짓고 살고 있었다. 2층짜리 집이었지만 바로 옆에 하늘을 찌르는 참나무가 있는 탓인지 아주 작아 보였다. 두 사람은 1970년대 초 노스캐롤라이나의 어느 히피 농장에서 만났다고 했다. 그들은 폭스바겐 버스를 사서 웨스트버지니아 시골을 돌아다니던 중 이곳이 너무 마음에 들어 눌러앉았다. 그게 40년 전의 일이다. 그 정도 세월이면 이미 고향이라고 할 만했지만 아직도 애팔래치아 사람들의 거친 억양은 익숙하지 않고, 고립된 채 오랜 세월을 산 탓에 아일랜드 억양을 그대로 간직한 사람들이 이 지역에는 많다고 크레이그가 귀띔해주었다. 건너편 카운티에는 유명한 살인자 가족이 살고 있는데 그들은 모두 치열이 두 겹으로 되어 있다고도 했다. 또한 그의 친구들은 이 숲속에서 유령을 본 적이 있다고 했는데, 남군 복장을 한 젊은 군인들로 머스킷 총을 메고 행군한다고 했다.

"비가 조금만 와도 여기 동굴은 대부분 물이 범람해요."크레이그가 말했다. "하지만 당신이 들어갈 만한 곳이 하나 있죠."

언덕을 올라 마튼스 동굴Martens Cave 입구에 이르자 어둠 속에서 한 줄기 차가운 공기가 새어나왔다. 동굴은 길이가 400미터 정도로, 가운데로 시냇물이 흐른다고 크레이그가 설명해주었다. 걸어서 들어가고 나올 수 있는 동굴이라 쉽게 접근할 수 있지만, 그래서 짐승들도 자주 드나든다고 했다. 크레이그는 동

언더그라운드

굴 입구에 서서 내가 맞닥뜨릴지도 모르는 짐승들을 짚어주었다. 너구리는 늘 얼쩡거리는 녀석들이고, 곰은 이맘때는 보기 어렵지만 혹시 모를 일이고, 나뭇잎들이 모여 있으면 숲쥐일 가능성이 크고, 살쾡이도 나타날 수 있으며, 아메리카표범도 분명 있다고 했다. 그는 말을 하다 말고 멈췄다. 아마도 약간 겁을 먹은 내 표정을 보았던 모양이다. 결론부터 말하자면 걱정할 필요가 없다고 나를 안심시켰다. "사람은 맛있는 먹이가 아니에요. 먼저 자극하지만 마세요. 그러면 괴롭히지 않을 겁니다."

저녁 6시가 지나고 있었다. 내가 내일 이 시간쯤 나타나지 않으면 자신이 직접 찾으러 오겠다고 그는 약속했다. 크레이그는 트럭 쪽으로 몸을 돌렸고 나는 어둠 속으로 향했다.

시프르의 스카라손과 비교하면 마튼스 동굴에서의 캠프는 호사였다. 나는 입구에서 몇십 미터 아래 폭신하고 건조한 땅에 자리를 잡았다. 천장은 일어설 수 있을 정도의 높이였다. 기온은 섭씨 13도쯤이었고 캠프에서 6미터쯤 떨어진 곳을 지나는 시냇물은 얌전히 졸졸거렸다. 나는 침낭을 동굴 벽에 거의 갖다 댈 정도로 붙여 깔았다. 그렇게 하면 아메리카표범이 뒤에서 덮치는 일은 없으리라 생각했기 때문이다. 램프를 들어 천장을 비추니 바위에 응결된 물방울이 절묘하게 아롱거렸다.

나는 샌드위치를 우걱우걱 먹고 위스키 병을 꺼내 한 잔 들이켰다. 웨스트버지니아에 있는 동굴 탐험가 친구가 행운을 빈다며 준 선물이었다. 그리고 시냇물에 소변을 본 다음 침낭 위에 앉았다. 시계를 보니 오후 6시 46분이었다. 마음을 다잡고 숨을 한 번 깊이 들이마신 다음 헤드램프에 손을 뻗어 불을 껐다.

처음에는 암흑이 대수롭지 않았다. 그저 밤늦은 시간에 낯선 방에서 잠을 깨 눈이 어둠에 적응하기를 기다리는 것과 크게 다를 것이 없다고 생각했다. 나는 작은 바위에 기대어 앉아 침낭을 무릎 위로 끌어당겼다. 위스키를 마신 탓인지 가볍게 트림이 났다. 적요한 느낌이 유리처럼 투명하다고 생각했다. 다리를 꼬고 허리를 쭉 편 뒤 어둠을 응시했다. 처음 몇 분 동안은 호흡에 초점을 맞추었다. 생각이 점점 사라지는 것을 느낄 수 있었다. 며칠이고 이렇게 앉아 있을 수 있을 것만 같았다. 사태가 달라진 것은 눈을 깜빡인 순간이었다. 눈을 깜빡였지만, 깜빡였다는 증거를 전혀 찾을 수 없었다. 깜빡임의 **행위**를 알게 해주는 것

은 눈의 느낌뿐이었다. 근육이 씰룩이고, 눈꺼풀이 미끄러져 내리고, 속눈썹이 서로 스치고, 눈꺼풀이 다시 미끄러져 올라갔다. 하지만 아무런 결과도 나타나지 않았다. 내 몸과 두뇌가 폭풍우에 끊긴 전선처럼 서로 연락이 닿지 않는 느낌이었다.

우리가 어둠을 싫어하는 것은 눈에서 비롯된 현상이다. 인간은 낮에 활동하는 주행성 동물이다. 이는 우리 조상들이 생리학적으로 가장 좋은 조건에서 먹을 것을 찾아다니고 방향을 잡아 몸을 누일 곳을 고르는 데 적응했다는 의미다. 우리는 "원추세포cone cell"라는 광수용체 세포를 풍부하게 갖고 있어 아주 세밀한 물체까지 눈으로 구별할 수 있다. 조상들은 지평선 위에서 사냥감을 찾아내고 나무에 달린 과실을 한눈에 알아보았으며 색조만 보고도 익었는지의 여부를 정확하게 판별해냈다. 하지만 햇빛이 없으면 우리 눈은 거의 무용지물이다. 넘치도록 많은 원추세포에 비해 또 다른 종류의 광수용체 세포인 "간상세포rod cell"는 부족하다. 간상세포는 빛이 부족한 상태에서도 볼 수 있게 해주는 시세포다. 해가 떨어지고 밤이 되어 야행성 사냥꾼들의 세상으로 바뀌면 조상들은 맹수의 공격에 속수무책이어서 순식간에 포식자에서 먹이로 전락하고 만다. 밤에도 잘 볼 수 있는 능력을 부여받은 사자, 하이에나, 검치호랑이, 독사 등은 어둠을 지배하는 사냥꾼들이다. 조상들이 가장 무서워한 것은 어둠 속 초원을 어슬렁거리다 지축을 두드리며 가까워지는 포식자의 발톱 소리였다.

현대 문명을 사는 우리는 더는 밤사이에 검치호랑이가 숲에서 튀어나오지 않을까 하는 생각에 마음을 졸이지 않는다. 그래도 어둠 앞에서 머뭇거린다. "수천 년이 지났지만 우리는 여전히 어둠에 이방인이어서 적진에 있는 낯선 존재에 겁먹고 가슴을 팔짱으로 감싼다." 애니 딜라드Annie Dillard는 그렇게 말했다. 나도 어둠 속에서 불안을 느꼈던 적이 여러 번 있다. 어린 시절 술래잡기를 한다며 아버지의 옷장 구석으로 들어갔다가 아무것도 보이지 않아 가슴이 쿵쾅거렸던 기억이 있다. 호주의 덤불에서는 손전등도 없이 소변을 보러 나갔다가 텐트가 보이지 않아 당황하며 허공을 더듬는데 갑자기 들개 떼가 생각나 머리카락이 주뼛거린 적도 있었다. 허리케인 샌디Sandy가 뉴욕을 강타한 후 정전이 되어 폐허처럼 보이는 로어 맨해튼을 걸어갈 때도 등 뒤의 솜털이 곤두서는 것을 느꼈다. 그러나 이런 어둠은 부분적인 것이어서 열쇠 구멍만 한 빛줄기는 어디에나 있고 하다못해 하늘에 뜬 별이라도 몇 개 있었다. 그 정도만 되어도 우리 눈은 동공을 열어 광자光子를 받는다. 그렇게 우리는 어둠에 적응한다. 그러나 지하는 다르다. 동굴 깊은 곳의 어둠에서는 단 한 톨의 광자도 찾을 수 없다. 여기에는 아주 무거운 태고의 어둠, 창세기 이전의 어둠이 짙게 드리워 있다.

생각이 몸속의 벌레처럼 꿈틀거리며 내 몸의 구조물을 천천히 갉아대기 시작했다. 껍질이 벗겨져 속살이 드러나는 기분이었다. 심장이 박자를 맞춰가며 조여들고 폐가 갈비뼈 안쪽에서 부풀어 오르며 후두개가 열렸다 닫혔다 하는 것 같았다. 시야에 보이는 것이 없으니 다른 감각들이 요란스레 깨어났다. 동굴에 처음 들어왔을 때는 거의 느끼지 못했던 시냇물 소리가 석실 전체를 채우더니 분출하듯 사방으로 퍼졌다. 진흙과 축축한 석회석 냄새가 질감을 느낄 정도로 짙어졌다. 동굴 맛도 볼 수 있었다. 천장에서 떨어진 물방울 하나가 이마에 부딪혀 부서진 순간, 나는 침낭을 박차고 일어날 뻔했다.

차단된 감각에 관한 최초의 연구는 마인드컨트롤과 관련된 것이었다. 이는 냉전 당시 은밀하게 이루어진 군사 실험의 일환으로 시행된 연구였다. 1950년대 초 한국전쟁에서 북한군에 억류되었던 미군 포로들이 자본주의를 비난하고 공산주의를 찬양하는 장면을 담은 필름이 공개된 적이 있다. 병사들이 세뇌를 당했다고 단정한 CIA는 즉시 마인드컨트롤 기법을 연구하기 위해 프로젝트 블루버드Project Bluebird라는 실험을 추진했다. 연구팀에는 도널드 헵Donald Hebb이라는 심리학자가 있었는데 그는 자신의 실험에 "감각적 격리sensory isolation"라는 이름을 붙였다.

병사들이 실제로 세뇌를 당했는지의 여부는 헵의 관심사가 아니었다. 그가 밝혀내려 했던 것은 '자극이 없을 경우 두뇌는 어떻게 반응하는가'였다. 그는 영국 공군 조종사들이 단독으로 비행하는 경우, 변화가 없는 스카이라인을 장시간 바라보다가 기체를 제어하지 못해 갑자기 추락하는 사고가 있다는 사실을 자료를 통해 알고 있었다. 헵은 선원들이 움직이지 않는 바다의 수평선을 한참 바라보다 신기루를 보는 현상도 예사롭지 않게 여겼다. 혼자서 고기 잡으러 나가는 것을 금하는 이누이트의 이야기도 마찬가지였다. 온 천지가 순백 일색인 북극 지방에서는 특이한 시각적 단서가 없는 상태에서 옆에 사람마저 없으면 방향을 착각하여 바다 쪽으로 노를 젓다가 결국 돌아오지 못하는 경우가 간혹 있다고 했다. 헵은 고립된 상태에서 나타나는 신경학적 반응을 연구해보면 두뇌의 구조에 관한 의문을 어느 정도 해소할 수 있을 것이라고 생각했다.

헵은 프로젝트 X-38Project X-38을 위해 $1.2 \times 1.8 \times 2.4$미터짜리 독방을 여러 개 만들고 에어컨 및 방음 장치를 한 다음 자원자를 모집했다. 피실험자들은 하루 20달러를 받고 독방에 누워 "인지적 고립Perceptual Isolation"을 겪기로 했다. 그들은 "패턴 인식"이 안 되도록 반투명 처리가 된 플라스틱 고글을 썼다. 손에는 촉각 자극을 줄이기 위해 면장갑을 꼈으며 그것도 모자라 팔꿈치부터 손가락 끝까지 두꺼운 판지로 된 소맷동을 꼈다. 각 방에는 밖에서 관찰할 수 있도록 창문이 달렸고 안에는 내부 연락 장치를 갖춰 연구진과 피실험자가 소통할 수 있도록 했다. 헵은 자원자들에게 버틸 수 있는 만큼 방에 있어 달라고 주문했다.

당초 헵은 프로젝트 X-38의 결과에 대단한 기대를 걸지 않았다. 그는 격리된 피실험자들이 겪을 일 중 제일 고약한 것이라고 해봐야 연구원들이 준비한 식사일 것이라고 농담했다. 하지만 나중에 결과를 확인한 그는 아연실색했다. 피실험자들의 방향감각 상실의 정도가 상상을 초월한 까닭이다. 어떤 자원자는 연구가 끝난 직후 실험실 주차장에서 차를 몰고 나가다 충돌 사고를 냈다. 휴식을 취하겠다며 화장실에 갔다가 나오는 문을 찾지 못해 연구진에게 전화로 도움을 요청한 피실험자도 여럿 있었다.

가장 놀라운 것은 환각 현상이었다. 피실험자들은 대부분 격리된 상태로 몇 시간 정도를 보냈을 때 환영을 보거나 환각 증세를 느꼈다고 고백했다. 먼저 나타난 것은 반짝거리는 점이나 간단한 기하학적 도형이었다. 그것들은 모양이 점점 복잡해져 방안을 떠돌아다녔고 갈수록 정교하고 완성된 장면으로 바뀌어갔다. 어떤 피실험자의 표현대로 "깨어 있는 상태로 꿈을 꾸는 것" 같았다. 다람쥐들이 스노우 슈즈를 신고 배낭을 멘 채 눈 덮인 들판을 "작정하고" 가로지르는 광경을 보았다는 사람도 있었다. 또 누구는 금속 헬멧을 쓴 할아버지가 욕조에 있는 자신을 뚫어져라 쳐다보았다고 했다. 어떤 피실험자는 특이하게도 방에서 또 하나의 자신을 보았다고 했다. 잠시 후 그와 그의 유령은 서로 섞이기 시작해서 어느 쪽이 어느 쪽인지 분간할 수 없게 되었다. "세상 반대편에서 중공군이 미군 포로들을 세뇌했다는 말이 들리지만, 실험실에서 건강한 대학생들이 며칠씩 일상적인 광경이나 소리나 신체 접촉이 단절된 상태에서 자신의 정체성까지 구분하지 못하게 되는 것은 세뇌와 아무런 관련이 없다." 헵은 그렇게 썼다.

요즘 우리는 이런 반응의 배경이 되는 신경학적 메커니즘을 어느 정도 파악하고 있다. 우리의 두뇌는 끊임없이 시각, 청각, 촉각 등 쏟아지는 감각 정보를 받아들인다. 우리는 또한 이런 흐름에 아주 익숙하기 때문에 외부의 입력이 단절될 경우 두뇌가 기본적인 자극을 스스로 생산해낸다. 우리 두뇌는 아무리 현실적 실재와 단절되어도 그 자신만의 패턴을 확인하고 시각피질 내의 부족한 공백과 메모리에 저장된 이미지를 결합하여 매우 생생한 장면을 만들어낸다. 그런 의미에서 프랑크푸르트의 막스플랑크 두뇌연구소Max Planck Institute for Brain Research가 2007년에 실시한 실험은 특히 시사하는 바가 크다. 실험에 자원한 마리에타 슈바르츠Marietta Schwarz라는 독일의 한 아티스트는 22일 동안 눈을 가리고 지내는 실험에 동의했다. 슈바르츠 자신이 '블라인드 테스트'라고 이름 붙인 이 프로젝트는 인식과 이미지, 공간, 예술 등과 관련하여 시각 장애인들의 인터뷰를 종합한 "공간에 대한 지식Knowledge of Space"이라는 대규모 예술 프로젝트의 일부였다. 슈바르츠는 실험실에 눈을 가리고 앉아 자신의 두뇌에서 벌어지는 모든 현상을 속기용 구술 녹음기에 실시간으로 아주 상세히 기록했다. 그녀는 밝은 아메바나 노란 구름이나 동물의 발자국 같은 복잡한 추상적 패턴 등 끊임없이 이어지는 환상을 기록했다. 그사이에 연구진들은 뇌의 혈류 변화를 측정하는 기능적 자기공명영상fMRI을 이용하여 그녀의 환상 뒤에 감추어진 신경학적 작용을 추적했다. 시각적인 입력 정보는 전혀 없었지만 슈바르츠의 시각피질은 등불처럼 켜져 있어 마치 눈을 가리지 않은 것과 똑같이 작동했다.

즉 그녀의 두뇌 속 세상에 펼쳐진 환상은 실제로 만지고 맛보고 냄새를 맡을 수 있는 어떤 것만큼이나 사실적이고 진실했다.

내게 그런 현상이 나타난 것은 어둠 속에서 두 시간쯤 지났을 때였다. 머리 바로 위에서 구슬만 한 불빛이 반짝이며 희미한 그물눈 모양으로 고리를 만들더니 부드럽고 율동적인 춤을 추며 움직였다. 멀리서 누군가 조용히 노래를 부르듯, 그것들은 천천히 그리고 부드럽게 나타났다. 나는 어둠 속에 누워 움직이지 않으려 애썼다. 숨도 쉬지 않으려 했다. 자칫 움찔거리기라도 했다가는 이 야생물체가 놀라 흩어질 것만 같았다. 작은 빛들은 마음에 천천히 나선형을 그려 보이며 기억 속으로 내려온 후 방향을 바꿔 위로 올라가다 다시 아래로 떨어졌다. 나는 어느덧 내 고향 프로비던스의 지붕 위에 앉아 동트기 전 하늘에서 우아하게 쏟아지는 유성들의 반짝거리는 소나기를 지켜보는 소년이 되었다. 나는 코스타리카의 한 산호초 해변에서 보트를 저으며 바다 위를 점 모양으로 떠다니는 빛나는 플랑크톤을 보고 있는 열여덟 살 소년이었다. 나는 인도 중부의 평원에 홀로 서서 물결치는 구름 속을 날아다니는 개똥벌레들을 좇고 있었다. 정신의 합리적 표면에서는 이 빛나는 구슬들이 모두 허깨비이며 내 신경 체계의 이상 현상이 만들어낸 결과물이라는 것을 알고 있었지만, 그럼에도 너무도 실감 나게 **현재적**이었다. 빛이 환해지면서 무중력 상태에 던져진 느낌이 들었다. 내 몸은 허공을 조금씩 가르며 조용히 떨어지고 있었다. 빛이 더욱 밝아지더니 갑자기 몸이 굳어졌다. 무언가가 나를 불빛으로 끌어당기는지 등이 활처럼 휘어졌다.

마튼스 동굴의 다크존에서 그날 내가 겪었던 체험의 실마리 한끝을 잡고 길게 굽이치는 한 가닥 선을 따라가면, !쿵 산

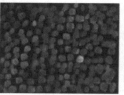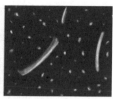

눈을 가렸을 때 나타나는 내면의 이미지: 안개구름, 반짝이는 점들

족!Kung San으로 알려진 남아프리카의 수렵 채집 사회에서 행해지는 의식까지 추적할 수 있다. 산족으로 불리는 이들 부족은 세계에서 가장 오래 그 원형을 유지하는 종족일 뿐 아니라 철저히 격리된 집단이다. 그래서 인류학자들은 오래전 역사에서 사라진 고대 수렵 채집 사회의 신앙을 살피기 위해 그들의 의례를 종종 연구 대상으로 삼곤 했다. 그런 의례 중 하나가 일종의 접신接神 의식인 "트랜스trance 춤"이다. 춤은 밤에 부족들이 모여 모닥불을 둘러싸고 복잡한 리듬에 맞춰 손뼉을 치며 신성한 노래를 부르는 것으로 시작된다. 샤먼은 노래의 리듬에 맞춰 발을 구르기 시작한다. 처음에는 일상적인 춤이어서 아이들도 제자리에서 함께 뛴다. 시간이 흐르며 샤먼의 춤 동작은 점점 더 격해진다. 새벽이 가까워지면 샤먼의 몸에서는 땀이 비 오듯 쏟아지고 호흡은 곤란할 정도로 가빠지며 몸도 뜨거워진다. 결국 그는 비틀거리다 쓰러진다. 정신이 혼미한 상태로 샤먼은 땅에 쓰러져 전신을 떨며 몸을 비튼다. 눈은 흰자위만 보인다.

산족들의 말에 따르면 샤먼은 그런 상태로 일시적인 죽음을 체험한다. 그의 영혼은 육신과 분리되어 저승으로 떠나는

트랜스 춤을 추는 칼라하리의 산족

데, 그 여행은 지하계로 내려가는 것으로 시작된다. 디아쿠웨인 Diä!kwain이라는 산족의 샤먼은 영혼이 "땅을 뚫고 멀리 여행을 떠나 다른 장소에서 나타난다"고 설명했다. 저승에서 샤먼의 영혼은 할 일을 수행한다. 그는 죽은 자의 영혼이 사후 세계로 들어가도록 바래다주거나, 조상들의 영혼을 불러내 비가 오게 하거나, 사냥감의 움직임을 억제하도록 돕는다. 얼마 뒤 샤먼은 트랜스 상태에서 빠져나와 지하세계에서 본 것을 부족원들에게 알려준다.

종교학자들은 이처럼 의식이 혼미한 상태를 "무아경ecstatic state"이라고 말한다. "자기로부터 빠져 나간다"는 뜻의 그리스어 "엑스터시스ekstasis"에서 나온 말로, 심리학자들이 말하는 "의식의 변성 상태altered state of consciousness"가 바로 그것이다. 학자들은 오래전부터 의식이 다층적 스펙트럼에 걸쳐 존재하는 것으로 파악했다. 윌리엄 제임스William James는 1902년에 이렇게 썼다. "우리가 합리적 의식이라고 부르는 정상적인 각성 의식은 아주 얇은 여러 개의 막으로 분리된 의식 중 한 가지 특별한 형태의 의식일 뿐이다. 실제로는 전혀 다른 형태의 의식들이 얼마든지 있을 수 있다."

전문가들은 이 스펙트럼을 깨어 있는 일상의 의식부터 무의식적인 꿈에 이르는 일련의 단계로 나눈다. 매일 밤 잠들 때 그렇듯 이런 궤적을 따라 움직이면, 바로 주변에 있는 장면이나 소리나 냄새 등 외부 자극과 조금씩 떨어지면서 초점이 내면을 향하고 무의식에 맞춰지게 된다. 느슨해진 생각은 깨어 있는 의식의 선형적 논리와 분리되어 떠돌다, 결국 흐늘거리는 꿈의 물결 속을 부유하게 된다.

그러나 이 궤적은 조작이 가능하다. 우리 두뇌의 전기화학 성분이 특정 방식으로 바뀌면, 의식의 초점을 내부에 맞추도록 인위적으로 유도하여 춤을 추는 산족 셔먼처럼 깨어 있을 때도 꿈꾸는 상태로 돌입할 수 있다. 의식이 흐릿한 가운데서도 어떤 모습이나 소리가 또렷하게 보이거나 들릴 때가 있다. 전통문화에 나타나는 의식의 변성 상태를 연구하는 멜버른 대학교의 인류학자 린 흄Lynne Hume은 "논리적이고 합리적인 사고 과정"을 차단하면 "비현실적인 경험에 대해 개방적이 된다"고 썼다. 이런 상태에서 우리는 "지성이나 이성을 통해 얻는 것과는 다른 종류의 지식"에 접한다.

현대 서구인들은 변성 상태를 두고 마약의 힘을 빌리거나, 약을 처방받거나, 정신병동에서 치료받는 상황과 관련지어 생각한다. 그러나 근대 이전까지만 해도 의식의 변성 상태는 종교적 체험의 중심이었다. 어쩌면 가장 핵심적인 단계였는지도 모른다. 사실상 오늘날 이 지구 위를 걸어 다니는 사람들은 트랜스 상태가 신성한 힘을 불러내거나 영적 세계에 접근하는 한 가지 방법이라고 생각했던 이들의 후손들이다. 1966년 전 세계 488개의 전통 문화를 조사한 인류학자 에리카 보르기뇽Erika Bourguignon은 90퍼센트에 해당하는 437개의 문화에서 어떤 형태의 트랜스 의례를 확인했다고 발표했다(하지만 보르기뇽은 그때 이후로 남아프리카의 여러 문화에서 발견된 변성 상태 의례를 고려하지 않았기 때문에 요즘 이 수치는 100퍼센트에 육박할 것으로 여겨진다). 지금도 변성 상태는 여러 종교적 관례에서 널리 관찰된다. 아이티의 부두교 제관들이 방언을 하고, 수피교의 신비주의자들이 춤을 통해 트랜스 상태로 들어가며, 오순절파 교회들이 영적 체험을 통해 간질 같은 발작 증세를 보이는 것 등이 그런 경우다.

세부적으로 보자면 문화에 따라 종교의례나 통과의례가 조금씩 다르겠지만 기본적인 틀은 같다. 즉 샤먼이나 사제가 트랜스 상태로 접어들면 영혼이 신체를 빠져나와 저승으로 건너간 후 그곳에서 특별한 능력이나 초인적인 지혜를 얻은 다음 다시 속세로 돌아와 몸속으로 들어간다. 트랜스 상태를 유도하는 다양한 방법, 즉 미르체아 엘리아데Mircea Eliade가 말하는 "엑스터시의 기법"은 감각적 입력을 차단하거나 격리시켜 "정신력으로 육체적 감각을 마비"시킴으로써 꿈 의식으로 들어가는 신경학적 체험을 재창조한다. 이를 돕기 위해 사람들은 향정신성 의약품을 섭취하거나, 단식을 하거나, 격렬한 춤을 추거나, 진이 다 빠질 때까지 노래를 부르거나, 최면 효과가 있는 타악기를 두드린다.

혹은 지하로 내려간다. 동굴의 다크존은 오래전부터 의식의 변성 상태를 유도하는 데 더할 나위 없는 이상적인 무대 장치였다. 켈트족의 예언자들은 예언을 하기 전에 자진해서 동굴 속에 유폐되었다. 티베트의 승려나 라마들은 산속 깊은 동굴을 찾아 참선했다. 아메리카 원주민 중에서도 쇼쇼니족Shoshone과 라코타족의 샤먼은 "영계와의 교류"를 위해 지하 동굴을 찾아 들어갔다. 세네갈 월로프족의 신비주의자들이나 말레이시아 무루트족Murut의 샤먼도 마찬가지였다. 고대 그리스와 로마에서도 신탁은 언제나 지하에서 나왔다. 아이네이아스Aineias를 하데스로 이끈 쿠마이의 유명한 무녀 시빌레Sibylle는 동굴 깊은 곳에 머물렀는데 트랜스 상태에 들면 방언을 했다. 막강한 권위를 지녔던 델피Delphi의 신탁과 관련된 의식도 동굴에서 행해졌다(실제로 '델피'라는 말은 "공동"을 뜻하는 '델포스delphos'가 그 어원이다). 피타고라스도 동굴에 은신하면서 속세 저편의 세상을 탐험하기 위해 일종의 변성 상태를 유도했다.

이런 전통이 얼마나 많은 문화에 깊이 그리고 널리 유포되어 있는지는 따로 강조할 필요가 없다. 마호메트는 사우디아라비아의 히라 동굴Hira Cave에서 알라로부터 첫 계시를 받았다. 랍

비 시므온 벤 요하이Simeon ben Yohai는 12년 동안 동굴에 틀어박혀 토라를 연구했고, 동굴에서 나왔을 때는 그의 눈이 닿는 것마다 모두 불길에 휩싸였다. 선지자 엘리아Elijah가 하나님의 음성을 처음 들은 곳도 동굴 속이었고, 성 요한이 나중에 〈요한계시록 Book of Revelation〉에 옮기게 되는 환영을 본 곳도 밧모섬의 한 동굴 내 어둠 속이었다. 모세가 여호와를 보게 해달라고 청할 때 그가 서 있던 곳도 "바위가 움푹 들어간 곳"이었다. 요즘 시내산 정상을 찾는 성지 순례자들은 모세가 십계명을 받았다는 동굴로 안내를 받는다.

플라톤은 그의 "동굴의 비유"에서 지혜를 찾는 길은 위로 향하는 상승 과정이며, 논리와 이성은 저 위쪽 빛이 가득한 천국에 놓여 있다고 말한다. 죄수가 어둡고 암담한 동굴을 떠나 지상을 향해 오를 때에만 그는 현실을 또렷하게 볼 수 있다. 하지만 플라톤이 말하지 않은 것이 있다. 이 세상에는 또 다른 종류의 지혜가 있다는 사실이다. 그것은 논리나 이성보다 더 깊은 곳을 관통하는 지혜로, 더 오래되었고 더 현실적이다. 이런 어둠의 지혜에 다가서기 위해서는 저 아래 동굴 속 깊은 곳으로 들어가야 한다. 우리는 신성하고, 신비롭고, 보이지 않는 존재에 닿기 위해 어둠 속으로 들어간다.

어느 곳에 있든 동굴을 찾아 들어가 보라. 밖에서 스며든 빛이 희미하게 남아 있는 경계를 지나 계속 들어가 보라. 그러면 어둠 속에서 고대 종교의식의 잔재를 만날 수 있을 것이다. 부장품과 함께 매장된 사람들, 벽에 남아 있는 신성한 그림의 흔적, 번

제의 표식이 남은 고대의 돌 제단, 제례 음악을 연주했던 뼈로 만든 피리들, 제례용 춤을 추었던 어지러운 발자국들 그리고 제물로 바쳐졌던 동물이나 인간의 유골 등이 거기 있을 것이다.

　시간이 조금 지나자 머리 위에 떠 있던 동그란 불빛들이 깜빡거리며 해체되기 시작했다. 나는 근육에 들어갔던 힘을 뺐다. 목부터 서서히 긴장이 풀리면서 몸이 동굴 바닥에 납작하게 펴졌다. 눈을 깜빡였고 또 한 번 깜빡였다. 주변의 어둠이 다시 정적 속으로 가라앉았다. 한동안 나는 어둠 속 정면을 응시하며 방금 겪었던 일을 반추했다. 무릎 아래를 고무망치로 쳤을 때처럼 어둠에 대한 내 반응은 분명 불수의적 반사 작용이었다는 생각이 들었다. 어쨌든 특이한 현상이었다. 작은 빛들의 춤사위는 전적으로 나의 생물학적 구조물이 불러낸 것으로 내 두뇌와 신경 체계에서 나온 것이었다. 그 구조물은 지상을 걸어 다녔던 모든 '호모 사피엔스'의 두뇌에 내장된 기본적인 배선의 일부다. 다시 말해 내가 마튼스 동굴의 어둠 속에서 느꼈던 감각은 수십만 년 동안 전 세계 모든 인류가 경험했던 감각이었다.

　심리학자들은 이런 작은 환영을 "내시 현상entoptic phenomena"이라고 부른다. 그리스어 '내부entos-'와 '보는 것-op'의 합성어로 두뇌와 시각적 정보처리 계통에서 그 기원을 찾을 수 있다는 사실을 암시하는 현상이다. 내가 마튼스 동굴에서 보았던 명멸하는 빛의 구球를 비롯해 갖가지 선과 격자와 십자 모양과 지그재그 등 간단한 기하학적 도형들은 보통 의식의 변성 상태로 들어가는 첫 단계에서 나타난다. 이런 현상은 보편적인 것으로, 산족의 샤먼이나 아마존의 투카노족Tucano 샤먼이나 시베리아의 알타이 성자들은 모두 트랜스 상태로 들어가는 초기 단계에서 이런 내시 현상을 겪는다. 이런 사실은 도널드 헵의 프로젝트 X-38에 자원했던 사람들을 비롯해, 서구에서 실시한 여러 신경과학 실험에 참가했던 피실험자들의 진술에서도 확인할 수 있다.

변성 상태를 경험할 때 나타나는 두 번째 유형이 있다. 이 역시 보편적인 유형으로 지하 환경과 우리의 관계에서 매우 중요한 사실을 드러낸다. 남아프리카공화국의 인류학자 데이비드 루이스-윌리엄스David Lewis-Williams는 1980년대 초에 샤먼들이 트랜스 상태로 들어가는 것을 민족학적 관점에서 설명하는 과정에서 다음과 같은 사실에 주목했다. 세계 여러 지역의 샤먼들은 깊은 변성 상태로 가라앉아 제의적 죽음을 겪고 영적 세계를 여행할 때, 돌풍이나 지하로 들어가는 관문 등 어두운 구멍을 통해 내려가는 기분을 느낀다는 것이다. 산족의 샤먼 디아쿠웨인은 "땅 속 먼 곳으로의 여행"이라고 표현했지만, 이누이트족의 샤먼도 영적 세계로 떠나는 여정을 "땅 바로 밑으로 난 길을 가는 것"으로 설명하면서 "몸이 꼭 끼는 튜브를 통해 떨어지듯 미끄러진다"고 말한다. 페루의 코니보족Conibo의 성자들은 나무뿌리를 따라 땅속으로 들어간다고 말한다. 캐나다의 알공킨족Algonkian의 한 샤먼은 "영혼의 통로"를 "대지의 창자 속으로 통하는 구멍"으로 설명한다.

현대 심리학에도 똑같은 심상이 등장한다. 피실험자들은 가장 깊은 단계의 변성 상태로 들어갈 때 마치 땅속 어두운 통로로 내려가는 느낌을 받는다. UCLA의 신경과학자 로널드 시걸Ronald Siegel은 80가지 유형의 환각 유발성 심상을 연구한 58개의 보고서에서 가장 흔하게 등장하는 내용이 "어두운 터널을 통과하는 느낌"이라는 사실을 확인했다. 심장마비를 일으키는 등 소위 가사 상태를 경험했던 환자에 관한 보고서에서 특히 자주 나타나는 것은 구급차 안에서 사망 선고를 받았다가 되살아나는 경우다. 이런 환자의 에피소드를 따라가 보면 트랜스 상태로 들어가 제의적 죽음을 겪는 샤먼의 느낌과 거의 동일한 느낌을 토로하는 경우가 많다. 1970년대 베스트셀러로 큰 화제를 불러 모았던 한 연구서에서 레이먼드 무디Raymond Moody라는 심리학자는 죽음의 문턱까지 다녀온 사람들 150명을 인터뷰했다. 이들의 입에서 가장 자주 나온 표현은 "뭔가에 이끌려 어떤 어두운 공간을 아주 빠르게 통과하는 느낌"이었다. 무디는 비슷하면서도 다양한 그들의 공간을 "동굴, 우물, 홈통, 울타리, 터널, 통풍구, 진공, 허공, 하수구" 등으로 나누어 정리했다. 죽을 뻔했다가 살아난 어떤 사람은 "몸이 꼭 끼는" 관문을 통해 이동했다면서 이렇게 말했다. "손과 발이 내 옆에 있는 것 같았다. 머리부터 들어갔는데 안은 아주 어두웠다. 그보다 어두울 수 없을 정도로 어두웠다. 나는 그곳을 통해 아래쪽으로 이동했다."

하긴 마튼스 동굴로 들어가기 전날 오후 웨스트버지니아에서 나를 맞아주었던 크레이그 홀도 똑같은 얘기를 했다. 나는 내 차 범퍼에 앉아 장화 끈을 묶으면서 그에게 물었다. "동굴에 혼자 머물렀던 적이 있으세요?"

"아뇨, 없다고 봐야겠죠." 그가 말했다. "하지만 가끔 탐험하러 온 사람들을 동굴로 데려갔다가 혼자 남는 적은 있어요. 사람들을 다른 쪽으로 보낸 다음 불을 끄고 석실에 홀로 앉아 있곤 하지요."

"뭔가 이상한 느낌은 없었나요?" 내가 물었다.

"환영 같은 걸 봤느냐는 말이죠?" 그가 말했다. "아뇨, 그런 건 못 봤어요."

나는 끄덕이고 계속 끈을 묶었다.

"그러니까 말이에요." 그가 말을 이었다. "죽을 때 이런 기분이겠다는 생각은 했어요."

그리고 그는 잠깐 말을 멈추었다.

"이십 대 때 전염성 단핵증이라는 병에 걸려 몇 주 동안 침대 신세를 진 적이 있었죠. 그러던 어느 날 밤 죽었어요. 그렇게밖에 달리 표현할 방법이 없네요. 내가 보였으니까요. 내 가족도 보였죠. 무슨 혼령 같은 것도 만났어요. 하지만 나를 돌려보내더군요. 아직 때가 안 됐다면서 말이에요. 그렇게 얼마나 있었는지는 모르겠어요. 동굴의 어둠 속에 앉아 있으면 그날 밤과 비슷한 기분을 느껴요." 그는 잠깐 말을 멈췄다. "내가 내 몸을 벗어나 땅 **안쪽**으로 들어간 다음 여러 가지를 동시에 보는 느낌이죠."

"우리는 모두 마음속에 동굴을 하나씩 가지고 있다." 나는 큰 소리로 혼잣말을 한 다음 내 말이 어둠 속으로 사라지는 것을 지켜보았다. 정상적인 의식을 넘어서는 감각은 동굴로 들어가는 느낌과 비슷하다. 우리 두뇌 구조가 그렇게 되어 있다. "동굴은 돌풍과 지하의 명부冥府로 들어갈 때 겪는 심리적 경험의 지형적 등가물이다." 데이비드 루이스-윌리엄스는 2002년에 쓴 《동굴 속의 마음The Mind in the Cave》에서 그렇게 말했다. 그의 말은 상상할 수 있는 것보다 더 오랜 세월 동안 인류 문화를 관통하며 우리 귓전을 맴돌았던 것의 반향이다. 아주 먼 과거에 우리 조상들은 마음속 관문을 이야기하면서 어두운 정신적 낭하를 지나 죽음을 경험하고 일상의 현실 저편에 놓인 의식 지평으로 들어가는 여정을 겪었다. 그리고 그들은 대지의 관문을 말하며 그를 통해 바위 동굴 속으로 내려가 솔가지로 만든 횃불로 어둠을 밝히고 지상의 풍경과는 전혀 다른 비현실적인 장소로 이동했다. 시간이 지나며 정신적 배경과 물리적 배경에 관한 이야기는 뒤섞였고, 결국 구분이 안 되는 지경에 이르러 마음의 관문과 대지의 관문은 하나가 되었다.

우리 조상들이 지구 곳곳에 발자취를 남기는 동안 세상의 모든 문화는 그런 관문을 이야기했다. 그 이야기 속에서 영웅들은 땅속의 어두운 통로를 따라 혼령들의 세계로 들어갔고 그곳에서 신성한 지혜를 받아 지상으로 돌아왔다. 피타고라스가 크레타섬의 동굴을 통과하여 하데스를 여행한 것처럼 마야인이나 켈트족, 고대 북구인이나 나바호족 등 세계 모든 지역의 문화적 영웅들도 동굴을 거쳐 명부의 세계에 발을 들여놓았다. 예수 그리스도도 다크존을 통해 지하로 내려갔다. 초기 기독교 시

절 성서에서 탈락한 외경 〈니고데모 복음서Gospel of Nicodemus〉
에 나오는 "지옥의 정복" 부분에서 예수는 돌무덤에 갇힌다. 그
곳은 돌을 굴려 입구를 막은 동굴이다. 동굴의 어둠 속에서 예수
는 세속의 육신을 벗고 지옥 "가장 낮은 곳"으로 내려가 죽은 자
들에게 설교하는 한편, 그곳에 오지 말았어야 할 영혼들을 풀어
준다. 예수가 부활하여 천국으로 올라가는 곳도 그 출발점은 지
하계다.

인류의 가장 오래된 기록 중 하나로, 약 4,000년 전에 메소
포타미아 지방의 점토판에 새겨진 〈길가메시 서사시The Epic of
Gilgamesh〉도 결국은 지하로 내려가는 이야기다. 길가메시는 영원
한 삶의 비밀을 찾아 저승을 여행한다. "심연을 보는 자"라는 뜻
의 이름을 가진 길가메시는 저승에 이르기 위해 길고 어두운 터
널을 통과한다.

> … 계속 아래로
> 굴과 굴이 이어지는 깊은 어둠을 지난다
> 앞도 뒤도 모두 칠흑 같은 어둠뿐
> 이쪽저쪽도 모두 칠흑 같은 어둠뿐

어떤 구체적이고 자세한 설명도 없는 막연한 굴이어서 우리
로서는 그가 땅속의 어두운 통로를 지나는지, 마음속 캄캄한 통
로를 지나는지 확실히 알 수가 없다.

동굴이나 터널이나 땅에 뚫린 구멍의 입구를 들여다볼 때마

다, 우리는 알 듯 말 듯한 느낌을 받는다. 우리는 의식이 흐릿해지는 꿈속에서 이런 공간을 보아왔다. 이 관문을 지날 때, 우리는 땅 위 세계의 명료함을 뒤로하고 평범한 의식의 선형성과 논리로부터 물러나 무의식의 유동성으로 미끄러져 들어간다는 것을 안다. 우리는 다크존에서 생체 주기를 바꿔보려는 미셸 시프르이거나 조상의 영혼과 교류하는 피타고라스다. 어느 쪽이든 우리는 평범한 현실의 맴돌이 밖으로 발을 내디뎌 세상의 가장자리 저쪽으로 조금씩 가까이 다가선다.

마튼스 동굴에 머무르기로 한 시간이 얼마 남지 않았을 때 나는 어둠 속에 혼자 누워 흥얼거려보았다. 내가 내는 소리의 반향으로 보이지 않는 동굴의 윤곽이 선명해지는 것을 느낄 수 있었다. 어서 나가고 싶은 마음에 나는 장화를 벗고 일어나 아무

것도 보이지 않는 상태에서 작은 보폭으로 조심스레 걸음을 옮기기 시작했다. 처음에는 발을 끌면서 동굴 바닥을 탐색하듯 캠프 가장자리를 돌았다. 양말 신은 발가락을 꼼지락거려 돌의 감촉을 느끼며 넘어지지 않도록 조심했다. 캠프를 한 바퀴 돈 다음 몸을 돌려 온 길을 되짚어 다시 한 바퀴를 돌았다. 겁이 조금 사라지면서 발을 떼기가 한결 편해졌다. 지면에서 발을 더 들어 올려도 될 것 같았다. 그렇게 또 한 바퀴, 또 한 바퀴 돌자 이제는 어둠 속에서도 성큼성큼 걸을 수 있었다.

만 하루를 채운 뒤 저녁 7시가 되기 전에 나는 동굴을 빠져나왔다. 산골짜기 가장자리에 빛을 받고 서서 눈을 깜박여보았다. 눈동자가 다시 오그라들었다. 나는 시인 마크 스트랜드Mark Strand의 말대로 "세상이 한 번 더 몸을 추스리듯" 저녁 풍경을 바라보았다. 어떤 동굴 탐험가에게 들었던 말이 생각났다. 동굴 속에 있으면 죽어 있는 기분이라고, 태어나지 않은 상태 같다는 말도 했었다. 나는 저승에서 돌아온 기분이었다. 그리고 처음 세상에 나온 기분이었다. 나는 가방을 들어 어깨에 걸치고 숲속으로 발을 뗐다. 숲속을 걷고 있으니 빛과 공기, 따뜻함과 명료함 등 대수롭지 않게 여겼던 것들이 새삼 고마웠다. 내 마음의 고요한 석실에서 스트랜드가 황홀감에 젖어 읊었던 마지막 구절이 메아리쳤다.

고맙다, 충실한 것들아!
고맙다, 세상아!

도시가 아직 그곳에 있고
숲이 아직 그곳에 있고
집도 그대로고 차들은 웡웡 달리고
느릿한 암소는 들에서 풀을 뜯고
지구가 계속 돌아가고
시간은 멈춘 적이 없고
우리가 다시 온전히 돌아와
하루의 달콤한 정수를 마시게 됨을
알게 되었으니

9장

비의

어떤 사람들의 말에 따르면

그 도시의 신들은 깊은 곳에 산다고 한다.

지하의 개울에 물을 대주는

검은 호수에.

　　　—이탈로 칼비노Italo Calvino, 《보이지 않는 도시들Invisible Cities》

발란칸체Balankanché

지구상에서 멕시코의 유카탄 반도만큼 구멍이 많은 곳도 흔하지 않을 것이다. 동굴과 팟홀pothole과 크레바스와 웅덩이가 곳곳에 도사리고 있는 까닭에 까딱 잘못하다가는 언제 땅속으로 곤두박질칠지 모른다. 북극에 사는 사람들이 잘 때도 빙하 꿈을 꾸듯, 베두인족bedouin의 꿈에 모래 언덕이 나타나듯, 오래전부터 동굴은 유카탄 사람들의 마음 한편에 눌러앉아 결코 떠나는 법이 없었다.

1959년 9월 15일 오후, 호세 움베르토 고메즈José Humberto Gómez라는 젊은이가 그렇게 구멍 안으로 들어갔다. 밀림에 숨어 있는 발란칸체라는 이름의 작은 동굴이었다. 우뚝 솟은 피라미드와 우아한 석조 정원을 갖춘 고대 마야의 도시 치첸이트사Chichén Itzá에서 몇 킬로미터 떨어진 숲속에 동굴은 보물처럼 감춰져 있었다. 본래 1900년대 초에 고고학자들이 기록한 내용에 따르면 발란칸체는 유명하지도 않고 주목할 것도 없는 흔하디 흔한 동굴이었다. 몇 군데 습기 찬 석실에는 고대 마야 시대의 도자기 파편과 수많은 박쥐 구아노 등 자잘한 것들만 드문드문 눈에 띌 뿐이었다.

인상은 다부지지만 눈매가 순진한 움베르토는 이십 대 초반으로, 고도를 찾는 관광객들을 안내하는 가이드였다. 그는 어렸을 적 할머니와 함께 지내기 위해 이 숲으로 왔다. 할머니는 숲속에 있는 마야랜드 호텔Mayaland Hotel에서 일했다. 어린 움베르토는 매일 아침 말을 타고 숲으로 들어가 스칼라쿠프Xcalacoop 등 밀림 속 마을 길을 돌아다녔다. 스칼라쿠프 주민들은 돌로 이 도시를 세운 마야인들의 후손이었다. 움베르토는 숲에 가려 잘 보이지 않는 폐허를 틈틈이 기어올랐다. 고고학자들도 찾지 않는 유적들을 부지런히 뒤지고 다닌 그는 돌아와서 할머니에게 그날 본 것들을 이야기하고는 했다. 열세 살이 되었을 때 움베르토는 호텔의 수석 정원사인 벨 툰Bel Tun이라는 마야족 노인으로부터 밀림 깊숙한 곳에 숨어 있는 어떤 동굴 이야기를 들었다. 툰은 숲속 구석구석을 손바닥 보듯 훤히 꿰고 있는 토박이였다. 사람들의 발길이 끊긴 지 여러 해가 된 동굴이지만 움베르토라면 흥미로운 점을 찾아낼 것이라고 툰은 귀띔해주었다.

발란칸체를 처음 찾던 날 움베르토는 호텔에서 크리스마스 축제를 벌일 때 모아두었던 초를 가져갔다. 그는 불붙인 초를 진흙에 하나 박고 조금 들어가 또 하나를 켜서 박아놓는 식으로 불을 밝히며 점점 깊숙이 들어갔다. 그리고 딱히 이유는 알 수 없었지만, 그날 이후로 움베르토는 자석에 이끌리듯 발란칸체를 찾았다. 무엇 하나 특별한 것이 없는 동굴이었음에도 그는 가고 또 갔다. 바닥을 파내 옛사람들이 남긴 유물을 찾거나 아니면 가만히 앉아 피부에 와닿는 어둠을 느끼곤 했다. 가끔 친구들을 데려갔지만 그만큼 동굴에 흥미를 느끼지 못하는 것 같았다. 움베르토는 그런 그들을 이해하지 못했다. 몇 년 후 움베르토는 인류학을 연구하고 싶은 마음에 대학에 들어갔지만 공부 체질이 아니었던지 중간에 그만두었다. 그는 숲을 돌아다니며 폐허를 찾아내고 발란칸체를 뒤지던 시간이 더 좋았다. 발란칸체에 가면 집에 온 듯 편안했다.

　1959년의 그날 오후 움베르토는 또다시 동굴을 찾았다. 하도 많이 드나들어 눈감고도 다닐 수 있을 듯한 통로를 지났다. 동굴 끝에 이르렀을 때 뭔가 이상한 것이 눈에 띄었다. 전에는 미처 알아채지 못했는데, 돌 속에 묘한 색깔의 얼룩이 어른거렸다. 얼룩은 진흙에 반쯤 가려져 있었다. 진흙을 긁어낸 그는 깜짝 놀랐다. 안쪽에 벽돌로 된 벽이 버티고 있었던 것이다. 그가 알기로 고대 도시에서나 볼 수 있는 양식의 벽이었다. 그는 나이프를 꺼내 벽 가장자리를 찍어냈다. 곧 구멍이 뚫렸고 뒤로 터널이 드러났다. 터널 안은 어두워 잘 보이지 않았다. 쿵쾅거리는 심장을 진정시킨 그는 숨을 한 번 크게 들이킨 후 안으로 기어 들어갔다. 그러자 석실이 나타났다. 소리가 윙윙 울릴 정도로 커다란 석실이었다. 그의 몸은 그 자리에서 얼어붙었다.

석실 중앙에는 바닥에서 시작하여 천장에 닿는 돌기둥이 있었는데 꼭대기와 밑부분에는 마치 나뭇가지나 뿌리처럼 돌로 된 가느다란 줄기가 뻗어 있었다. 움베르토는 기둥 발치에 서서 손전등으로 미끄러운 바닥을 비췄다. 빛줄기 안으로 도자기 단지가 들어왔다. 불빛을 움직이니 그 옆에도 단지가 있었다. 아니, 그런 단지는 수십 개였다. 여기저기 흩어진 도자기, 향로, 납골단지에는 현란한 색으로 그림이 그려져 있거나 신들의 얼굴이 새겨져 있었다. 기둥 위쪽에서 사방으로 뻗은 가지에서는 물이 떨어지고 있었는데, 단지 안팎을 가리지 않고 사방으로 흘러내렸다. 어둠 속 바닥에 못이 박힌 듯 움베르토는 그렇게 꼼짝 않고 서서 떨어지는 물방울 타악기 소리를 들었다. 그는 1,200년 만에 이 석실에 발을 들여놓은 사람이었다.

움베르토가 석실을 발견한 소식은 조금씩 숲속 곳곳으로 퍼져나갔다. 며칠 뒤 미국의 고고학자들로 이루어진 조사단이 동굴 속으로 들어가려 할 때, 로무알도 호일Romualdo Ho'il이라는 남성이 굴 입구에 나타났다. 호일은 스칼라쿠프 마을의 샤먼으로, 석실의 유물들을 꼼꼼히 살피고 나오는 길이었다. 도자기는 그의 조상들이 마야의 지하계인 시발바Xibalba의 신들에게 바친 제물이라고 호일은 설명했다. 그런데 이 봉인된 석실에 사람이 발을 들여놓는 바람에 그들이 헤아릴 수 없는 어떤 강력한 힘이 깨어나고 말았고, 그는 서둘러 그 공간을 정화해야 했다.

호일은 마을로 가 한 무리의 남자들을 데리고 돌아왔다. 그들은 동굴 안으로 줄지어 들어가 그 기둥을 둘러쌌다. 움베르토와

발란칸체

고고학자들도 모두 정화될 필요가 있었기 때문에 그 자리에 함께 있어야 했다. 의식은 장장 스물아홉 시간이나 지속되었다. 호일은 닭 열세 마리와 칠면조 한 마리를 제물로 바치고 코펄 향을 피우고 야생 벌집으로 만든 검은 밀랍 초에 불을 붙인 다음, 발효시킨 나무껍질과 꿀로 빚은 신성한 술인 발체balche를 끝도 없이 마셨다. 시간이 갈수록 석실의 산소는 희박해졌고 연기 마저 자욱해 숨을 쉬기 어려울 지경이 되었다. 샤먼의 목소리 는 갈라져 재규어의 울음을 닮아갔고 다른 사람들은 개구리 같 은 소리를 냈다. 그들은 춤추고 기도하고 노래했다. 열기가 더 해지면서 합창 소리도 점점 높아졌다. 드디어 의식이 끝나고 신 들에게 용서를 구한 사람들은 줄지어 지상으로 올라갔다. 폭풍 우 속에 모습을 드러낸 그들은 칠흑 같은 하늘에서 퍼붓는 비 를 온몸으로 맞았다.

움베르토가 찾아낸 발란칸체 이야기를 처음 읽었을 때 나 는 고향 프로비던스의 터널을 찾아냈던 내 어린 시절의 모험을 떠 올렸다. 멕시코의 밀림과 뉴잉글랜드의 어둑한 거리는 그 풍경 은 달랐지만, 우리는 둘 다 아무도 관심을 갖지 않았던 지하 공 간과 남다른 인연을 맺은 소년 시절을 공유하고 있었다. 천장 에서 떨어지는 물을 맞았던 움베르토의 고대 도자기들은 터널 에서 내가 찾아냈던 양동이의 투영이었다. 그 양동이들도 위에 서 떨어지는 물을 맞아 드럼 소리를 내며 어둠 속에서 메아리 를 만들었다. 탐험을 통해 지하세계와 관계를 맺은 지도 꽤 된 터 라 나는 움베르토와 직접 얘기를 나눠보고 싶었다. 그가 발란칸 체에서 무엇을 찾아냈으며 그 일로 그의 인생이 얼마나 달라졌 는지 듣고 싶었다.

그러나 얼마 안 가 움베르토에 대한 호기심은 조금씩 엷어졌 다. 그가 발란칸체 동굴에서 찾아낸 것들이 '동굴 숭배'라는 마야 문화를 관통하는 거대한 전통의 일부에 불과하다는 사실을 알았기 때문이다. 유카탄 반도에서 벨리즈와 과테말라를 거쳐 온두라스, 엘살바도르까지 이어지는 마야의 영토는 거대한 석회석 동굴부터 세노테cenote라는 물이 가득 고인 싱크홀에 이르기까지 온통 동굴 천지였고, 마야 사람들은 그 모든 동굴을 하나같이 지하 계인 시발바로 들어가는 영적 관문이라고 믿고 있었다. 움베르토의 발견이 있고 난 뒤로 몇 년 동안 고고학자들은 들어가는 동굴마다 다크존에서 고대인들의 제물을 찾아냈다. 도자기나 비취 또는 노랑가오리의 뼈가 나올 때도 있었지만, 제물로 잡은 사슴이나 재규어나 악어의 뼈도 나왔고 심지어 사람의 유골이 나오는 경우도 있었다. 어떤 동굴에서는 온전한 포장도로와 번듯한 사원이 발견되기도 했다. 고대 마야인들은 이런 제물을 바치기 위해 목숨 걸고 지하로 들어가 땅속을 흐르는 강을 헤엄쳐 건너고, 가파른 절벽을 기어오르고, 위험할 정도로 좁은 공동 속으로 기어들었다.

나는 메소아메리카Mesoamerica(멕시코와 중앙아메리카를 칭하는 고고학적 관점의 문화 영역-옮긴이)의 밀림에서 작업하는 고고학자들과 이야기를 나누다, 문득 지금 내 앞에 놓인 것이 지하에 집착하는 사람들의 문화라는 생각이 들었다. 그들은 동굴과의 관계에 자신의 생사를 건 사람들이었다. 마야인들은 동굴 가까운 곳에 도시를 건설하고, 사원의 벽에 동굴 모양의 조각을 새겨 넣었으며, 도기에 동굴을 그려 넣었다. 그들은 동굴을 주제로 하는 춤을 추고 노래를 불렀다. 복잡한 상형문자로 된 마야의 문헌에서 가장 흔히 발견되는 글자인 '첸ch'en'은 "동굴"을 상징하는 그림문자였다. 마야의 서사 신화인 〈포폴 부Popol Vuh〉에는 지하계 시발바로 내려가는 쌍둥이 영웅 이야기가 나온다. 이들은 낮에는 동굴 앞에서 경배를 드리고, 저녁에는 동굴 이야기를 나누고, 밤에는 동굴 꿈을 꾼다.

"이곳은 지하계의 메카입니다."어느 날 오후 고고학자 할리 모이스Holley Moyes는 나와 통화를 하던 중 그렇게 말했다. 캘리포니아 대학교 머시드 캠퍼스의 교수인 그녀는 20년 동안 밀림을 뒤지며 때로는 박쥐 구아노 사이를 기어 다니고 바위 천장에 헬멧을 부딪히며 마야의 동굴에서 은밀하게 행해졌던 제의들을 조사했다. 동료들 사이에서 그녀는 '다크존의 여왕Queen of the Dark Zone'으로 통했다.

사실 그녀의 연구 범위는 마야에 국한되지 않는다. 몇 해 동안 할리는 민족지학적·고고학적 관점에서 전 세계 전통문화 속 동굴이 차지하는 역할을 연구해왔다. 2012년에 할리는《신성한 어둠, 동굴의 제례적 용도에 관한 범세계적 관점Sacred Darkness: A Global Perspective on the Ritual Use of Caves》이라는 책을 썼다. 지금으로부터 약 10만 년 전 구석기시대까지 거슬러 가는 기간에 육대주의 약 50개가 넘는 문화권에 형성된 인간과 동굴의 관계를 분석한 고고학자와 인류학자의 연구 결과를 집대성한 책이었다. 그녀는 시기와 관계없이 세계 모든 지역에서 거행되어온 지하의 종교 관행이 사실상 보편적인 전통임을 보여주는 증거를 제시했다.

그것은 하나의 데자뷔였다. 거리에서 어깨를 스친 낯선 사람이 어떤 이유에서인지 오랜 친구처럼 생각되는 그런 느낌이었다. 나는 몇 해 동안 전 세계를 다니며 우리와 지하의 연관성을 기록해왔다고 그녀에게 설명했다. 우리는 어둠에서 쫓겨났지만, 여전히 땅속으로 들어가려는 알 수 없는 충동을 물리치지 못하는 것 같다고 변명하듯 덧붙였다. 내 말을 조용히 듣고 있던 할리가 전화 저편에서 호탕하게 웃었다.

"이쪽 밀림으로 한번 오셔야겠네요." 그녀는 말했다. "나눌 이야기가 많을 듯해요."

해는 어디 숨었는지 보이지 않고 바람만 요란했던 8월의 어느 날 오후, 열대성 폭풍이 멕시코만에 휘몰아칠 때 할리는 벨리즈 시티Belize City에 있는 공항으로 나를 마중 나왔다. 그녀는 오십 대 중반이었는데 어깨를 스치는 다갈색 머릿결과 생기 넘치는 눈동자가 인상적이었다.

"흙이 많이 묻어 있어서 괜찮을지 모르겠네요." 그녀는 지프 문을 열어주며 그렇게 말했다. 진흙통에 한 번 푹 담갔다 꺼낸 차 같았다.

바닷가를 출발한 우리는 내륙으로 방향을 틀었다. 목적지는 열대우림에 자리 잡은 조그만 마을 산이그나시오San Ignacio였다. 할리는 그곳에 연구소를 마련해놓고 있었다. 마침 우기여서 수위가 한껏 높아져 거품이 부글대는 누런 흙탕물 강을 몇 번씩 건넜고 오렌지색 진흙을 사방에 튀기며 달려야 했다. 할리는 벨리즈에서만 20년에 걸쳐 현장 답사를 해온 관록 덕분에 토박이처럼 지리에 훤했지만, 그런 자신도 이곳의 포악한 날씨에는 좀처럼 익숙해지지 않는다고 털어놓았다. 할리는 총을 지닌 도굴꾼들로부터 발굴 지역을 지켰던 일, 숲속에서 재규어의 오줌 냄새를 맡았던 일, 신성한 장소에 들어가기 위해 지역 샤먼과 협상을 벌였던 일, 홍수로 물이 범람하는 삼림 도로에 처박힌 트럭을 끌어냈던 일, 뱀과 흡혈박쥐와 전갈을 피해 다녔던 일 등을 얘기해주었다. 특히 '자객벌레'라 불리는 침노린재에 쏘이면 샤가스병Chagas에 걸려 목숨을 장담할 수 없다고 했다.

숲속으로 더 깊이 들어가자 공기가 차가워졌다. 우리는 매머드처럼 거대한 에메랄드빛 녹색 구릉지를 뚫고 나갔다. 풍경을 찬찬히 뜯어보니 나무 사이로 고대 마야인들의 정착지가 곳곳에 감추어져 있었다. 마야 문명이 절정에 이르렀던 서기 250년부터 950년 사이, 이곳에서는 수십만 명의 인구가 세계에서 가장 큰 도시들을 세우고 살았다. 특히 티칼Tikal, 코판Copan, 팔렝케Palenque 같은 도시에서는 산 사면을 깎아 만든 계단식 농법이 번창했다. 우기에는 대지 곳곳이 범람했기 때문에 마야인들은 건기에 대비하여 물을 저장할 수 있는 저수지들을 그물처럼 촘촘하게 건설했다. 수 세기 동안 그들은 풍요를 마음껏 누렸다. 그들은 위대한 수학자였고 경이로운 예술작품을 생산했다. 그들은 지배자를 위해 숲속 지평선 위로 피라미드를 높이 세웠고 장식용 돌로 사원을 지었으며 거대한 돌기둥이나 석주를 세워 신성한 왕들의 치적을 새겼다. 그러나 모든 문명이 그렇듯, 마야도 멸망했다. 서기 9세기경 지독한 가뭄이 메소아메리카 지역을 덮친 것이다. 농작물을 기르는 데 필요한 비가 오지 않았고 도시들은 인구를 먹여 살릴 방법을 찾지 못했다. 굶주림이 시작되었고 수많은 사람들이 줄줄이 목숨을 잃었다.

"사태가 절망적으로 바뀌자 그들은 동굴에 매달렸어요."할리는 핸들을 잡은 채 그렇게 말했다. "해결책은 다크존으로 들어가는 것뿐이었죠."다음 날 아침 우리는 악툰투니칠무크날Actun Tunichil Muknal이라는 동굴을 찾기로 했다. 할리가 벨리즈에서 가장 처음 연구 대상으로 삼았던 동굴로, 고대 다크존에서 행해진 비의秘儀의 첫 번째 증거를 찾아낸 현장이었다.

하늘이 수은 빛으로 낮게 깔린 가운데 할리와 나는 산이그

악툰투니칠무크날 입구

나시오에서 약 80킬로미터 떨어진 지역에 펼쳐진 타피르산 자연보호구역Tapir Mountain Nature Reserve으로 들어갔다. 가뜩이나 코앞이 잘 보이지 않는 태고의 원시림인데다가 안개까지 자욱해서 시야가 제대로 확보되지 않았고 온통 이끼 냄새로 가득 차 있었다. 우리는 높이 솟은 나무를 지탱하는 거대한 뿌리들을 기어가듯 넘어 강물로 들어갔다. 물이 허리까지 올라왔다. 이구아나가 관목 사이를 날아가듯 나타났다 사라졌고, 풍금조와 큰부리새가 머리 위 나무에서 요란하게 지저귀었다. 멀리서 들리는 짖는원숭이의 울음소리가 북소리 같았다. 오래가지 않아 초목이 엉킨 천연 벽을 뚫으니 동굴 입구가 나타났다. 고개를 쭉 빼고 동굴 안쪽을 내려다보았다. 매끄러운 옆면으로 모래시계 모양의 틈이 보였는데 위로부터 덩굴식물이 기어 내려와 대롱거렸고, 입구 밖으로는 강물이 이끼 낀 바위를 휘감으며 조용히 빠져나갔다.

"마야인들은 예술작품 속에서 동굴을 괴물의 입으로 묘사했어요." 할리가 입구 윗입술에서 삐죽 내려온 종유석들을 가리키며 말했다. "이빨까지 드러내고 있잖아요."

잠깐 뜸을 들인 뒤 그녀가 덧붙였다. "여성의 질과 정말 비슷하게 생겼죠."

커다란 너럭바위에서 우리는 따뜻한 웅덩이로 뛰어들었다. 바닥이 보일 듯 말 듯 푸르른 물속에 비친 발밑으로 피라미 떼가 마치 점묘 화법의 붓 터치처럼 쏜살같이 지나갔다. 우리는 개구리헤엄으로 동굴의 문턱을 건넜다. 어슴푸레 남아 있던 햇빛은 온데간데없이 사라졌고 사방은 칠흑 같은 어둠으로 바뀌어 있었다. 우리는 물결을 거슬러 미끈거리는 암반 위로 기어올랐다가 비틀거리며 소용돌이 속으로 빠졌다. 그래도 이내 물살을 헤치고 열쇠 구멍같이 좁은 틈 사이를 비집고 들어갔다. 강물은 쉬지 않고 철벅거리며 우리 주변을 흔들어댔다. 1986년 영국의 아마추어 동굴 탐험가들이 발견한 이후, 고고학자로는 최초로 이 동굴을 연구하기 시작한 할리는 익숙한 안무에 따라 춤을 추는 발레리나처럼 걸음을 옮기며 순전히 근육의 기억에만 의지해 비좁은 바위 사이를 헤치고 나갔다.

우리는 완벽한 정적 속으로 들어섰다. 칠흑처럼 깜깜하고 거대한 복도 안, 두 사람의 헤드램프에서 나오는 불빛만이 도시의 스포트라이트처럼 머리 위에서 이리저리 엇갈렸다. 고개를 들어 바위에 매달려 있거나 날아다니는 박쥐를 찾아보려 했지만, 천장이 너무 높아 아무것도 보이지 않았다. 수영을 할 때도 물은 계속 주변에서 철벅거리며 요란한 소리를 냈다.

800미터쯤 들어간 지점에서 우리는 강둑을 기어올라 선반처럼 튀어나온 바위 위로 푹 젖은 몸을 끌어올렸다. 할리가 장화를 벗으라고 일러주었다. 양말만 신은 채 우리는 까치발을 하고 동굴의 중앙 석실로 들어섰다. 번들거리는 종유석과 석순들이 빙 둘렀고 거대한 기둥이 바닥과 천장을 잇고 있었다. 기둥은 나무 몸통만큼이나 두터웠다.

헤드램프로 석실을 한 번 훑다 숨을 멈추었다. 바닥 여기저기에 고대의 도기들이 수백 점 흩어져 있었다. 대부분 검은색과 현란한 오렌지색이었다. 비치볼만 한 것도 더러 있었는데 수 세기 동안 표면에서 방해석이 자란 탓에 그 자리에서 굳어진 채 바닥에 붙어 있었다. 돌로 만든 도구도 있었고 비취와 흑요석 조각도 있었으며 개 모양의 돌 호루라기 등 작은 조각도 있었다.

"모두 9세기까지 거슬러 올라가는 유물이에요." 할리가 말했다. "가물었을 때부터죠."

동굴 벽에 설치된 철제 사다리를 오른 할리는 나를 석실 위에 있는 조그만 감실로 안내했다. "바로 저기 그녀가 있어요." 선반 위에서 몸을 웅크리며 할리가 말했다. 그 옆에 자리한 것은 사람의 유골, 스무 살 여성이었다.

"우리는 수정 처녀Crystal Maiden라고 부르죠." 그녀가 소개했다. 나는 침을 꿀꺽 삼켰다. 그녀는 다리를 벌린 자세로 누워 팔꿈치를 양옆으로 펼친 채 손을 허리에 대고 있었다. 갈비뼈가 방해석으로 뒤덮여 여기저기서 수정 불꽃이 반짝거렸다. 턱을 빼고는 윤곽이 완벽한 유골이었다. 비스듬히 열린 턱이 어색한 미소를 짓고 있었다.

"부장품이 없다는 점을 놓치면 안 돼요." 할리가 말했다. "여긴 묘지가 아니거든요."

수정 처녀만 있는 것이 아니었다. 중앙 석실의 바닥 안쪽으로 유골들이 흩어져 있었다. 모두 열네 구였다. 부피가 큰 어떤 종유석 발치에는 두 젊은 남성의 유해가 있었는데 둘 다 머리가 잘려 있고 유골은 반쯤 해체된 채 방해석이 표면을 싸고 있었다. 그 근처에 사십 대 남성의 유골이 있었는데 관자놀이에 둔기

악툰투니칠무크날의 수정 처녀

로 맞은 자국이 있었다. 우리는 웅크린 채 희생자들을 하나씩 살펴보았다. 아이의 유골도 있었는데 작은 뼈 더미가 어두운 크레바스 안에 숨겨놓은 것처럼 쌓여 있었다.

모두가 시발바에 봉헌된 제물이었다.

"시발바는 우리가 생각하는 지옥과는 달랐어요." 여전히 어둠 속에 웅크린 채 할리가 말했다.

마야인들 말로 '경외의 장소Place of Awe'라는 뜻을 가진 시발바는 추상적인 공간이 아니었다. 실체가 분명한 지리적 장소로, 지도에서 짚어낼 수 있는 특정 구역이었다. 숲속을 걸어갈 때도 시발바의 냄새를 맡을 수 있고, 그 우르릉거리는 소리와 메아리를 들을 수 있으며, 심연에서 올라오는 미풍을 느낄 수 있었다. 세노테의 바위틈이나 동굴의 입구를 비집고 내려가 다크존의 문턱을 넘어가면, 이미 시발바 안으로 발을 들여놓은 것이다. 이제부터는 속세를 뒤로하고 전혀 별개의 영역으로 들어가게 된다. 그곳에서는 정령과 신들과 변덕스러운 권세를 지닌 존재와 마주하게 될 것이다.

마야인들과 시발바의 관계는 원초적이고 특별하면서도 모호한 거리감을 유지했다. 〈포폴 부〉에서 쌍둥이 영웅 하나푸Hanahpu와 슈발랑케Xbalanque는 시발바로 내려가 불이 이글거리는 석실, 사방에 단검이 삐죽 튀어나와 있는 석실, 먹이를 찾아 헤매는 재규어가 우글거리는 석실 등 무시무시한 구역의 미궁을 하나씩 헤치고 나아간다. 쌍둥이 영웅은 시발바를 지배하는 악귀들을 차례로 물리치며 한 걸음씩 들어간다. 7사신死神, 고름 마왕, 황달 마왕, 흡혈귀, 자상刺傷 마왕 같은 이름을 가진 혐오스러운 무리들은 지상세계에 질병을 퍼뜨리고 인간 세상을 황폐화시키는 일로 나날을 보내는 존재다. 이렇듯 지하세계는 가까이하기 싫은 곳이지만 그래도 마야인들은 그곳에 기댈 수밖에 없다. 시발바 없이는 그들도 살 수 없다. 시발바에는 비의 신 차크Chaak가 살기 때문이다.

차크는 변덕이 심하고 충동적이며 난폭하다. 화가 치밀면 숲에 천둥과 번개를 떨어뜨린다. 그러나 그는 비도 함께 내려주기 때문에 차크 없이는 마야인들도 살아남을 수 없다.

수백 년 동안 마야인들은 차크의 비위를 맞추기 위해 틈만 나면 동굴 입구에 선물을 갖다 놓았다. 어떨 때는 지하로 들어가 빛이 닿는 데까지 내려갔다. 그들은 안전을 위해 다크존과 일정한 거리를 유지하며 도기나 주트 달팽이 껍질을 공물로 바쳤다.

　차크는 그 선물을 흡족히 받았다. 매년 건기가 끝나고 파종할 때가 오면 신은 비를 내리고 곡식을 자라게 해주어 마야인들이 풍요로운 삶을 누릴 수 있었다.

　그러던 어느 순간 느닷없이 차크가 그들을 버린 것이다. 8~9세기 동안 차크는 지하 깊숙이 보이지 않는 곳으로 물러나 나타나지 않았다. 마야인들로서는 까닭을 알 수 없는 일이었다. 비는 내리지 않았고 계단식 논에 심은 작물은 말라 비틀어졌다. 마야인들은 조상 대대로 풍요를 안겨주었던 의식에 더욱 열을 올려 동굴 입구에 도기와 주트 달팽이 껍질을 바쳤다. 그러나 차크는 꿈쩍도 하지 않았다. 마야인들은 도기와 껍질의 양을 늘려 동굴 앞에 무더기로 쌓았다. 갓 잡은 동물을 동굴 입구에 바치기도 했다. 그래도 아무런 반응이 없었다. 그들은 절망했다. 도시에서는 아이들이 굶주리기 시작하자 집을 버리고 북쪽으로 가야 한다는 말이 나왔다. 그들은 마지막 수단에 희망을 걸었다. 시발바로 직접 들어가 차크와 담판을 짓기로 한 것이다.

할리와 내가 발을 들여놓기 1,200년 전, 일단의 마야인들이 줄지어 악툰투니칠무크날 동굴 입구를 통과했다. 그들은 빛이 희미해지는 곳까지 들어갔다. 그 너머로는 발을 디딘 적이 없었다. 떨리는 가슴에 잠시 머뭇거렸지만 마음을 다잡고 앞으로 발을 뗐다. 마치 절벽 끝에서 발을 내딛는 기분이었다. 그들은 사제들이었다. 모두 깃털로 장식한 의복을 입고 있었다. 마르고 수척했으며 찡그린 표정에는 수심이 가득했다. 품에는 옥수수를 가득 채운 도기와 맷돌과 태울 향을 지니고 있었다. 일행 중에 흑요석 칼이 든 칼집을 허리춤에 찬 사람이 있었다. 그리고 무리의 한복판에는 스무 살 여성이 아무 말 없이 걷고 있었다. 강물이 그녀의 목을 휘감고 흘러갔다.

천천히 물살을 거슬러 상류로 이동한 그들은 뭍에 올라 일렬로 걸었다. 탁탁 소리를 내는 소나무 횃불이 자욱한 연기를 피우며 어둠을 밝혔다. 아무도 말이 없었다. 그들은 두려움 속에 사방을 경계하며 조심스레 한 발짝씩 내디뎠다. 그 숲에 사는 사람이 다 그렇듯 어린 시절부터 시발바의 이야기를 귀가 닳도록 듣고 직접 입으로도 말해왔지만, 이번에는 달랐다. 그들은 땀 흘리는 암벽을 손가락으로 더듬고 바위들이 만드는 원추 모양의 그림자가 횃불에 떨리는 모습을 지켜보며 숨이 멎을 듯한 어둠을 뚫고 지나갔다. 물살을 가르는 알비노 피시albino fish, 탈색된 물고기를 곁눈질로 보고 머리 위에서 푸드덕거리는 박쥐의 날갯짓에 가슴을 졸였다. 돌멩이 하나가 강으로 떨어지자 물 튀기는 소리가 어둠을 흔들며 메아리쳤다. 몸이 저절로 굳었다. 그래도 그들은 계속 나아갔다. 신을 달래서 숨겨놓은 비를 되찾을 수 있는 방법이 존재한다면, 그것은 어둠 속으로 자진해 들어가는 이번 여정일 뿐이라고 생각한 까닭이다.

동굴 속 물길을 800미터쯤 헤쳐 간 사제들은 강에서 나와 중앙 석실로 들어갔다. 횃불에 비친 종유석과 석순이 더욱 거대해 보였다. 그들은 차크에게 바칠 선물을 놓고 어깨에서 내린 도기를 들어 돌 위에 옥수수를 뿌렸다. 이어서 향에 불을 붙여 제사를 준비했다. 코펄 향 연기가 춤을 추며 석실로 들어가자 그들은 어둠 속에서 양팔을 들고 차크를 불러내는 노래를 부르기 시작했다. 그러면서 젊은 여성 주위로 모였다. 사제 중 하나가 칼집에서 흑요석 칼을 뽑아 높이 들어 올렸다. 동굴 안 공기를 찢을 듯 고조되는 노랫소리가 종유석들을 때려 종소리라도 낼 것처럼 요란해졌을 때, 들고 있던 칼이 거침없이 허공을 갈랐다.

장화를 당겨 신은 할리와 나는 조심스레 암벽 둑을 기어 내려가 다시 강물에 몸을 담갔다. 우리는 천천히 개구리헤엄을 치기 시작했다. 천장에서는 계속 물이 떨어졌다. 그 의식은 악툰 투니칠무크날에서도 아주 깊은 다크존에서 거행되었지만 특별한 행사는 아니었다고 그녀는 말했다. 지난 10년 동안 고고학자들은 마야의 영토 전역에 흩어져 있는 동굴의 다크존에서 발견된 제물의 연대를 측정해왔다. 도기와 석기, 제물로 바쳐진 인간의 뼈 등 사실상 모든 유물은 가뭄이 지속되던 시기로 모아졌다. 악툰투니칠무크날에서 하루 거리에 있는 체쳄 하Chechem Ha라는 동굴에서 할리는 다크존에 세워진 돌비석을 찾아냈다. 돌비석 주변으로 불을 지핀 흔적과 도기 파편들이 있었는데 모두 9세기로 추정되는 유물들이었다. 최근에는 근처에 있는 라스쿠에바스Las Cuevas라는 동굴을 발굴하던 중 정교한 제단과 층계참을 발견하기도 했다. 그 역시 가뭄 시기에 만들어진 것이었다. "이 주변만 그런 게 아니에요. **어디나** 마찬가지지요." 그녀는 그렇게 말했다. 발란칸체에 숨어 있던 석실에서 움베르토가 찾아낸 제물도 9세기 것이었다. 그 도기들에는 비를 내리는 신의 일그러진 얼굴이 새겨져 있었다. "숲 전역에서 거대한 집단의식이 거행되고 있었다는 얘기죠."

강을 따라 내려가는 동안 우리는 아무 말도 하지 않았다. 물살이 드러난 어깨에 부딪혔다. 나는 할리의 말을 곱씹어보았다. 눈

앞에 영화 같은 장면이 서서히 형체를 갖추며 움직이기 시작했다. 처음에는 음영 속에서 모든 것이 어슴푸레했지만 점점 윤곽이 또렷해지더니 구석구석까지 상세하게 보였다. 놀랍고도 잊기 힘들 것 같은 장면이었다. 자포자기한 심정으로 절망의 나날을 보내고 있는 무수히 많은 순례자들이 보였다. 그들은 마야의 영토 전역에 뿔뿔이 흩어져 지냈지만 이 순간만큼은 거대한 몸의 일부처럼 움직였다. 숲을 통과하는 그들의 모습이 나무의 그림자처럼 어른거렸다. 그들은 마침내 1,000여 개의 각기 다른 동굴 입구에 도달했다. 잠시 경계지대에서 몸을 웅크렸다가 모두 숨을 한 번 들이켠 후 어둠을 향해 발길을 옮겼다. 지하 깊숙이 들어간 순례자들은 춤을 추고 기도하고 노래를 불렀다. 그들의 처절한 목소리는 마치 한 사람의 것처럼 솟아올라 어둠을 흔들었다. 그들은 비취와 흑요석 공물을 바쳤고 제물을 희생시켰다. 동물의 배를 갈라 창자를 꺼내고 남자와 여자와 아이들의 피를 음습한 돌바닥에 뿌렸다. 야만적인 폭력의 현장을 넘어, 눈앞에서 벌어지는 묵시적인 광경을 넘어, 괴기한 신앙과 간절함이 드러나는 집단 의례에 나는 숙연하여 몸을 떨었다. 여기, 사신의 위협에 쫓기어 막다른 곳에 이른 가장 절망적인 순간에 지하계의 권세에 매달린 멀쩡한 문명인들이 있었다. 영원한 암흑과 울려 퍼지는 메아리 속에서 이 은밀한 석실이 성스러운 마법을 지녔고 현실을 고칠 수 있는 힘을 가졌다고 그들은 철석같이 믿고 있었다.

나는 강물에 몸을 맡긴 채 흐르듯 밀려가면서 우리보다 앞서 이 길을 헤치고 나아갔던 모든 고대의 행렬을 생각해봤다. 이 캄캄한 암흑 속을 뚫고 조심스레 발을 디뎠던 그들은 길게 이어지는 벽을 따라가며 지금 내가 듣는 것과 똑같은 메아리 소리를 들었을 것이다. 생각에 생각이 꼬리를 물자 기묘한 일이 벌어졌다. 물과 공기와 내 피부의 온도가 모두 같아지면서 뭐가 뭔지 구분이 안 되었다. 무아지경인 상태로 나는 물의 흐름에 굴복하여 스스로를 물속에 풀어 넣었다. 몸 가장자리부터 서서히 해체되더니 어디까지가 내 피부고 어디서부터 동굴인지 더는 분간이 되지 않았다.

그날 저녁 할리와 나는 그녀의 연구실 뒤쪽 난간에 놓인 피크닉 테이블에 앉았다. 밤공기가 눅눅했고 촛농을 떨구는 시트로넬라 촛불이 우리 두 사람의 얼굴을 오렌지빛으로 물들였다. 우리는 악툰투니칠무크날에서 마야인들의 발자취를 따라갔던 그날의 일정을 복기하며, 그들을 어둠 속으로 이끌었던 것 그리고 우리를 그곳으로 잡아끈 것의 의미를 되새겨봤다.
"우리에겐 신성한 것에 대한 갈증이 있어요." 물을 한잔 길게 들이킨 뒤 할리가 말했다. "우리 모두에게는 유일신이나 제신諸神이나 정령이나 마법에 대한 갈구가 있죠. 무어라 부르든 그것은 인간에게 내재적이에요."
우리는 늘 영적인 종이었다. "인간은 체질상 종교적 동물이다." 18세기에 에드먼드 버크Edmund Burke는 그렇게 썼다. 그때부터 인류학이든 역사학이든 어떤 형태의 종교라도 갖지 않는 인간 사회를 찾아낸 학문은 없었다. 요즘도 인간의 본성 깊은 곳에 종교적 욕구가 단단히 뿌리박혀 있다는 사실을 부인하는 생물학자나 신학자, 인지과학자는 많지 않다. 수십만 년 전 호모 사피엔스가 출현했을 때부터 우리는 동물의 왕국을 구성하는 다른 어떤 종들도 해내지 못한 생각을 하게 해준 강력한 신피질을 가진 두뇌를 소유했다. 우리는 스스로의 존재를 깊이 생각하고, 개념적으로 이해할 수 있는 범위를 넘어선 사상을 탐구하고, 만지거나 볼 수 있는 것 이외의 차원과 관계를 형성했다. 지구라는 행성 곳곳에 많은 자취를 남기면서 엄청난 양의 에너지와 자원을 종교에 바쳤다. 서정적 기도문에 가락을 붙이고, 제례용 무도를 고안하여 신과 정령들을 기렸다. 조상들을 기리기 위해 무덤을 만들고, 하늘에 닿기 위해 사원에 첨탑을 올렸으며, 땅속 깊은 곳으로 들어가 납골소를 안치했다. 이렇듯 우리보다 더 큰 무엇과 교류하려는 욕망은 당연한 "인간의 결정적 특징"이라고 영국의 종교학자 카렌 암스트롱Karen Armstrong은 썼다.

애초에 우리 조상들을 지하로 이끌었던 것은 바로 **이런** 충동이었다. 아득한 선사시대에 조상들은 영적 세계와 교류하기 위해 동굴의 암흑 속으로 기어 들어가는 모험을 감행했다. 세계 곳곳의 고대 문화에서 동굴이라는 환경은 현실의 영적 차원**이었다**. 지하로 간다는 것은 육체를 가지고 저승 **속으로**, 산족의 말에 따르면 "눈으로 볼 수 있는 것 너머에 있는 세계"로 발을 들이는 것이었다. 악툰투니칠무크날의 마야인들처럼 우리 조상들은 언제 어디서나 초자연적인 힘을 불러내기 위해 어둠 속에서 신성한 의식을 거행했다.

"이런 전통이 그렇게 멀리까지 거슬러 올라간다는 것이 놀라울 따름이죠." 할리가 말했다. 그녀는 스페인 북부 아타푸에르카 산맥에 있는 어떤 동굴 이야기를 해주었다. 동굴 가장 깊은 곳 다크존, 지하 12미터 수직 통로의 바닥에서 고고학자들은 인간의 유골을 무더기로 발견했다. 시마 데 로스 우에소스 Sima de Los Huesos, 즉 "뼈의 구덩이"로 알려진 이곳에는 고대 인간 스무 명의 유골이 쌓여 있는데 이는 43만 년에서 60만 년 전, 그러니까 현생 인류 호모 사피엔스가 출현하기 한참 이전의 것으로 추정된다. 이 유골들 사이에서 번쩍이는 붉은 규암으로 만든 손도끼가 하나 발견되었다. 희귀석인 규암은 먼 곳에서 가져온 것이어서 더욱 특별한 의미를 가졌다. 고고학자들은 이 손도끼를 '엑스칼리버Excalibur'라 불렀다. 그들은 이 도끼를 종교적 행위, 즉 저승으로의 여행을 기리는 태고의 다크존 제례를 드러내는 최초의 증거라고 생각한다.

물론 현대 서구를 사는 우리는 더는 이런 식으로 세상과 가교를 잇지 않는다. 우리는 포스트 계몽시대를 살고 있다. 산업사회이자, 현실에 대한 인식이 대부분 이성과 합리성에 근거를 두고 있는 과학과 기술의 시대다. 데카르트와 스피노자, 그 밖의 계몽철학자들이 첫 저작을 낸 이후로 지난 수백 년 동안 서구 문화는 꾸준히 세속화의 길을 걸어왔다. 종교적 신앙이 근대 이전까지 이어져온 조상들의 모든 존재를 소진시켰던 곳에서, 지금 우리는 종교가 따로 마련된 구역을 지키는 현실을 목격한다. 그곳은 그보다 더 힘 있는 신조에 밀려난 외부의 영역이다. "현대인은 종교를 잊었다." 엘리아데는 그렇게 썼다.

우리는 동굴의 입구를 지나 아래로 내려갈 때, 마음의 어떤 합리적 지평에서도 세속의 영역을 떠나 영적인 세계로 들어간다고는 생각하지 않는다. 그러나 **그렇다**고 철석같이 믿었던 사람들과 보조를 맞춘다. 우리는 우리의 조상들과 정확히 똑같은 발판을 따라가 그들과 같은 각도로 몸을 비틀고, 수그리고, 엎드려 기고, 그들과 똑같이 자신의 목소리가 메아리로 되돌아오는 것을 듣고, 암벽에 부딪히는 숨결을 느낀다. 어둠을 향한 길에서 우리는 자신도 모르는 사이에 오래전 의식을 따라 하고 때로는 몸짓까지 고대의 안무를 흉내 낸다. 우리는 우리의 조상들과 같은 몸과 마음을 갖고 있기에 그들과 같은 감각을 경험한다. 고대에 그랬던 것처럼, 오늘을 사는 우리에게도 당황스럽고 불안하며 오싹한 경험이다. 몇 세기 동안 서구 과학자들이 치열하게 밝혀낸 물리 법칙에 따라, 그 합리적인 추론에 의해 우리는 이런 감각을 생체리듬의 변화나 신경 체계의 다양한 부분에 미치는 압력 혹은 활성화의 탓으로 돌린다. 그런데도 우리는 의식의 깊은 지층으로 들어가면 합리성 아래에서 떨고 있는 어떤 것을 느낀다. "어두운 동굴 속에 있으면 내면의 무언가가 바뀝니다. 그 점은 의심의 여지가 없어요." 할리는 그렇게 말했다. "우리 자신을 직시하고, 다른 곳과는 전혀 다른 방법으로 그 세계에 참여하게 되지요."

종교의 진화에서 "상실한 것은 아무것도 없다." 로버트 벨라는 그렇게 썼다. 역사를 전개해가는 과정에서 우리가 새로운 철학이나 신조를 축적하던 바로 그때에도 우리 조상들이 지닌 신념의 기본 구조는 깊이 묻혀 있을지언정 조금도 사라진 것 없이 원래 모습을 그대로 유지했다. 동굴과 우리의 관계는 당연히 가장 보편적인 것으로, 아마도 가장 깊이 각인된 우리 **고유의** 종교적 전통일지 모른다. 동굴은 우리 내면에 기나긴 그림자를 드리우고 있다. 우리가 스스로 아무리 근대화되고 문명화되고 계몽된 존재로 여길지라도 동굴 속으로 기어 들어가는 순간, 내면에서 어떤 원시적인 충동이 요동치는 것을 느낀다. 우리는 조상 대대로 전해 내려오는 근육의 기억 속으로 미끄러져 들어가 보다 동물적인 직관 모드로 되돌아간다. 그와 동시에 수백 년 동안 가꿔온 합리성과 과학과 경험주의는 수십만 년에 걸친 본능과 진화적 조건반사 아래에서 온데간데없이 사라진다. 동굴의 어둠 속에서는 "우리의 영혼이 종교적 두려움에 압도당하는 것을 느끼지" 않을 수 없다고 세네카는 썼다. 아무리 합리적이고 누구보다 유물론적이며 완고한 무신론자라도 지하의 다크존으로 내려갈 때는 말소리도 조심스러워 속삭이는 톤이 된다. 그들은 의식하지 못하는 사이에 경외감과 거대함과 신비함에 압도되어 자신이 신성한 장소에 있다는 사실을 알아차리게 된다. 우리는 더는 동굴의 다크존에서 신성한 의식을 거행하지 않는다. 그곳에서 불리었던 기도문을 기억하지 못한다. 그러나 그것들은 우리 마음속 깊은 곳에 여전히 메아리로 남아 있다. 그 오래된 우주론은 지금도 우리 안에 단단히 도사리고 있다.

"우리는 최초의 꿈을 이끌고 감싸는 어떤 형식 앞에 서게 된다."
바슐라르는 그렇게 말했다.

"이런 것들은 그렇게 쉽게 사라지지 않아요."어둠 속에서 말
하는 할리의 얼굴에 미소가 스쳤다. 우리는 태곳적 우리 조상
과 달리 더는 천계나 천국의 영역을 말하지 않는다. 그러나 철
학자 앙리 르페브르Henri Lefebvre의 말대로 우리는 "마법의 종교
적 실체로 가득한, 무자비하든 자비롭든 남성이든 여성이든 어
떤 신적인 것으로 대지나 지하(죽은 자들)와 연결되고 의례와 제
례의 형식성에 전적으로 복속된"강력한 장소로서 지하에 대
한 신앙을 떨치지 못했다. 프랑스 남서부 지역에서는 매년 600
만 명의 기독교인들이 루르드Lourdes 지방으로 순례를 떠난다. 그
들은 성모 마리아가 어떤 젊은 여성에게 모습을 드러냈다는 작
은 동굴의 그늘 속으로 들어간다. 아일랜드의 더그호Lough Derg
에 있는 스테이션 아일랜드에는 하나님이 성 패트릭Saint Patrick
에게 동굴을 보여준 곳을 걷기 위해 수많은 순례자들이 몰려든
다. 유럽의 교회에서 미사를 드리는 사람들이 무릎을 꿇는 신도
석 바로 아래에는 거의 대부분 비밀의 방이 놓여 있다. 그곳은 보
이지는 않지만 대지의 신비를 예찬했던 고대의 모습을 그대
로 간직하고 있다.

세월이 수십만 년 흘렀어도 우리가 지하와 맺은 선명하고
도 질긴 인연은 시든 적이 없었고, 앞으로도 그럴 것이다. 우리
는 지하에 파묻힌 보이지 않는 곳에서 뿜어 나오는 조용한 섬광
을 변함없이 느낄 것이다. 그곳은 금단의 장소일 수도 있고 넓

을 잃게 만드는 특별한 구역일지도 모르지만 그렇다고 해서 우리에게 외면당하는 일은 결코 없을 것이다. 조지 스타이너George Steiner는 "세계라는 구조물 속"에 감추어진 "초월적 존재"를 말한다. 지하계는 현존한다. 앞서간 조상들처럼, 우리는 세속의 질서

정연한 현실 저편에 닿고픈, 그리고 우리 자신보다 더 위대한 어떤 것에 이르고픈 조용한 욕구로 인해 늘 지하로 다가선다. 횃불을 들고 동굴 깊숙이 기어갔던 구석기 시대의 수렵 채집인들이나 카타콩브를 배회하는 파리의 도시 탐험가나 거리에 빼꼼하

니 열린 맨홀 위를 서성이는 뉴욕의 보행자나 그 뿌리를 따라 깊이 내려가면, 모두 똑같은 기본적인 갈망을 갖고 있으며 그것이 그들에게 생기를 불어넣는다.

할리에게 잘 자라는 인사를 한 뒤 나는 그녀의 연구소 이층 침대에 몸을 누였다. 잠이 쉽사리 오지 않아 눈을 뜬 채 한동안 이런저런 생각에 잠겼다. 산에서 내려오는 잔잔한 바람의 한숨이 창문을 어루만지는 소리를 들으니 마음까지 뒤척였다. 생각해보니 몇 해 동안 함께 탐험했던 사람들이나 역사를 초월해서 흠모해온 지하의 신봉자들은 하나같이 어떤 형태의 초월성을 추구한 이들이었다. 다크존에서 자신의 생물학적 리듬을 끊어내 보려 했던 미셸 시프르, 뉴욕의 창자 속에 은밀한 작품을 남긴 레브스, 평행 차원을 파 들어가듯 집 아래에 굴을 만들었던 윌리엄 리틀, 지하의 존재를 좇았던 존 클리브스 심즈, 파리의 보이지 않는 지층을 이미지로 포착했던 나다르, 도시 아래의 고요한 어둠을 뚫고 고대의 물줄기를 따라 걸었던 스티브 덩컨, 이들은 모두 불가사의한 비밀을 찾아 현실의 지평 너머에 있는 어떤 것과의 접점을 추구하며 지하로 내려간 사람들이었다. 그날 밤 나는 이 모든 탐구자들의 조상이자 이승과 저승 사이를 뚫고 당당히 내려와 '보이지 않는 것'을 보았던 헤르메스를 생각하며 잠이 들었다.

—

벨리즈를 빠져나온 나는 바퀴 자국이 깊고 길게 팬 길을 따라 북쪽으로 행선지를 잡았다. 처음에는 야간버스를 탔고 그다음은 기우뚱거리는 미니밴에 몸을 실었으며 그런 다음 호르헤라는 노인이 모는 스테이션왜건을 빌려 타고 멕시코 국경을 넘어 드디어 곳곳에 동굴이 숭숭 뚫린 유카탄에 다다랐다. 작열하는 오후의 태양 아래 나는 발란칸체의 동굴 입구에 섰다. 맞은편에는 움베르토가 앉아 있었다. 그는 칠십 대였지만 젊은 시절 이 동굴을 기어가던 사진에서 보았던 모습과 크게 다른 느낌은 없었다. 어깨는 좁지만 다부진 인상의 움베르토는 머리를 가지런히 뒤로 넘기고 있었다.

"소년 시절에는 바로 이 자리에서 몇 시간이고 앉아 있었지요." 그렇게 말하는 그의 눈빛이 차분하고 다정했다. 등 뒤로는 동굴이 입을 벌리고 있었다. 한때는 입구가 보이지 않을 정도로 야생고비 덤불이 무성했지만 이제는 시멘트로 깔끔하게 포장된 계단 아래로 철문까지 세워져 관광객들을 맞고 있었다.

나는 움베르토에게 그를 만나러 온 이유, 어린 시절 동네 지하에서 찾아낸 터널에 매료되었던 일, 그곳 어둠 속에 놓여 있던 양동이의 제단 그리고 천장에서 떨어지는 물이 양동이들을 두드려 만들었던 음향의 조화 등을 이야기했다. 그 터널이 내 마음에 새겨놓은 깊은 각인의 정체를 풀기 위해 몇 해를 보냈다고 나는 그에게 말했다.

"무슨 말인지 알 듯해요." 움베르토가 조용히 웃었다.

"이런 곳에 있으면 마치 집에 있는 느낌이었죠. 그날, 그러니까 그 벽을 부순 날은 집 안에 감춰져 있던 방을 하나 찾은 것 같았어요. 그 뒤로 많은 것이 달라졌죠."

숲속 마을 사람들이 뒤에서 수군거리기 시작했다고 그는 말했다. 젊은 친구가 지하세계로 들어갔다가 숨겨진 석실의 봉인된 문을 열고 대단한 능력을 가진 조상의 영혼을 만난 다음 지상으로 돌아왔는데 아무런 표식도 없다고 그들은 고개를 갸웃거렸다. 그는 신들의 선택을 받았고 그래서 다른 사람들이 볼 수 없는 어떤 힘을 받았을 것이라고 사람들은 입을 모았다. 숲속 여러 마을의 사람들은 움베르토를 불러 두려움에 함부로 발을 들여놓지 못하는 밀림의 동굴들을 좀 더 살펴보라고 요구했다. "자네밖에 갈 사람이 없어." 그들은 그렇게 등을 떠밀었다. 움베르토는 일종의 동굴 치유사가 되어 손전등 하나만 들고 지하로 기어 들어가 어둠 속을 뒤지고 다닌 다음, 안에서 본 것을 마을 사람들에게 일러주었다.

"나는 내가 지하로 들어갈 만한 사람이라고는 생각하지 않았어요." 움베르토는 그렇게 말했다. "영적인 변화를 겪었다는 생각도 들지 않았고요. 그런 것은 믿지 않는 편이었죠. 하지만 어쩌다가…"

그는 말을 멈췄다. "그 발견을 했을 때 나는 젊은 청년이었어요. 아내도 여자 친구도 없었죠. 가본 곳도 별로 없었고요. 내가 사는 세상은 아주 좁았습니다." 그렇게 말하면서 그는 손가락을 말아 주먹을 쥐었다.

"그런데 그 벽을 부순 순간, 많은 가능성이 열렸습니다." 그는 다시 주먹을 폈다. "여기에 이런 숨겨진 석실이 존재한다면 다른 곳에서도 찾아낼 수 있을 것이다. 그런 생각이 들었어요. 얼마든지 가능할 것 같았죠."

하지만 그 일이 있은 이후로 움베르토는 다시 가이드로 돌아가 늘 하던 일을 계속했다. 달라진 것은 몇 가지 없었다. 그는 방문객들을 이끌고 폐허가 된 밀림의 도시를 찾아 계단식 피라미드를 돌아보고 돌로 이루어진 조용한 정원을 거닐었다. 그러나 그때부터 그는 사람들에게 발걸음을 늦추라고 권했다. 천천히 서성거리듯 꼼꼼히 살피며 걸으라고 말했다. 이런 공간에는 당장 눈앞에 드러나지 않아도 역사와 신화와 감흥의 전 우주를 품은 보이지 않는 어떤 차원이 있었다. "사람들이 코앞에 보이는 것 너머에 있는 것을 보기를 바란 겁니다." 움베르토는 그렇게 말했다.

우리는 그늘에 가만히 앉아 주변의 풀벌레 소리에 귀를 기울였다. 드디어 움베르토가 몸을 일으켰고 발란칸체로 들어가는 문을 당겼다. 지하로 내려가는 어두운 통로가 드러났다. 그는 나더러 들어가라고 손짓했다.

"나는 이젠 들어가지 않아요." 나이가 들면서부터 습하고 밀도가 높은 지하에서 숨을 쉬는 일이 예전 같지 않다고 그가 설명했다.

내가 주저하자 그는 어서 가라고 손짓했다.

입구를 지나 미끄러운 돌바닥을 가볍게 디디며 어둠 속으로 향했다. 나는 움베르토가 반세기 전에 벽돌로 된 벽을 뚫었던 그 동굴의 문턱을 넘었다. 계속 아래로 내려가니 주변 공기가 점점 무거워지고 습도가 높아졌다. 발밑에서 피어오르는 안개가 둑을 넘어갔다. 동굴의 심장부에 들어간 순간, 나는 거대한 기둥의 발치에서 멈춰 섰다. 기둥은 수백 년 묵은 고목처럼 위로 치솟아 머리 위 사방으로 가지를 늘름거리며 펼치고 있었다. 기둥 아래에는 도기들이 뒹굴고 있었다. 움베르토가 오래전에 처음 보았던 모습 그대로였다. 천장에서 계속 물이 떨어졌다. 어둠 속에 우두커니 서서 도기 주변으로 토닥토닥 떨어지는 부드러운 물방아 소리를 듣고 있자니, 프로비던스 지하 터널에 있던 양동이 제단 앞에 다시 선 듯했다. 나는 그날 내 몸을 뚫고 갔던 번개를 생각했다. 그리고 오래전 움베르토의 몸을 뚫고 지나간 번개를 생각했다. 구석기시대부터 오늘날까지 동굴과 카타콤브와 무덤과 터널로 기어 내려왔다가 어둠 속에서 같은 번개를 느꼈던 세계 곳곳의 수많은 사람들을 생각했다. "한평생 내내 나는 종鐘이었다" 애니 딜라드는 그렇게 썼다. "하지만 누가 나를 들어 올려 쳐줄 때까지는 그 사실을 모르고 있었다."

—

우리 안의 무언가가 시들어버린 게 틀림없었다. 서구를 사는 우리는 세상에 냉담해지고 자연의 어떤 그늘진 질감에 둔감해져 데이비드 에이브럼David Abram이 말하는 "땅의 노래와 울음과 몸짓"을 제대로 알아차리지 못한다. 지난 여러 해 동안 막달레니안의 은밀한 제례 현장으로 가는 호주 원주민의 송라인에서부터 라코타의 탄생 설화에 이르기까지 오랜 조상의 전통을 섭렵하면서, 나는 우리가 '원래 우리를 인간으로 만들어주었던 것'에서 얼마나 멀어졌으며 인류의 가장 깊은 본능과 충동에서 등을 돌렸는지 알게 되었다. 그 오래된 방식이 살아남은 곳이 바로 지하와 우리의 관계라는 사실을 나는 깨달았다. 지하의 어둠 속에 서면 우리의 잃어버린 기억이 덜컹거리며 깨어났다. 벌거벗어 취약한 우리는 세상의 부드러운 매혹에 민감해져 마음의 고요한 구석에 파장을 맞춘다. 우리는 놀라고 당황하고 세상을 두려워할 줄 아는 능력을 회복한다. "이 흡기밸브는 영혼 속에 열려 있다." 앤 카슨Anne Carson은 그렇게 썼다. 지하는 우리 조상들이 처음에 지녔던 꿈의 형체를 그대로 간직한 채 우리에게 지식과 기억에 선행하는 하나의 세계를 열어준다. E. E. 커밍스E. E. Cummings의 말을 빌리면, 그것은 우리를 "뿌리의 뿌리, 싹의 싹"으로 다시 이끈다.

지하는 우리에게 신비를 존중하라고 가르친다. 우리는 계몽에 집착하는 세상에 산다. 그곳에서 우리는 모든 비밀 위로 투광등을 비추고 모든 굴을 드러내 어둠의 마지막 흔적을 남김없이 뿌리 뽑으려 한다. 마치 그것이 해충이라도 되는 듯. 그러나 지하세계와 인연을 맺는 순간, 우리는 미지의 것에 대한 의심을 누그러뜨린다. 그리고 아무 때고 아무것이나 다 드러내야 하는 것은 아니라는 사실을 깨닫는다. 지하는 언제나 작은 틈과 보이지 않는 곳이 있다는 사실을 받아들이게 해준다. 지하는 우리가 무질서하고 비합리적인 존재이며, 마법의 사고와 꿈의 비행과 상실의 기간을 수시로 겪는 존재라는 사실을 상기시킨다. 지하는 우리 조상들이 변함없이 알고 있던 것, 즉 입에 올리지 않고 눈에 보이지 않는 것에 영원한 힘과 아름다움이 깃들어 있다는 사실을 일깨워 준다.

나는 순례자로 지하에 가지 않았다. 어떤 신비한 임무를 띠고 탐험을 시작하지 않았고 신성한 지혜를 되찾으려 길을 나서지 않았다. 그러나 어둠 속을 뒤지며, 세상이 내 주변에서 모습을 바꾸어 거대한 종이접기 작품처럼 접히고 비틀리고 펼쳐지는 것을 느꼈다. 나는 현실이 단단히 고정된 것이 아니라 비어 있는 공간이라는 사실을 알게 되었다. 우리가 일상에서 보고 듣고 만지는 구체화된 지표면은 많은 단층의 일부일 뿐이며 그 외 나머지는 모두 베일에 싸여 있다. 나는 스티브 덩컨이 한때 뉴욕을 가리켜 말한 것처럼 전율하고 변하는 거대한 하나의 유기체로 세상을 경험했고, 우리가 볼 수 있는 것은 그중 아주 작은 틈새에 불과하다는 사실을 실감했다. 눈앞의 모든 광경은 우리가 알아낼 수 있는 것 이상의 잠재력과 세력을 넉넉히 가진 유령처럼 느껴졌다. 지하는 말로 표현할 수 없는 작은 틈새가 세상에 존재한다는 사실을 인정하게 해주었고, 그림자가 있는 평화 속에 앉아 경험과 비전 사이에 가로 놓인 여러 유형의 생각을 기꺼이 받아들이라고 가르쳤다. 지하는 신성한 존재 앞에 위축되지 말고 당당히 몸을 돌려 정면을 똑바로 응시하라고 가르쳤다. 나는 구름 속에 울려 퍼지는 음성이 아니라 한 번도 본 적은 없지만 늘 느낌으로 알 수 있는 힘을 가진 어떤 어두운 빈 공간에 대한 인정, 감추어진 것에 대한 깨달음으로서 하나님과 만났다.

요즘 나는 온 세상을 누비고 다니면서 내 발아래 공간의 존재를 느끼고 우리의 존재가 얼마나 신비에 싸여 있는지, 현실이 얼마나 우리를 피해 달아나는지, 우리의 세상이 얼마나 우리가 아는 범위를 벗어나 깊게 멀리 내달리는지 새삼 깨닫는다. 날이 갈수록 이처럼 내게 생기를 불어넣고 희망과 은총을 주는 것도 없다는 사실에 다시 한번 몸을 떤다. 사제이자 생태학자인 토머스 베리Thomas Berry의 말대로 세상의 진리와 의미를 찾아 삶을 꾸려가는 "우리는 마음속 깊은 곳의 선율을 희미하게 듣지만 그것을 연주해낼 정도로 또렷하게 듣지는 못하는 음악가다." 지하의 어둠 속에서 나는 희미한 선율을 듣는 법을 배웠다. 그리고 그것을 연주로 표현해낼 수 없는 무수히 많은 아름다운 방법을 배웠다.

감사의 말

단테가 지하계로 내려가 종을 하나씩 울리며 나아가다 얼어붙은 코키토스 호숫가에 이르렀을 때, 그는 시인 베르길리우스Vergilius의 안내를 받았다. 그가 없다면 여정은 불가능했을 것이다. 이 책을 위해 자료를 뒤지고 정리하고 집필하는 데 보낸 몇 년 동안 나는 운 좋게도 수많은 베르길리우스를 만났다. 그들은 낯선 풍광으로 나를 데려가 밤늦은 시간까지 조언해주고 어수선한 원고를 꼼꼼히 살피며 내 안의 크고 작은 영감을 일깨워주었다. 그분들이 아니었다면 이 책은 세상 빛을 보지 못했을 것이다.

바쁜 시간을 쪼개 나를 지하로 이끌어준 탐험가와 과학자와 예술가 여러분께 감사의 인사를 드린다. 그들은 출입이 제한되고 사람의 입김이 함부로 닿아서는 안 될 신성한 공간으로 나를 안내해주었다. 이제 고백하지만 오터 선생님이 소개해준 터널은 내 삶을 완전히 바꿔놓은 전환의 축이었다. 뉴욕의 스티브 덩컨은 나의 지하세계 스승이었다. 사촌 러셀은 늦은 밤 터널 탐험에도 변함없이 동행해주었다. 지하 연막탄에 굴하지 않고 파리의 카타콩브를 소개해준 질 토머스Gilles Thomas에게 감사를 올린다. 루카 쿠티카Luca Cuttita는 인내심을 잃지 않고 내게 하강기 사용법을 가르쳐주었다. SURF와 라이프 언더그라운드 팀은 깊은 지하에서 내 신변을 안전하게 지켜주었다. 시나 베어 이글은 고맙게도 아까운 시간을 할애해 블랙힐스까지 동행해주었다. 특별히 자신들의 역사를 알려주고 캥거루 스튜까지 끓여준 콜린 햄릿과 그의 가족에 따로 감사드린다. 크리스 니콜라는 내가 어둠에 관해 품고 있던 많은 궁금증을 시원하게 해소해주었다. 마리아 알레한드라Maria Alejandra는 동굴에 사는 변덕스러운 영혼에 대해 많은 사실을 일러주었다. 나를 그 유명한 들소 앞까지 데려다준 로베르 브구엔 백작께 특별히 감사의 인사를 드린다. 레브스의 많은 문하생들은 뉴욕이라는 도시 전반에 관해 많은 암시를 주었다. 내게 자신의 추억을 나누어준 움베르토에게도 감사의 마음을 전한다. 그 점에서라면 다크존의 마법을 보게 도와준 할리 모이스도 빼놓을 수 없다.

내 전화를 받아주고, 귀찮은 질문에 정성껏 답해주고, 전문가와 주요 장소를 소개해주고, 소중한 지혜를 빌려주고, 편의를 제공해주며 온갖 지원을 아끼지 않은 여러분에게 나는 갚지 못할 빚을 너무 많이 졌다. 크레이그 홀, 티키 홀, 월터 칭클, 레이나 새비지Raina Savage, 필립 존스Philip Jones, 비키 윈턴Vicky Winton, 레이첼 포펠카-필코프Rachel Popelka-Filcoff, 릭 데이비스Ric Davies, 폴 타손Paul Taçon, 안드레아스 파스토어스Andreas Pastoors, 장 클로츠Jean Clottes, 마거릿 콩키, 메건 비슬Megan Biesele, 유지니아 만젤라Eugenia Manzella, 모 게이츠, 재즈 메이어, 리즈 러시, 크리스 모펫, 페넬로프 보스턴, 잰 어멘드, 케이틀린 캐서, 브리트니 크루거, 두에인 모저Duane Moser, 톰 레이건, 소시에테 프랑세즈 드 포토그라피, 햇칫, 라자Lazar, 캣Cat, 셀레나 맥마흔Séléna McMahan, 기예르모 데 안다Guillermo de Anda, 캐롤린 보이드Carolyn Boyd, 데릭 포드Derek Ford, 케이티 팔라Katie Parla, "일 파파 델 소토수올로Il Papa del Sottosuolo", 헨리 캘펀트Henry Chalfant, 율리아 유스티노바Yulia Ustinova, 애드리아노 모라비토Adriano Morabito, 에마 베이서피로프Emma Vaiserfirov, 모스코화이트Moscowhite, 보리스Boris, 로먼Roman, 존 롱기노, 베를리터 운터벨텐Berliner Unterwelten, 미셸 시프르, 크리스천 로그넌트Christian Rognant, 조슈아 호로비츠Joshua Horowitz, 스테판 켐프Stephan Kempe, 이제이 올브라이트EJ Albright, 크리스천 마모스테인Christian Marmorstein, 제니 슈얼러Jennie Schueler, 거스 제이콥스Gus Jacobs, 톰 제이콥스Tom Jacobs, 프랜 제이콥스Fran Jacobs, 리나 미시치스Lina Misitzis, 나탈리 레이에스Natalie Reyes, 테일러 스페리Taylor Sperry, 레이첼 요더Rachel Yoder, 디크 위버Deke Weaver, 지바고 덩컨Zhivago Duncan, 카로 클라크Caro Clark, 시에라 디스모어Siera Dissmore 등 여러분의 이름을 여기 소개하게 된 것을 영광으로 생각한다.

글 쓰는 문제와 관련해서는 내 에이전트인 스튜어트 크리체프스키Stuart Krichevsky에게 감사를 표하고 싶다. 그는 어떤 신문기사에서 내 이름을 확인한 이후로 지금까지 변함없는 지지를 보내주었다. 험난하고 먼 여정에서 어려운 일이 생길 때마다 깔끔하게 해결해준 그의 놀라운 수완과 비할 데 없는 아량에 깊은 감사를 드리며 이 프로젝트에 흔들리지 않은 신뢰를 보내준 것에 특별히 감사를 올린다. 그리고 SK에이전시SK Agency의 로스 해리스Ross Harris, 로라 어설먼Laura Usselman을 비롯하여 보이지 않는 곳에서 도움을 준 모든 분들께도 감사의 마음을 전한다. 나는 랜덤하우스Random House의 여러분께도 많은 빚을 졌다. 특히 이 책을 기획하도록 도와준 줄리 그라우Julie Grau에게 감사를 전한다. 또한 애니 챠그놋Annie Chagnot과 멤페이 첸Mengfei Chen의 노고에 감사를 올리며 마지막 단계까지 인내심을 가지고 이 책에 각별한 관심을 쏟아준 제작 및 디자인 팀원들께도 감사를 드린다. 제니 푸우치Jenny Pouech는 이 책에 실린 적지 않은 사진의 라이선스를 일일이 확인하고 해결하는 엄청난 작업을 도맡아 처리해주었다. 서맨사 웨인버그Samantha Weinberg, 타샤 아이큰제어Tasha Eichenseher, 디어드리 폴리-멘델손Deirdre Foley-Mendelssohn은 모두 각기 〈인텔리전트 라이프Intelligent Life〉와 〈디스커버Discover〉와 〈파리 리뷰 데일리Paris Review Daily〉에 이 책의 일정 부분을 편집해 실어주었다.

멀리 또 가까이서 따뜻한 배려와 격려가 담긴 글로 내게 심적인 자양분을 제공한 작가와 친구들과 멘토들의 영웅적인 지원이 없었다면, 이 책은 아주 볼품없는 모양이 되었을 것이다. 어설

펼 문장을 짜임새 있게 재구성하도록 지도해준 많은 분들께 감사를 올린다. 특히 캐서린 리드Catherine Reed, 스테이시 캐사리노 Stacie Cassarino, 크리스 쇼Chris Shaw, 수케투 메타Suketu Mehta, 롭 보인턴Rob Boynton, 케이티 로이피Katie Roiphe, 테드 코노버Ted Conover 의 이름은 따로 언급하지 않을 수 없다. 나와 함께 이 음모를 꾸민 맷 울프Matt Wolfe는 아무나 내놓기 힘든 아주 성의 없는 초고를 받고도 인내심과 지혜와 통찰력을 갖고 읽어주었다. 롭 무어 Rob Moor, 크리스 냅Chris Knapp, 엘리아나 캔Elianna Kan은 모두 이 책의 일정량을 맡아 마지막 시간까지 꼭 필요한 수정 작업을 완수해주었다. 아멜리아 숀벡Amelia Schonbek, 니콜 파술카Nicole Pasulka, 코디 업튼Cody Upton, 헤더 로저스Heather Rogers, 레오 로저스Leo Rogers는 브루클린의 이런저런 거실과 주방에 모여 내 사기를 북돋우고 위로해가며 편집을 도와주었다. 리즈 플록Liz Flock은 위스키까지 제공해가며 내게 힘을 불어넣었다. 엘리 가Ellie Ga는 줄거리의 여러 부분에 대해 놀라운 탁견을 제시해주었다. 알레그라 코리엘Allegra Coryell은 내가 분별력을 잃지 않게끔 중심을 잡으며 힘을 주었고 초안을 듣고 나서 지루한 부분을 지적해주었다. 감사를 드린다.

뉴욕 주립대학교의 공공지식연구소Institute for Public Knowledge 는 도서관을 마음대로 드나들 수 있는 특혜와 함께 이 책을 마무리할 수 있는 멋진 장소를 제공해주었다. 덕분에 나는 눈이 없는 밤의 유령처럼 도서관을 활보할 수 있었다. 맥도웰 콜로니 MacDowell Colony는 숲에서 사색할 환경을 마련해주었다. 뉴욕예

술재단New York Foundation for the Arts은 내 연구에 소중한 기금을 지원했다. 토머스 J. 왓슨 재단Thomas J. Watson Foundation의 기적과도 같은 손길이 없었더라면 이 책은 존재하지 않았을 것이다. 그들은 나의 첫 지하 탐험을 주선하며 내가 세상과 첫 인연을 맺을 수 있도록 힘써주었다.

마지막으로 가족에게 무한한 감사와 사랑을 보낸다. 내 누이와 매제, 캐롤린Caroline과 타일러 러글스Tyler Ruggles도 빼놓을 수 없다. 성급한 마음이지만 조카 헨리 러글스Henry Ruggles가 이 책을 읽을 날이 어서 왔으면 좋겠다. 그가 좋아할지는 모르겠지만 말이다. 할머니 캐롤 헌트Carol Hunt와 아버지 피터 헌트Peter Hunt, 어머니 벳시 헌트Betsy Hunt께도 감사의 인사를 올린다. 부모님은 고비마다 헤아리기 어려운 사랑으로 나를 지지해주셨다. 그리고 늘 나를 감탄하게 만드는 이사Isa에게도 감사하다는 말을 하고 싶다.

도판 출처

21쪽 by Giovanni da Bologna/ⓒakg-images | 27쪽 스티브 덩컨Steve Duncan | 32쪽 윌 헌트Will Hunt | 34쪽 스티브 덩컨 | 37쪽 ⓒBob Diamond | 39쪽 스티브 덩컨 | 43쪽 Gustave Doré | 49쪽 ⓒRyan Ademan | 54쪽 제공: the Library of Congress | 62쪽 by Félix Nadar/Bibliothèque nationale de France | 63쪽 스티브 덩컨 | 67쪽 스티브 덩컨 | 70쪽 by Félix Nadar, 제공: J. Paul Getty Museum | 71쪽 by Félix Nadar/Bibliothèque nationale de France | 83쪽 by Félix Nadar, 제공: the Getty's Open Content Program | 84쪽 by Félix Nadar/Bibliothèque nationale de France | 85쪽 Fotolibra | 87쪽 스티브 덩컨 | 97쪽 제공: Greg Wanger and Gordon Southam | 101쪽 by Edward S. Curtis, 제공: the Library of Congress | 109쪽 ⓒWild Wonders of Europe/Hodalic/Nature Picture Library/Alamy photo | 117쪽 윌 헌트 | 121쪽 Bibliothèque nationale de France | 124쪽 The Denver Public Library, Western History Collection | 133쪽 Cerro Rico Potosi, Bolivia, ⓒBert de Ruiter/Alamy | 135쪽 W. H. Kretchmar, 사진 제공: Western Australian Museum (DA-3948) | 139쪽 ⓒVanessa Hunter/Newspix | 146쪽 윌 헌트 | 150쪽 윌 헌트 | 152쪽 윌 헌트 | 158쪽 윌 헌트 | 170쪽 ⓒSarah Lee/Eyevine/Redux | 172쪽 제공: Yasir999 | 174쪽 윌 헌트 | 176쪽 윌 헌트 | 177쪽 윌 헌트 | 179쪽 James G. Gehling/Falamy | 181쪽 ⓒRune Midtgaard 2009 | 183쪽 제공: the Library of Congress |

185쪽 월 헌트 | 186쪽 월 헌트 | 187쪽(위아래) 월 헌트 | 188쪽 Brandi Goodlett | 191쪽 제공: Walter R. Tschinkel; photograph by Charles F. Badland, E28 | 192쪽 월 헌트 | 195쪽 제공: John T. Longino | 202쪽 스티브 덩컨 | 204쪽 월 헌트 | 212쪽 제공: Landesarchiv Sachsen-Anhalt, H 66, Nr. 952 | 214쪽 Cod. 7854 fol. 83r, second image on tabula 21, 제공: The Austrian National Library, Vienna | 216쪽 Bulletin et mémoires de la Société de spéléologie | 220쪽 월 헌트 | 228쪽 ⓒSigpoggy/Shutterstock | 232쪽 Matthew Litwack | 237쪽 ⓒBecki Fuller | 239쪽 ⓒBecki Fuller | 248쪽 제공: Robert Bégouën | 251쪽 Les Eyzies National Museum | 255쪽 제공: Robert Bégouën | 273쪽 Michel Siffre | 274쪽 by Salvator Rosa, ⓒKimball Art Museum | 279쪽 월 헌트 | 281쪽 월 헌트 | 289쪽 ⓒMarietta Schwarz | 290쪽 photograph B. and R. Clauss for Kalahari Peoples Fund | 301쪽 월 헌트 | 306쪽 ⓒBrendan Bombaci | 311쪽 Throne of the Tiger Priest, 제공: Middle American Research Institute, Tulane University | 317쪽 ⓒJad Davenport/National Geographic Creative/Alamy StockPhoto | 321쪽 ⓒJad Davenport/National Geographic Creative/Alamy Stock Photo | 323쪽 Holley Moyes | 334~335쪽 José Humberto Gómez Rodrígue, 제공: "The Treasure of the Toltecs," Argosy magazine, April 1961, pp. 28 - 33

언더그라운드
예술과 과학, 역사와 인류학을 넘나드는
매혹적인 땅속 안내서

1판 1쇄 펴냄 | 2019년 8월 20일

지은이 | 윌 헌트
옮긴이 | 이경남
발행인 | 김병준
편 집 | 정혜지
디자인 | this-cover.com
마케팅 | 정현우 · 김현정
발행처 | 생각의힘

등록 | 2011. 10. 27. 제406-2011-000127호
주소 | 경기도 파주시 회동길 37-42 파주출판도시
전화 | 031-955-1654(편집), 031-955-1321(영업)
팩스 | 031-955-1322
전자우편 | tpbook1@tpbook.co.kr
홈페이지 | www.tpbook.co.kr

ISBN 979-11-85585-73-4 03300

이 도서의 국립중앙도서관 출판시도서목록(CIP)은
서지정보유통지원시스템 홈페이지(http://seoji.nl.go.kr)와
국가자료공동목록시스템(http://www.nl.go.kr/kolisnet)에서
이용하실 수 있습니다.(CIP제어번호: CIP 2019027439)